MedR Schriftenreihe Medizinrecht

Grenzen ärztlicher Behandlungspflicht bei schwerstgeschädigten Neugeborenen

1. Einbecker Workshop der
Deutschen Gesellschaft für Medizinrecht
27.–29. Juni 1986

Herausgegeben von
H.-D. Hiersche G. Hirsch T. Graf-Baumann

Mit 10 Abbildungen und 4 Tabellen

Springer-Verlag Berlin Heidelberg GmbH

Prof. Dr. med. Hans-Dieter Hiersche
Städtische Krankenanstalten, Frauenklinik
Akademisches Lehrkrankenhaus der Universität Mainz
Friedrich-Engels-Straße 25, 6750 Kaiserslautern

Dr. jur. Günter Hirsch
Ministerialrat, Bayerisches Staatsministerium der Justiz
Willibald-Popp-Straße 3, 8900 Augsburg 21

Priv. Doz. Dr. med. Toni Graf-Baumann
Tiergartenstraße 17, 6900 Heidelberg 1

Fortführung der Reihe „RECHT und MEDIZIN"

CIP-Kurztitelaufnahme der Deutschen Bibliothek. Grenzen ärztlicher Behandlungspflicht bei schwerstgeschädigten Neugeborenen/ 1. Einbecker Workshop d. Dt. Ges. für Medizinrecht, 27.–29. Juni 1986. Hrsg. von H.-D. Hiersche ... –

(Schriftenreihe Medizinrecht)
ISBN 978-3-540-17712-8 ISBN 978-3-662-07553-1 (eBook)
DOI 10.1007/978-3-662-07553-1
NE: Hiersche, Hans-Dieter [Hrsg.]; Einbecker Workshop (01, 1986);
Deutsche Gesellschaft für Medizinrecht

Gesamtherstellung: Appl, Wemding
2119/3140-543210

Danksagung

Für die vielfältige Unterstützung des 1. Einbecker Workshops bedanken sich die Teilnehmer und Organisatoren sehr herzlich bei

- Herrn Dr. med. Claus Friese
- der Stadt und dem Fremdenverkehrsamt Einbeck, vertreten durch den Ersten Bürgermeister, Herrn Dörge, und den Stadtdirektor, Herrn Lampe
- der Einbecker Brauerei
- der Firma Hoffmann-La Roche sowie
- der Sertürner Gesellschaft e. V. Einbeck.

Vorwort

Im Frühsommer 1986 trafen sich - auf Einladung der Deutschen Gesellschaft für Medizinrecht (DGMR) - in Einbeck Ärzte, Juristen und Ethiker, um das schwierige und auch in unserer Zeit äußerst heikle Thema des Therapieabbruchs beim schwerstgeschädigten Neugeborenen gemeinsam zu bearbeiten.

In einer Zeit, in der viel von ‚Sterbehilfe' am Ende des Lebens die Rede ist, vergißt man nur allzu leicht die schwere Aufgabe des Arztes, ‚Leidhilfe' nach der Geburt eines Kindes zu leisten, das an schwersten, nicht behebbaren körperlichen Defekten leidet.

Ziel der Tagung war es nicht nur, den Wissensstand und das gegenseitige Verständnis der Teilnehmer zu erweitern, sondern Empfehlungen zu erarbeiten, um den Ärzten Entscheidungshilfen zu geben und um zu mehr Rechtssicherheit zu gelangen.

Zu Beginn legten Fachreferate die medizinischen, juristischen und ethischen Fakten und Parameter für die Diskussion und die Definition der Grenzen der ärztlichen Behandlungspflicht dar. Die entsprechenden Krankheitsbilder wurden aus perinatologischer, neonatologischer, pädiatrischer und kinderchirurgischer Sicht dargestellt, die Schwierigkeiten der Diagnostik und Prognose entsprechender Leiden im Einzelfall verdeutlicht und therapeutische Möglichkeiten aufgezeigt. Die rechtlichen und moraltheologischen Ausführungen zeigten den Ärzten ihren Ermessensraum bei der Entscheidung, eine Therapie zu beginnen, zu unterlassen oder eine begonnene Behandlung abzubrechen. In diesem Zusammenhang kommt auch der schwierigen juristischen Frage, ob und in welchem Umfang die Eltern in den Entscheidungsprozeß miteinzubeziehen sind, erhebliche Bedeutung zu.

Eine ausführliche interdisziplinäre Diskussion der gesamten Problematik unter intensiver Mitarbeit aller Beteiligten schloß sich an. Es gelang, am Ende der Tagung Konsens über Empfehlungen zu den ‚Grenzen der ärztlichen Behandlungspflicht bei schwerstgeschädigten Neugeborenen' zu erzielen.

‚Die Einbecker Empfehlungen' sind somit ein großes Gemeinschaftswerk.

Allen, die daran mitgearbeitet haben, sei an dieser Stelle gedankt. Ein ganz besonderer Dank gebührt dem Stenographen, Herrn Weber, der die Diskussion aufgezeichnet hat, so daß sie in ih-

rer Lebhaftigkeit und ihrem tiefen Ernst publiziert werden konnte.
Es ist ein großes Verdienst des Springer-Verlages, daß das Buch so breit angelegt wurde und so rasch erschien, wofür wir sehr dankbar sind.

Im Frühjahr 1987

H.-D. Hiersche
G. Hirsch
T. Graf-Baumann

Inhaltsverzeichnis

Teilnehmerliste

Referenten

Prof. Dr. med. H. Ewerbeck
Pädiatrische Klinik des Kinderkrankenhauses
Akademisches Lehrkrankenhaus der Universität Köln
Amsterdamer Straße 59, 5000 Köln 60

Prof. Dr. theol. J. Gründel
Institut für Moraltheologie und christliche Sozialethik
der Universität München
Ortsstraße 1, 8050 Freising

Prof. Dr. med. H.-D. Hiersche
Städtische Krankenanstalten, Frauenklinik
Akademisches Lehrkrankenhaus der Universität Mainz
Friedrich-Engels-Straße 25, 6750 Kaiserslautern

Prof. Dr. med. A. Holschneider
Kinderchirurgische Klinik des Kinderkrankenhauses
Akademisches Lehrkrankenhaus der Universität Köln
Amsterdamer Straße 59, 5000 Köln 60

Dr. jur. B. Jähnke
Richter am Bundesgerichtshof
Blankenlocher Weg 3, 7514 Eggenstein-Leopoldshafen

Prof. Dr. med. E. G. Loch
Deutsche Klinik für Diagnostik (Sektion Gynäkologie)
Aukammallee 33, 6200 Wiesbaden

Prof. Dr. med. V. von Loewenich
Zentrum der Kinderheilkunde, Universität Frankfurt am Main
Theodor-Stern-Kai 7, 6000 Frankfurt am Main 70

Prof. Dr. jur. Dr. rer. pol. K. Ulsenheimer
Rechtsanwalt
Mechthildenstraße 17, 8000 München 19

Diskussionsteilnehmer

Priv. Doz. Dr. med. T. Graf-Baumann
Tiergartenstraße 17, 6900 Heidelberg

Prof. Dr. jur. E. Deutsch
Forschungsstelle für Arzt- und Arzneimittelrecht
Juristisches Seminar der Universität Göttingen
Goßlerstraße 19, 3400 Göttingen

Prof. Dr. med. A. Doenicke
(Präsident der Sertürner Gesellschaft e. V.)
Institut für Anästhesiologie, Bereich Poliklinik
Universität München
Pettenkofer Straße 8 a, 8000 München

Dr. jur. G. Hirsch
Ministerialrat, Bayerisches Staatsministerium der Justiz
Willibald-Popp-Straße 3, 8900 Augsburg

Dr. jur. B.-R. Kern
Juristisches Seminar der Universität Tübingen, Neue Aula
Wilhelmstraße 7, 7400 Tübingen

U. Schlaudraff
Klinikpfarrer an der Universitätsklinik Göttingen
Evangelische Akademie Loccum
3400 Göttingen

Prof. Dr. med. E. Seidler
Institut für Geschichte der Medizin der Universität Freiburg
Stefan-Meier-Straße 26, 7800 Freiburg im Breisgau

Prof. Dr. jur. H. Steinberger
Richter des Bundesverfassungsgerichts
Schloßbezirk 3, 7500 Karlsruhe

Prof. Dr. med. W. Spann
(Präsident der Deutschen Gesellschaft für Medizinrecht)
Institut für Rechtsmedizin der Universität München
Frauenlobstraße 7 a, 8000 München 2

Prof. Dr. med. h. c. W. Weißauer
Ministerialdirigent a. D., Deutsche Gesellschaft für Medizinrecht
Leerstetter Straße 44, 8508 Wendelstein

Prof. Dr. med. Dr. med. h. c. J. Zander
I. Frauenklinik der Universität München
Maistraße 11, 8000 München 2

Einführungsreferat

H.-D. Hiersche

Es ist für mich eine sehr große Ehre, Sie im Namen der Veranstalter zur 1. Einbecker Arbeitstagung begrüßen zu dürfen, einer Arbeitstagung, von der wir hoffen, daß sie Tradition bekommen wird.
Die begleitende Zielsetzung unserer Veranstaltung ist es, die Gedankenwelt und die Diktion der Nachbardisziplinen noch besser kennenzulernen, bestehende Mißstimmungen, die im Alltag zwischen den 3 Disziplinen aufgetreten sind, jedoch keine Tradition haben, abzubauen und den Respekt, die Wertschätzung zueinander so aufleben zu lassen wie es Tradition war.
Diese 3 Voraussetzungen sind die Grundlage für den Kerninhalt unserer Tagung. Wir wollen deshalb versuchen, einen Konsens zwischen Theologie und Sozialethik, zwischen Rechtswissenschaft, Rechtslehre und Rechtspolitik sowie der Heilkunde in einem schwierigen Problem zu erarbeiten. Das Problem heißt „Grenzen der Behandlungspflicht beim schwerstgeschädigten Neugeborenen".
Wir haben bewußt auf das Wort „Sterbehilfe" verzichtet; es wäre nicht sachdienlich, sondern irreführend. Unser ärztliches therapeutisches Konzept ist nicht „Hilfe im Sterben" oder „Hilfe zum Sterben wie es in der juristischen Literatur, u. a. auch im Alternativentwurf (Baumann et al. 1986) aufgelistet wird; unser ärztlicher Heilauftrag heißt „Leidhilfe" (Hiersche 1986 a).
Das Thema ist zweifelsfrei schwierig. Dennoch müssen wir alles daran setzen, am Schluß der Veranstaltung gemeinsam Empfehlungen zu erarbeiten, die für Ärzte, Juristen, Ethiker und Moraltheologen Entscheidungshilfe sind und mit denen wir auch bekennend an die Öffentlichkeit treten wollen. Den Veranstaltern ist klar, daß es sicher nicht möglich sein wird, einen Katalog in diesem Zusammenhang aufzustellen. Wir verkennen nicht, daß auch alternative Meinungen auftreten werden. Diese sollten respektiert und in den Empfehlungen verdeutlicht werden.
Bei der Ausrichtung der Tagung stellte sich anfangs die Frage, ob wir betroffene Eltern mit einladen sollten. Wir haben bewußt darauf verzichtet. Die zu erwartende und verständlicherweise wohl emotional geführte Diskussion wäre um der Sache willen nicht hilfreich gewesen und hätte eine sachliche Abfassung des Arbeitspapieres erschwert. Damit soll aber eine entsprechende Einladung zu späteren Arbeitstagungen mit ähnlicher Thematik nicht ausgeschlossen sein.
Unsere Bemühungen um ein interdisziplinäres Gespräch mit dem Ziel eines Konsensus in der Lösung des anstehenden Problems sind um so wichtiger, als die Öffentlichkeit durch elterliches Erfolgsdenken, durch ärztliches Handeln und richterliche Entscheidungen schon durch die wenigen publizierten Fälle stark verunsichert ist. Auch in unserer Zeit wird eine Qualifizierung lebensunwerten Lebens vorgenommen. Beispielhaft ist der Lütticher Prozeß von 1962 (*FAZ*

12.11. 1962; *FAZ* 13.11. 1962; Hiersche 1975, S.230): Hier handelte es sich um die Tötung eines im Bereich der Gliedmaßen körperlich geschädigten Neugeborenen. Alle 5 Angeklagten wurden von der Täterschaft und der Mithilfe freigesprochen. Die Gefahr, die ein Freispruch in diesem Fall für die Rechtsempfindung bedeutet, sah der damalige Staatsanwalt sehr klar; er wollte einen Schuldspruch im Interesse der Menschenwürde und des Rechtes, führte aber aus: „Sicher werden doch die Angeklagten ein Gnadengesuch einreichen und ich werde es befürworten und dann besteht kein Grund mehr, sie in Haft zu behalten." Dies wurde jedoch von der Öffentlichkeit als unrichtig empfunden; sie nahm den Freispruch der Geschworenen und die Worte des Gerichtspräsidenten, die Anklage sei für unbegründet befunden worden, mit leidenschaftlichem Beifall auf.

Man denke aber auch an den Freispruch eines englischen Kinderarztes (*Rheinpfalz* 07./08.11. 1981), der ein mongoloides Kind sterben ließ, weil seine Eltern es ablehnten. Das Kind starb durch Verhungern 3 Tage nach der Geburt. Von der Öffentlichkeit und v. a. in den Medien wurde der Freispruch zunächst mit Erleichterung und weitgehender Zustimmung aufgenommen. Doch die Organisation „Life", die sich den Schutz hilflosen Lebens zum Ziel gesetzt hat, zeigte sich tief enttäuscht. „Life" hatte den Arzt angezeigt, um diesen Fall von Euthanasie vor Gericht klären zu lassen. Im britischen Unterhaus forderte man daraufhin von seiten der Labouropposition Maßnahmen von der Regierung, welche die Vertraulichkeit zwischen Eltern und Arzt in künftigen Fällen sicherstellen sollte, denn der Fall war durch eine Indiskretion bekannt geworden.

Man denke weiter an den Streit in den USA um das „Baby Jane Doe" (*Rheinpfalz* 10.11. 1983), bei dem die Eltern in der 5. Lebenswoche bei schwerster geistiger und körperlicher Behinderung des Kindes im Zusammenhang mit einer Rachischisis eine Operation abgelehnt hatten. Die US-Regierung schaltete sich damals ein, nachdem ein Unbekannter Anzeige erstattet hatte, daß dem Kind die Behandlung verweigert werde. Aufgrund eines Bundesgesetzes, das Diskriminierungen gegen Behinderte verbietet, und weil das Krankenhaus Bundeszuschüsse erhielt, wollte die Regierung die vertraulichen Krankenakten einsehen. Der Generalstaatsanwalt von New York bestritt der Regierung dieses Recht. Später durfte das Kind sterben.

Man beachte auch die ethischen Bedenken, die der Rechtsmediziner Würmeling gegen die Trennung der siamesischen Zwillinge 1981 in München öffentlich äußerte (*FAZ* 24.11. 1982). Die vom unteren Brustbein bis zum Becken zusammengewachsenen Zwillinge, die zusammen eine gemeinsame Leber mit getrennten Gallenblasen hatten, wären, wie Würmeling meint, unbehandelt bald nach der Geburt gestorben, weil ihr gemeinsamer Dickdarm keinen Ausgang hatte und weil beim Abnabeln eine Dünndarmschlinge verletzt worden war. Die Zwillinge wurden aber, ohne daß zunächst die Möglichkeit einer operativen Trennung abgeklärt werden konnte, durch eine Notoperation am Leben erhalten. Er bezweifelt die Berechtigung zur Notoperation, weil sich damals nicht erkennen ließ, ob eine spätere Trennung überhaupt erwogen werden konnte. Diese Notoperation, ähnlich wie intensivmedizinische Sofortmaßnahmen bei geschädigten Neugeborenen, waren bzw. sind jedoch aus meiner Sicht oft erforderlich, um das Ausmaß eines Schadens und seine mögliche Korrektur überhaupt abklären zu können. Dieses

Prinzip des 2-zeitigen Vorgehens bzw. der Abklärung, ob ein 2-zeitiges Vorgehen möglich ist, wird uns heute noch zu beschäftigen haben.

Die deutschen Pädiater haben 1981 einen speziellen Kongreß zum Thema „Schutz des Lebens oder Hilfe zum Sterben" in Tegernsee abgehalten. Auf einer Pressekonferenz (*FAZ* 18.03. 1981; Müller u. Olbing 1982) stellten sie dar, daß die Fortschritte der Medizin es ermöglicht hätten, immer mehr unreife Frühgeborene, immer schwerer behinderte und mißgebildete Neugeborene und unheilbar kranke Kinder zumindest eine Zeitlang am Leben zu erhalten. Dadurch gerieten die lange gültigen Maßstäbe vom sittlich richtigen Handeln ins Wanken, denn dieses Überleben sei oft nur mit vielfachen Schädigungen möglich, die eine schier unerträgliche Belastung für das Kind darstellten.

Von geburtshilflicher Seite haben insbesondere Zander (1983) und Hepp (1983) auf die ethische Problematik hingewiesen; von neonatologischer Seite waren es Ewerbeck (1984) und v. Loewenich (1985). Eser (1982), Hanack (1985), Jähnke (1986) und Schreiber (1982) haben das anstehende Problem aus der Sicht der Rechtslehre und der Rechtsprechung dargestellt. Seidler (1982), Gründel (1985), Ziegler (1972) u. a. wiesen auf die sozialethischen und moraltheologischen Gesichtspunkte hin.

Eine gemeinsame theologische, sozialethische, juristische und ärztliche Position, die dem Handelnden bei seiner Entscheidung und dem Urteilenden bei seiner Überlegung hilfreich sein könnte, steht noch aus. Ob es jedoch möglich ist, für ärztliches Handeln bei schwerstgeschädigten Neugeborenen *Normen* aufzustellen, werden wir erst am Ende der Tagung sehen. Bei unserem Arbeitsgespräch darf ich Sie inständig bitten, die Argumentation nicht vor dem Hintergrund einer 12jährigen NS-Medizin zu führen. Das hilft keinem. Wir leben seit über 30 Jahren in einer Demokratie, haben sie z. T. selbst mit aufgebaut und ausgebaut und können stolz auf sie sein. Es ist eine Demokratie, in der die Würde des Menschen einen hohen Stellenwert hat; dies wird nicht nur durch Art. 1 des Grundgesetzes unseres Staates deutlich, sondern die affirmatio personae personae causa lebt in uns, gleich wenn unsere näheren und ferneren politischen Nachbarn dies um ihrer selbst willen gerne und häufig bezweifeln. Aber auch andere Vaterländer haben eine problematische Geschichte.

So lange wir die Diskussion vor dem geschichtlichen und nicht zu leugnenden Hintergrund der Jahre 1933-1945 verkrampft führen, können wir nicht sachbezogen z. B. über Empfehlungen, wie die des holländischen Gesundheitsrats zum Sterbenlassen von zerebral schwerstgeschädigten Kleinkindern sprechen. Wir sollten die Diskussion auch nicht in das Gedankengut von Binding u. Hoche (1922), Chamberlain und Wagner einbinden (s. auch Hiersche 1975, S. 229), noch sollten wir das zwielichtige Wort „Früheuthanasie" am Anfang unserer Gespräche verwenden. Zur Klärung und Prüfung bietet sich die Schlußrunde unserer Tagung an. Bis dahin muß das Wort von Pearl S. Buck (1958) gelten; die Nobelpreisträgerin schrieb als Mutter eines körperlich geschädigten Kindes: „Euthanasie ist ein schönes, sanft klingendes Wort; es verbirgt seine Gefahr, wie alle sanft klingenden Worte, aber die Gefahr ist nichtsdestoweniger da."

Wir müssen uns jedoch mit dem Satz des großen deutschen Arztes Christoph Wilhelm Hufeland (zit. nach *Ärzte-Zeitung* 1985, 4: 2) auseinandersetzen, der vor 150 Jahren sagte:

> Der Arzt soll und darf nichts anderes tun, als Leben erhalten; ob es ein Glück oder Unglück sei, ob es Wert habe oder nicht, dieses geht ihn nichts an; und masst er sich einmal an, diese Rücksicht in sein Geschäft mit aufzunehmen, so sind die Folgen unabsehbar und der Arzt wird der gefährlichste Mensch im Staat.

Diese Position wird auch von dem renomierten Kinderarzt Betke (*FAZ* 18.03. 1981) eingenommen; er sprach sich für eine Erhaltung des Lebens um jeden Preis aus. Nach seiner Ansicht müsse sich der Arzt bescheiden. Er sei beim Abwägen zwischen Behandeln und Nichtbehandeln kein Richter über lebenswertes und lebensunwertes Leben, und er fragt: „Wo sind die Leute, die das moralische Interieur haben, diese Entscheidung zu fällen?" Schließlich ist er der Meinung, daß die Bevölkerung darauf vertrauen können müsse, daß in jeder Klinik alles zur Lebenserhaltung getan werde, was irgend möglich sei, denn „das Leid in der Welt werden wir nicht beseitigen können, und ethisches Verhalten kann man nicht institutionalisieren." Mit seiner Ansicht geht Betke in diesem Zusammenhang von einem falschen Denkansatz aus, wenn er unterstellt, wir würden zwischen lebenswertem und lebensunwertem Leben differenzieren.

Hufelands Formulierung hatte zu ihrer Zeit völlige Berechtigung. Zu einer Zeit, als der Arzt keine andere Möglichkeit zur Behandlung eines Schwerkranken hatte, als die Lebensfunktionen zu *entlasten,* und zwar durch Einläufe, Schwitzen, Aderlässe u.a., in der Hoffnung, daß der Körper aus sich selbst heraus wieder gesunden könnte. Ein Arzt, der eine solche Behandlung zu früh abbrach, hat zweifelsfrei falsch gehandelt. Wir können heute aber nicht nur Organfunktionen entlasten, sondern sie durch Beatmung, durch Dialyse, ja sogar durch Transplantationen von Herz, Lunge, Leber, Nieren, *ersetzen.* Wir können also den Tod eines Menschen, der durch einen Organtod den weiteren Generaltod induzieren würde, verhindern, zumindest hinauszögern, wenn nicht das Hirn betroffen ist. Hier gilt es, neue Maßstäbe zu umreißen, damit der Arzt nicht der gefährlichste Mensch im Staate wird. Christian Barnard (1981) formulierte die ärztliche Aufgabe einmal so: „Medizin ist dazu da, die Lebensqualität zu verbessern, nicht bloß Leben zu verlängern." Nach einer Formulierung der Schweizer Akademie der Wissenschaften erscheint das Bemühen, ein Leben zu verlängern, human, wenn absehbar ist, daß der Patient wieder ein bewußtes und umweltbezogenes Leben führen kann. Diese Erklärung wurde auch in die Richtlinien der Bundesärztekammer zur Sterbehilfe aufgenommen.

Zur Ökonomie der Behandlung schwerstgeschädigter Neugeborener müssen wir ebenfalls Stellung beziehen. Dabei gewinnt die Feststellung, daß der Aufwand für einen Tag Intensivmedizin bei DM 1000,- - 2000,- liegt, eine besondere Brisanz. Es muß die Frage gestellt werden, ob ökonomische Überlegungen Eingang in die ärztliche Entscheidung finden dürfen, ob ein schwerstgeschädigtes Neugeborenes mit den teuren Mitteln der modernen Medizintechnik noch am Leben erhalten werden soll. § 368e RVO schreibt für die kassenärztliche Versorgung das Gebot der Wirtschaftlichkeit ausdrücklich fest. Außerdem hat es der BGH in der sog. Hals-Rippen-Entscheidung (zit. nach *Dtsch. Ärztebl.* 1979, 76: 957f.) für zulässig erklärt, daß bei der Wertung, ob vor einer Operation eine bestimmte Voruntersuchung durchgeführt werden soll, auch der wirtschaftliche Aufwand dieser Maßnahme berücksichtigt wird. Es ist mir aber ein tiefempfundenes ärztliches Anliegen, zu unterstreichen, daß der im Grundgesetz verankerte Schutz des menschlichen Lebens jede Differenzierung nach seiner geistigen, körperlichen, seelischen, sexuellen oder sozialen Wertigkeit verbietet. Auch ein unheilbar Kranker, d.h. hier ein unheilbar krankes Neugeborenes, hat das ungeschmälerte Recht auf Leben; aber auch auf seinen Tod in Würde. Mit Hirsch (1986) bin ich der Meinung, daß ökonomische Gesichtspunkte zur lebensverlängernden Maßnahme nie und nimmer eine Rolle spielen dürfen. Dies im Gegensatz zu ärztlichen Überlegungen.

Auch zur Triage müssen wir Stellung beziehen. Zwar darf man beruhigend feststellen, daß es sich insgesamt um ein Problem am Unfallort handelt. Daß die Triage in einer Klinik keine wesentliche Rolle spielt, haben wir bei der Geburt der Sechslinge in der Zander'schen Klinik in München feststellen können. Durch entsprechende logistische Überlegungen wurde eine Aufteilung der Kinder auf mehrere intensivmedizinisch ausgerichtete Kinderkliniken geplant und durchgeführt. Dennoch sollten wir uns nicht der Frage, wieweit eine Triage durchgeführt werden darf, entziehen. Die wohlverstandene, aus Kapazitätsgründen erforderliche Triage stellt gegenüber denen, die unbehandelt bleiben, keine rechtswidrig unterlassene Hilfeleistung dar und ist nicht unärztlich. Es geht aber nicht um die Frage „Leben gegen Leben". Ein Behandlungsabbruch eines intensivmedizinisch zu therapierenden Menschen ist ärztlich nur vertretbar, wenn der aktuelle irreversible Sterbeprozeß eingesetzt hat. In unserer Sozialstruktur ist ein menschliches Leben nicht wertvoller, wenn es geistreicher oder jünger oder sozial stabiler ist.

Zweifelsfrei bestehen zwischen der heutigen Thematik und dem § 218 StGB ein enger Zusammenhang. Hierauf hat kürzlich u.a. der Bundesrichter Jähnke (1986) in seiner juristischen Argumentation zur Erweiterung der Fristen beim Schwangerschaftsabbruch aus sog. kindlicher Indikation hingewiesen. Dennoch wollen wir den gesamten Komplex des § 218 StGB ausklammern, um eine Konzentrierung auf das Thema des 1. Einbecker Gesprächs zu garantieren.

Literatur

Ärzte-Zeitung (1985) 4: 2

Barnard C (1981) Glückliches Leben, würdiger Tod. Hestia, Bayreuth

Bauer JB (1972) (Hrsg) Die heißen Eisen von A bis Z. Styria, Graz Wien Köln, S 13ff.

Baumann J, Bochnik HJ, Brauneck AE et al. (Hrsg) (1986) Alternativentwurf eines Gesetzes über Sterbehilfe. Thieme, Stuttgart New York

Betke K (1981) Schutz des Lebens oder Hilfe zum Sterben. *FAZ* (18.03. 1981)

Binding K, Hoche A (1922) Die Freigabe der Vernichtung lebensunwerten Lebens. Meiner, Leipzig

Buck PS (1958) Geliebtes unglückliches Kind. Rowohlt, Hamburg

Eser A (1982) Juristische Gesichtspunkte. In: Müller H, Olbing H (Hrsg), S 178

Ewerbeck H (1984) Intensiv-medizinische Maßnahmen bei Neugeborenen und Kindern mit Mißbildungen. Dtsch Ärztebl 81: 2488f.

FAZ (1962) „Nicht schuldig" in allen Punkten der Anklage. (01.11. 1962)

FAZ (1962) Offene Fragen nach dem Lütticher Prozeß. (13.11. 1962)

FAZ (1982) Ethische Bedenken gegen Zwillingstrennung. (24.11. 1982)

Gründel J (1985) Sterbehilfe aus ethischer Sicht. MedR 1: 2-6

Hanack E-W (1985) Grenzen der ärztlichen Behandlungspflicht bei schwerstgeschädigten Neugeborenen aus juristischer Sicht. MedR 1: 33-38

Hepp H (1983) Schwangerschaftsabbruch aus kindlicher Indikation aus der Sicht eines Frauenarztes. Geburtshilfe Frauenheilkd 43: 131ff.

Hiersche H-D (1975) Euthanasie. Piper, München Zürich

Hiersche H-D (1986a) Recht auf den eigenen Tod. (Referat für den 56. Deutschen Juristentag, Abt. Strafrecht)

Hiersche H-D (1986b) Das Recht des Menschen auf einen würdigen Tod. In: Heberer G, Opderbecke HW, Spann W (Hrsg) Ärztliches Handeln. Springer, Berlin Heidelberg New York Tokyo, S 55-62

Hiersche H-D, Jähnke B (1986) Der todkranke Foetus - Probleme des Schwangerschaftsabbruchs aus sogenannter kindlicher Indikation. MDR 1: 1-5

Hirsch G (1986) Der sterbende Mensch - rechtliche Grenzen der ärztlichen Behandlungspflicht. ZRP 9: 58-66

Hufeland CW (1979) (Vortrag zit. nach Dtsch Ärztebl 76: 975-960)

Loewenich V von (1985) Grenzen der ärztlichen Behandlungspflicht bei schwerstgeschädigten Neugeborenen aus ärztlicher Sicht. MedR 1: 30-33

Müller H, Olbing H (Hrsg) (1982) Ethische Probleme in der Pädiatrie und ihren Grenzgebieten. Urban & Schwarzenberg, München Wien Baltimore

Rheinpfalz (1981) Ein Urteil erregt viele Briten. (07./08. 1981)

Rheinpfalz (1983) Streit um „Baby Jane Doe“. (10. 11. 1983)

Schreiber L (1982) Aspekte der Organtransplantation bei Kindern. In: Müller H, Olbing H (Hrsg), S 225ff.

Seidler E (1982) Ethische Probleme im Umgang mit dem Kind. In: Müller H, Olbing H (Hrsg), S 45ff.

Zander J (1983) Medizinisch-ethische Probleme am Beginn des Lebens. MMW 125: 572-574

Ziegler J (1972) Abtreibung. Mord. In: Bauer JB (Hrsg), S 13, S 248

Ziegler J (1985) Neues Leben: Gottes Anruf - der Menschen Verantwortung. Geburtshilfe Frauenheilkd 45: 739-748

Pränatale Diagnostik - in bestimmten Fällen ein interdisziplinäres Problem

E. G. LOCH

Das ärztliche Handeln steht auf 2 Säulen. Auf der einen ist wissenschaftliches Denken und Wissen sowie neuestes technisches Können gefordert. Auf der anderen muß der Ethos der Humanität ruhen. Diese fundamentalen Dinge sind insofern in Konkurrenz geraten, als sich Wissenschaft und Technik in den letzten Jahrzehnten fast unüberschaubar entwickelten, während die Humanität in ihrem Anspruch unwandelbar und letztlich unverzichtbar ist. Durch die sich ständig erweiternden diagnostischen und therapeutischen Möglichkeiten ist insbesondere der Frauenarzt mit kollidierenden Interessen konfrontiert. Dies gilt insbesondere dann, wenn Fehl- und Mißbildungen vorliegen und die Fristen im Rahmen der bisher geltenden Rechtsprechung des § 218 a Abs. 3 StGB bei festgestellten Mißbildungen nicht eingehalten werden können. Sie können deswegen nicht eingehalten werden, weil eine nicht mit dem Leben zu vereinbarende Mißbildung zu spät, d. h. nach diesem Zeitraum, von seiten des betreuenden Arztes erkannt wird. Aus diesem Grunde sind derartige Fragestellungen ein echtes interdisziplinäres Problem. Es soll versucht werden, die Grenzfälle von seiten des betreuenden Frauenarztes aufzuzeigen und zu diskutieren.

Im Rahmen der Betreuung von Schwangeren stehen unterschiedliche Methoden zur Verfügung. Während in früheren Jahren eine Mißbildung erst durch die Geburt entdeckt werden konnte, kann dies durch die Entwicklung der Ultraschalldiagnostik in den letzten 20 Jahren sehr viel früher geschehen. Die Bundesrepublik Deutschland war 1971 das erste Land der Welt, das Ultraschalluntersuchungen für die Betreuung von Risikograviditäten einführte. Der laufende technische Fortschritt in der Gerätetechnik erlaubt eine zunehmend differenzierte Deutung der fetalen Anatomie, so daß seit 1980 2 routinemäßige Ultraschalluntersuchungen im Rahmen der Mutterschaftsuntersuchungen jeder Schwangeren ermöglicht werden (Richtlinien des Bundesausschusses 1980). Diese Untersuchungen sollen möglichst in der 16.-22., bzw. in der 32.-36. SSW erfolgen. In diesen Richtlinien sind die wesentlichen Aussagen über die einzelne Untersuchung zwar getroffen, die Zielvorstellungen dieser grundlegenden Untersuchungen lassen sich jedoch nicht erkennen: fetale Veränderungen aufzuspüren und - falls erforderlich - verantwortungsbewußt weitere diagnostische bzw. therapeutische Schritte einzuleiten (Loch 1982). Demgegenüber ist es verständlich, daß diese Entscheidung nicht jedem niedergelassenen Frauenarzt aufgebürdet werden kann. Um zu Hinweisen auf Veränderungen beim heranreifenden Kind gerade im Rahmen dieser 1. Untersuchung zwischen der 16. und 20. SSW zu gelangen, sind folgende Merkmalssätze auf der Basis der bisherigen Erfahrungen herausgearbeitet worden:

Sonographische Merkmale zur Erkennung fetaler Mißbildungen

1) Zuviel, zuwenig oder gar kein Fruchtwasser,
2) Mißverhältnisse der ermittelten Körpermaße,
3) atypische Körperformen (u.a. Kopf, Rumpf, Extremitäten),
4) atypische Reflexmuster der fetalen Organe,
5) nichtkoordinierte, verlangsamte oder gar keine Bewegungen der Extremitäten.

Durch das Anlegen dieses groben Rasters kann ein sonographisch tätiger Arzt den Verdacht auf Mißbildungen aussprechen. Liegt ein solcher Verdacht vor, kann er mit der Untersuchungstechnik erfahrenere und über Veränderungen umfassender orientierte Kollegen konsiliarisch in die weitere Diagnostik einbeziehen. Dabei können nicht nur die eigenen Zweifel beseitigt, sondern es kann auch die ohnehin verunsicherte Schwangere günstiger und komplexer beraten werden. In diese 5 Punkte sind letztlich alle äußerlich erkennbaren Mißbildungen einzuordnen. Sie treffen jedoch nicht chromosomal veränderte Kinder. Derartige Veränderungen sind weiterhin nur mit Hilfe einer Fruchtwasserpunktion zwischen der 17. und 20. SSW (Jonatha u. Knoerr 1977) bzw. zeitlich früher mit Hilfe der Chorionbiopsie zu erkennen. Darüber hinaus existiert im Rahmen von Früherkennung von fetalen Mißbildungen noch die Fetoskopie (Rauskolb 1980). Diese Methode ist zu einem ähnlichen Zeitpunkt anzuwenden wie die Fruchtwasserpunktion. Diesen technischen Untersuchungen stehen Blutuntersuchungen im Serum der Mutter gegenüber, die jedoch nicht im gleichen Maße aussagekräftig sind. Hier existiert nur der sog. α-Fetoprotein-(AFP-)Test (Jovanovic 1983). Dabei handelt es sich um Veränderungen im mütterlichen Serum, die mit hoher Sensitivität und Spezifität Mißbildungen im Neuralrohrsystem von heranreifenden Kindern anzeigen. Die Sicherung einer derartigen Diagnose ist jedoch nur mit Hilfe der bereits angesprochenen Amniozentese gegeben, bevor weitere therapeutische Konsequenzen erfolgen können.

Die Angst zukünftiger Eltern, ein mißgebildetes Kind zur Welt zu bringen, ist nicht unbegründet. Man rechnet heute mit einer Mißbildungsrate von ca. 2%, wobei insbesondere Mütter mit einem Alter von über 35 Jahren höher betroffen sind. Unter Berücksichtigung der ca. 500000 Geburten pro Jahr in der Bundesrepublik würde dies 10000 Familien betreffen.

Dem steht gegenüber, daß es auch zu einer bedeutenden Fortentwicklung der Neugeborenenchirurgie und jetzt auch in bestimmten Fällen der fetalen Chirurgie gekommen ist, so daß letztlich nur noch ein kleiner Teil von Kindern mit Mißbildungen behaftet ist, die nicht mit einem späteren Leben zu vereinbaren sind (Mrozik 1985).

Es bleibt festzuhalten, daß viele fetale Erkrankungen heute schon intrauterin festgestellt werden können. Dazu gehören insbesondere Chromosomenaberrationen und Stoffwechselstörungen, wobei auch Kombinationen in der Erkrankung möglich sind. Im folgenden sollen unter Berücksichtigung des Entdeckungszeitpunkts die verschiedenen Mißbildungen, die nicht mit dem Leben zu vereinbaren sind, dargestellt, beschrieben und ihre Prognose diskutiert werden. Bei den genannten Häufigkeiten können sich gegenüber anderen Autoren geringfügige Veränderungen ergeben. Hier muß immer auf das jeweilige zu beobachtende Kollektiv zurückgegriffen werden.

Veränderungen im Kopfbereich

a) *Anenzephalus.* Diese Mißbildung ist ab der 12. SSW gut erkennbar. Die Struktur des Kopfes läßt sich nicht darstellen, so daß eine Diskrepanz zwischen Kopf- und Rumpfgröße entsteht. Dazu kommt das Fehlen von normalen Strukturen innerhalb des Schädelbereichs (Abb. 1 a, b). Eine derartige Veränderung ist mit dem Leben nicht vereinbar. Insgesamt stellt sich hier auch die Frage, ob diese Mißbildung überhaupt in einem derartigen Katalog mit aufgelistet werden kann. Die Inzidenz liegt bei 1:2000.

b) *Hydrozephalus.* Die Häufigkeit des Wachsens des kindlichen Kopfes bei gleichzeitiger Kompression der funktionsfähigen Hirnsubstanz liegt bei 1:3500. Es sind mehrere ätiologische Faktoren bekannt. Wir unterscheiden den Hydrozephalus, der vor der 20. SSW erkennbar ist und den sich erst später entwickelnden, der im 3. Abschnitt der Schwangerschaft die Hirnsubstanz einengt. Gerade der sich spät entwickelnde ist heute einer fetalen Therapie zugänglich. Zur Diskussion käme in unserem Fall der sich sehr früh entwickelnde Wasserkopf, der sich durch Strukturveränderungen im Kopf und ebenfalls in einer Abweichung gegenüber dem normalen Verhältnis von Kopf und Rumpf bemerkbar macht, hier jedoch zugunsten des Kopfes. Die Prognose ist schlecht. Die Kinder sterben bereits häufig intrauterin ab. Diese Art von Mißbildung ist meist mit weiteren Veränderungen im Bereich des Neuralrohres (offener Rücken) verbunden.

c) *Mikrozephalus.* Wächst der Kopf im Verhältnis zum Thoraxdurchmesser nicht ausreichend heran, liegt ein Mikrozephalus vor. Die Inzidenz beträgt auch hier 1:3500. Gerade in der 1. Schwangerschaftshälfte ist die Ultraschalldiagnostik

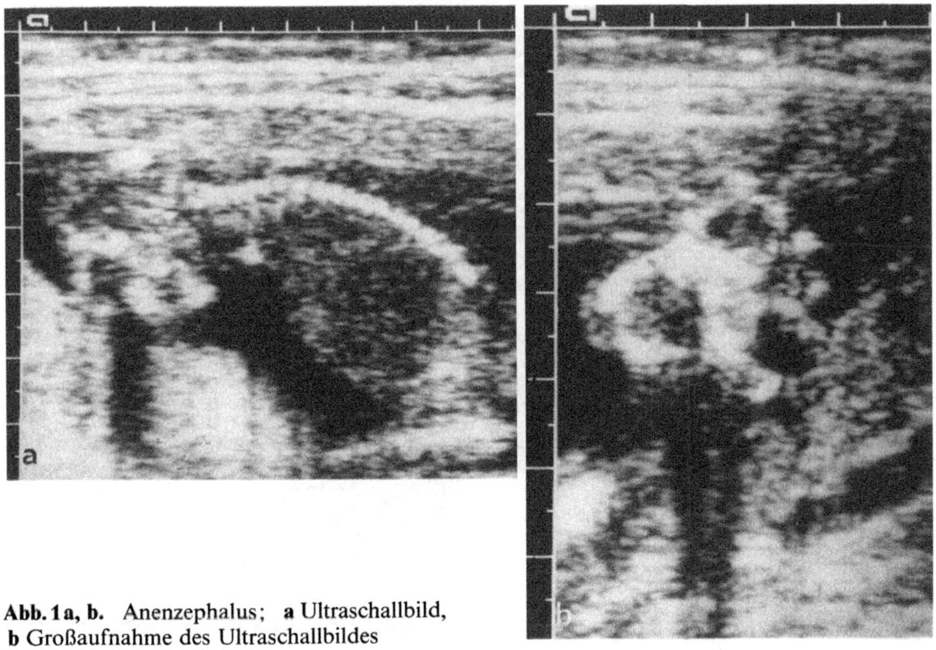

Abb. 1 a, b. Anenzephalus; **a** Ultraschallbild, **b** Großaufnahme des Ultraschallbildes

relativ schwierig. Nur durch ein Vergleichen des Wachstums von Kopf und Thorax läßt sich eine Abweichung feststellen. Bedingt durch Vergleichsuntersuchungen kann die Diagnose im günstigen Fall nicht vor der 20., bei familiärer Disposition nicht vor der 16. Woche gestellt werden. Familienanamnestische Kriterien müssen hier mitdiskutiert werden, bevor es zu endgültigen Schritten bei einer Diagnosestellung kommt. Bei sonst unauffälligen Organen und Entwicklungen kommt es bei einem Kind mit einem Mikrozephalus während der späteren kindlichen Entwicklung zur Idiotie.

d) *Enzephalozelen.* Prozentual sind diese Veränderungen schlecht einzuschätzen; die Häufigkeit beträgt vermutlich 1:10000. Es handelt sich dabei um Ausstülpungen am Kopf, die durch die atypische Kopfform erkennbar sind. Hier soll als Beispiel ein Zyklopenauge dargestellt werden (Abb. 2a, b). Mit dem späteren Leben ist diese Kopfmißbildung nicht vereinbar. Das Erkennen müßte vor der 16. SSW möglich sein, aber auf jeden Fall während der 1. Untersuchung im Rahmen der Mutterschaftsrichtlinien.

Halsbereich und Thorax

a) *Hygroma colli.* Hierbei handelt es sich um eine zystische Veränderung im Bereich des Halses, die jedoch durchaus mit dem Leben vereinbar ist. Dieses Symptom findet sich häufig bei chromosomalen Anomalien (Turner-Syndrom, Trisomie 18 und 21).

b) *Ectopia cordis.* Eine andere Einstellung muß man bei dieser ebenfalls seltenen Entwicklung des Herzens außerhalb des Brustkorbes haben. Die atypische Ver-

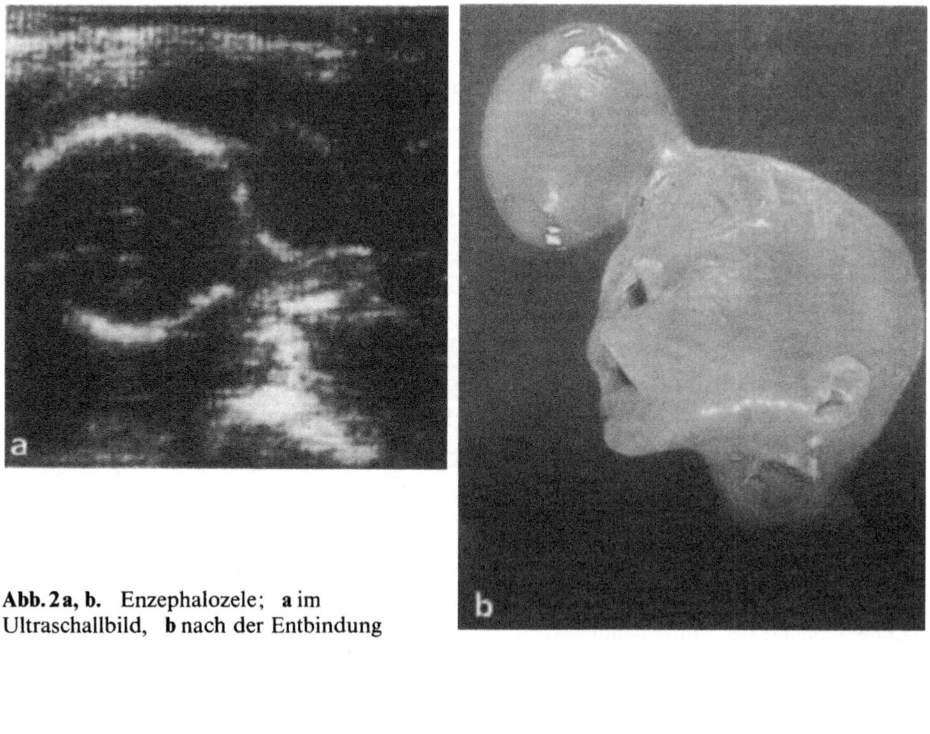

Abb. 2a, b. Enzephalozele; **a** im Ultraschallbild, **b** nach der Entbindung laufsform der vorderen Thoraxwand ist auffällig, dann auch das pulsierende Herz außerhalb der vorgebildeten Thoraxhöhle. Dabei bilden sich Flüssigkeitsansammlungen im Brustraum, die auch bei anderen chromosomalen Mißbildungssyndromen auftreten, von denen noch die Rede sein soll. Die Diagnose kann schon bei der 1. durchgeführten Ultraschalluntersuchung, unabhängig von der Entwicklung des Fetus, gestellt werden.

c) *Fetale Herzfehler.* Diese werden selten erkannt und meistens erst nach der 20.-24. SSW diagnostiziert. Wegen der unterschiedlichen Hämodynamik des Fetus und bei der zusätzlichen Anschaltung des Lungenkreislaufs nach der Entbindung werden hier andere Herzfehler evident. In Einzelfällen bestehen Möglichkeiten der Therapie. Die Häufigkeit liegt bei 1:5000.

d) *Nichtangelegte Lunge, Hydrothorax.* Ist die Lunge nicht angelegt oder führt die vorliegende Mißbildung zu einer Wassereinlagerung in die Lunge (Hydrothorax), ist eine spätere Funktion häufig unmöglich. Diese Veränderungen sind ebenfalls während der 1. Ultraschalluntersuchung erkennbar.

Abdominalbereich

a) *Speiseröhre, Zwölffingerdarm.* Eine Verengung der Speiseröhre (Ösophagusatresie) läßt sich leicht feststellen, weil charakteristische echofreie Räume (z. B. der Magen) im Bauchraum nicht darstellbar sind. Echofreie Räume, „double bubble", im Bereich des Zwölffingerdarms sind bei der Duodenalatresie zu erkennen. Hier sollte von Fall zu Fall entschieden und auf begleitende andere Mißbildungen geachtet werden. Häufig sind derartige Hemmungsmißbildungen durch die Neugeborenenchirurgie behandelbar. Die Inzidenzrate liegt ebenfalls bei 1:5000.

b) *Magen-Darm-Trakt.* Ein sich allein außerhalb des Bauchraums entwickelnder Darmkonvulut (bei Gastroschisis) ist nach der Entbindung der Neugeborenenchirurgie zugänglich. Dies ist jedoch nicht der Fall, wenn sich alle inneren Organe (Omphalozele) außerhalb der Körperhöhle entwickeln. Meist fällt hier bei der Untersuchung sehr viel Fruchtwasser auf; dies gilt als Leitschnur für eine exaktere Diagnostik. Gelegentlich sind derartige Veränderungen erst nach der 20. SSW zu entdecken.

Urogenitalsystem

a) *Niere.* Ebenso schwierig wie Atypien im Bauchraum sind die des Urogenitalsystems vor der 20. SSW für den niedergelassenen Frauenarzt zu erkennen. Hier gilt die besondere Aufmerksamkeit dem Potter-Syndrom. Die Inzidenz liegt bei 1:2000 und ist somit eine der meistverbreiteten Fehlbildungen. Charakteristisch ist die Bildung von echofreien Räumen im unteren Bauchraum des Kindes, die meist mit einer Abnahme des Fruchtwassers verbunden ist. Zwar sind die angelegten fetalen Nieren bis zur 20. SSW erkennbar und somit diagnostizierbar, dies sagt aber nichts über ihre Funktionsfähigkeit aus. Die sichere Diagnose ist häufig vom Auflösungsvermögen des verwendeten Ultraschallgeräts abhängig und deshalb bei kleineren Geräten mit größeren Schwierigkeiten verbunden. Aus diesem Grunde werden solche Hemmungsmißbildungen meist erst nach der 1. routinemäßigen Ultraschallkontrolle im Rahmen der Mutterschaftsrichtlinien entdeckt. Sie fallen dem betreuenden Arzt durch klinische Zeichen, wie mangelndes Wachstum des Bauchumfangs auf. Die schwierige Darstellung ist durch das wenige Fruchtwasser bedingt. Erleichtert wird die Diagnose, wenn man auf die fetale Harnblase achtet. Sind unterschiedliche Füllungszustände festzustellen, können funktionstüchtige Nieren angenommen werden.

b) *Genitalsystem.* Bei funktionstüchtigen Nieren käme eine zusätzliche Geschlechtsdiagnostik in Frage. Zur Differentialdiagnostik kommen gelegentlich zystische Veränderungen im Bereich der Eierstöcke von heranreifenden weiblichen Feten in Betracht. In Einzelfällen ist hier die Organdiagnostik gegenüber der Niere erschwert oder fast unmöglich.

c) *Blase.* Entwickelt sich die Blase außerhalb der Bauchhöhle (Blasenektopie), ist je nach Reifungszustand des Fetus auch mit den Eltern das weitere Vorgehen zu besprechen. Gerade diese Fälle verlangen eine individuelle Vorgehensweise unter Berücksichtigung der psychischen Belastung der Schwangeren und, im Hinblick auf die Geburt, die Vermeidung jedes erhöhten geburtshilflichen Risikos zum Nachteil der Mutter.

Veränderungen am Skelettsystem

a) *Wirbelsäule.* Der offene Rücken (Spina bifida) wird durch die Darstellung der fetalen Wirbelsäule im Längsschnitt während der 1. Untersuchung entdeckt. Auffällig ist die atypische Körperform. Die Kontinuität der Wirbelkörper ist unterbrochen. Die Inzidenz liegt bei 1:1800. Je nach Ausdehnung ist die Prognose unterschiedlich. Die schwerste Form ist die sog. Rachischisis. Der Wirbelkanal schließt sich bei der Reifung überhaupt nicht, so daß das Rückenmark in seiner Gesamtheit zwischen der Haut und den nicht verschlossenen Wirbelbögen liegt. Fehlt ein partieller Schluß der Wirbelsäule, insbesondere im Hals- und Brustbereich, führt dies zu einer erheblichen Schädigung der Muskulatur, die es dem Kind nach der Entbindung unmöglich macht, selbständig zu atmen. Die Darstellung der Wirbelsäule ist zwischen der 15. und 20. SSW exakt möglich. Auch atypische Körperformen, wie z. B. unterschiedliche Krümmungszustände der Wirbelsäule, lassen Hinweise auf Veränderungen zu.

b) *Steißbein.* Hier kommen Tumoren (sog. Teratome) vor, die heute jedoch nach der Entbindung therapeutisch angegangen werden können (Mrozik 1985), ebenso wie zystische Veränderungen vom Steißbein her, die sich in das kleine Becken vorwölben und damit eine atypische Reifung der Organe in diesem Bereich nach sich ziehen. Es handelt sich jedoch lediglich um eine Kompression, nicht aber um eine Veränderung der Anlage dieser Organe. Diese Hemmungsmißbildungen sind ebenfalls therapeutisch angehbar und bedürfen nicht immer eines Schwangerschaftsabbruchs. Funktionelle Zusammenhänge spielen bei der Beurteilung die wesentliche Rolle. Es ist darauf zu achten, inwieweit der Fetus seine unteren Extremitäten spontan bewegen kann.

c) *Extremitäten*. In Erinnerung rufen sollte man sich hier das Dysmeliesyndrom der 60er Jahre. Die Erfahrung hat gezeigt, daß sich solche Kinder geistig normal entwickeln, sich jedoch schwer im täglichen Leben zurechtfinden.
Zu den Extremitätenmißbildungen zählt auch die sog. Glasknochenkrankheit (Osteogenesis imperfecta congenitalis). Bereits während der frühen Fetalzeit kommt es durch die Kindsbewegungen gegen die Gebärmutterwand zu Knochenbrüchen. Daraus resultiert ein Zwergwuchs. Die Inzidenzrate liegt bei 1:10000. Die Veränderungen lassen sich auf jeden Fall vor der 20. SSW feststellen, da die Röhrenknochen kein regelrechtes Wachstum zeigen.

Eine Zusammenfassung der obengenannten Mißbildungen zeigt Tabelle 1.

Tabelle 1. Beispiele von Mißbildungen an den verschiedenen Körperabschnitten

Organ	Symptom	Häufigkeit	Spätester Zeitpunkt des Erkennens im Ultraschall [SSW]
Kopf	Anenzephalus	1: 2000	16
	Hydrozephalus	1: 3500	(je nach Entwicklung) 20-37
	Mikrozephalus	1: 3500	22 durch Vergleichsuntersuchung
	Enzephalozelen	1:10000	16
Halsbereich	Hygroma colli		20
Brustbereich	Ectopia cordis		16
	Atresie der Lunge		16-20
Magen-Darm-Trakt	Ösophagusatresie		16-20
	Gastroschisis		16-20
Urogenitalsystem	Potter-Syndrom	1: 2000	20-27
	Blasenektopie		20-27
Skelettsystem	Spina bifida	1: 1800	16-20
Extremitäten	Osteogenesis imperfecta congenitalis	1:10000	16-20

Mißbildungssyndrome

a) *(Siamesische) Zwillinge*. Sind bisher einzelne Organsysteme abgehandelt worden, können derartige Veränderungen auch in Mißbildungs*syndromen* kombiniert auftreten. Voranstellen möchte ich hier die Zwillingsgeburten, wenn es sich um Mißbildungen im Sinne der siamesischen Zwillinge handelt. Eine Inzidenzrate ist hier wegen der Seltenheit nicht anzugeben. Hier muß von Fall zu Fall entschieden werden, welche Organsysteme verbunden und inwieweit sie chirurgisch nach der Entbindung zu behandeln sind. Auch die Entscheidung, ob beide Kinder einzeln oder evtl. nur ein Kind allein lebensfähig ist, muß getroffen werden. Zur weiteren Diskussion stellt sich die Frage, wie ein Arzt beim Vorliegen einer Zwillingsschwangerschaft entscheiden soll, wenn er feststellt, daß eines der Kinder mißgebildet ist, während das andere keine sichtbaren, oder nach durchgeführter Amniozentese, chromosomale Veränderungen aufweist.

b) *Prune-belly-Syndrom.* Ein weiteres Fallbeispiel für die Mißbildungssyndrome soll das Prune-belly-Syndrom sein (Abb. 3a, b). Bei der 1. Untersuchung findet sich meist ein aufgetriebener Leib mit Verdrängung der Leber und Lungenorgane. Es lassen sich kaum Kindsbewegungen nachweisen. Außerdem fällt ein Mangel an Fruchtwasser auf. Die Bauchdecken sind kaum angelegt. Diese Kinder werden nicht älter als 1 Jahr. Meist endet eine derartige Schwangerschaft mit einer Totgeburt. Solche Veränderungen lassen sich im Rahmen der 1. Untersuchung entdecken, wenn die Schwangere rechtzeitig den Arzt aufsucht.

c) *Andere Mißbildungen.* Die Liste unterschiedlicher Mißbildungen ließe sich mit Einzelbeispielen beliebig fortsetzen, doch bringt dies für unsere Diskussion

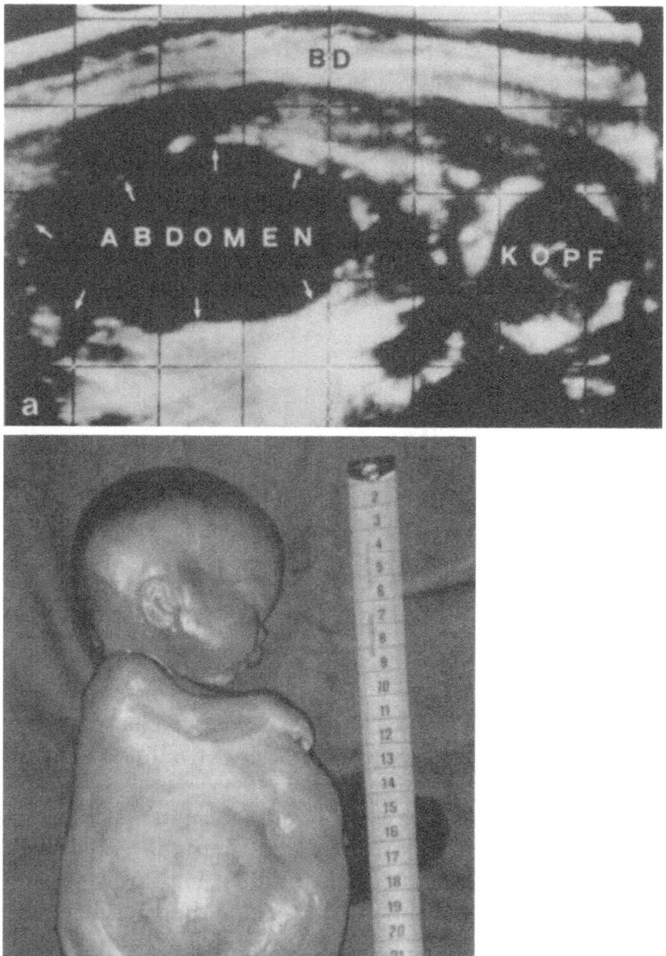

Abb. 3a, b. Aufgetriebenes Abdomen; **a** im Ultraschallbild, **b** nach der Entbindung

wenig, weil es sich hier meist um Veränderungen handelt, die mit dem späteren Leben zu vereinbaren sind. Auch eine Hasenscharte oder die doppelseitige Kiefer-Gaumen-Spalte zählen heute zu therapierbaren Mißbildungssymptomen. Die angeführten Mißbildungen können kombiniert und bei Chromosomenveränderungen (z. B. Trisomie 18, Edwards-Syndrom) auftreten. Gelegentlich ist dann auch eine Polydaktylie als Leitsymptom auffällig. So bedarf letztlich jede sonographisch erkannte Mißbildung einer exakten Abklärung. Die Veränderungen können auch verschiedene Stufen durchlaufen. Daraus resultiert, daß je nach Mißbildungsgrad Funktionen der Organe oder Organsysteme unterschiedlich beeinträchtigt sind.

Für die Diskussion unbrauchbar erscheint mir die Argumentation, daß derartige Kinder als Reservoir für Organspenden benutzt werden können. Letztlich ist ein großer Teil der Veränderungen vor der 20. SSW sichtbar, und die Feten können damit im Rahmen des § 218a Abs. 3 StGB dem Schwangerschaftsabbruch legal zugeführt werden. Es muß jedoch ein Entscheidungsfreiraum für Fälle vorhanden sein, die zu spät erkannt wurden, weil z. B. die betreffende Schwangere keine Ultraschalluntersuchung wahrgenommen hat, oder weil dem Arzt aufgrund mangelnder Erfahrung die Veränderung zu diesem frühen Zeitpunkt entging. Darüber hinaus spielt auch nicht nur der Zeitpunkt des Erkennens, sondern auch die Aufklärung der Mutter eine Rolle (Eberbach 1986). Hier ergibt sich die Frage, wann die Schwangere aufgeklärt werden soll. Sollte bereits beim Verdacht eine umfassende Prognose und die Konsequenz für die Mutter geschildert werden oder muß dies erst bei der Bestätigung erfolgen. Dies ist besonders deshalb problematisch, weil mit der Mißbildungsdiagnostik Vertraute wissen, daß ungefähr die Hälfte der zu einer Abklärung des Verdachts einer möglichen Mißbildung überwiesenen Schwangerschaften keine relevanten fetalen Abnormitäten aufweisen (Hansmann et al. 1985). Soll hier die Krankheitssituation rückhaltlos dargelegt werden, indem auch das Ausmaß des Risikos bei der vorgesehenen Diagnostik und Therapie der Schwangerschaft erörtert wird, oder soll erst der erfahrenere Arzt diese Aufklärung übernehmen? Selbst wenn wir beachten, daß aus dem bisher patriarchaischen Arzt-Patient-Verhältnis eine mehr partnerschaftliche Vertrauensbasis geworden ist, so kann das Aufklärungsbedürfnis sich für die Schwangere zum Nachteil entwickeln, denn selbst der geübteste Diagnostiker kann der Patientin nur indirekte Hinweise und keine direkten Beweise liefern. Ein gewisser Freiraum in bezug auf die Aufklärungspflicht und die daraus möglichen Konsequenzen sollte dem Arzt erhalten bleiben. Es ist verständlich, daß nicht die Profilierungssucht des einzelnen, z. B. auch im Hinblick auf die fetale Chirurgie, übertriebene Hoffnungen bei der Mutter wecken dürfen. Werden also Mißbildungen nach der 24. SSW festgestellt, die mit dem Leben nicht mehr zu vereinbaren sind, müßte es möglich sein, mit den Eltern eine vorzeitige Entbindung zu besprechen und dann auch einzuleiten. Dies sollte gewährleistet sein, wenn 2 mit der Mißbildungsdiagnostik erfahrene Kollegen die gleiche Diagnose mit der gleichen Konsequenz feststellen. Auf jeden Fall abzulehnen ist die sog. „Schwangerschaft nach Maß“. Es darf nicht zulässig sein, daß die Eltern bestimmen, welche Hemmungsmißbildungen ausgetragen werden sollen oder ob ein Schwangerschaftsabbruch durchzuführen ist. Dies gilt z. B. für die Hasenscharte ebenso wie für die Gastroschisis. Diskussionspunkt würde auch der Mongoloismus bleiben, weil ja derartige Kinder durchaus

lebensfähig sind, jedoch bei der sozialen Eingliederung die Eltern und die Allgemeinheit vor große Aufgaben stellen. Hier ist die interdisziplinäre Diskussion wichtig, ohne auf der einen Seite den Arzt in eine Rechtsunsicherheit zu bringen (Hiersche u. Jähnke 1986) und auf der anderen Seite die Eltern zu zwingen, eine für sie nicht akzeptable Gravidität, bedingt durch die festgestellte chromosomale Mißbildung ohne äußerliche Veränderungen des Kindes, austragen zu müssen.
Zusammenfassend ist festzustellen, daß der größte Teil fetaler Mißbildungen (ausgenommen chromosomale Veränderungen) mit Ultraschall erkennbar ist. Dabei ist es unter Berücksichtigung des Auflösungsvermögens der heutigen im Handel befindlichen Ultraschallgeräte möglich, bereits im Rahmen der 1. Ultraschalluntersuchung der Mutterschaftsrichtlinien die meisten Veränderungen festzustellen. Trotzdem sollte unabhängig von diesem Zeitraum bei bestimmten Mißbildungen die Möglichkeit gegeben werden, die Schwangerschaft zu jedem Zeitpunkt zu beenden, wenn 2 mit der Mißbildungsdiagnostik erfahrene Untersucher die gleiche Diagnose stellen und die Eltern mit dem geplanten Vorgehen einverstanden sind. Wegen der Häufigkeit von Mißbildungssyndromen sollten nicht ganz bestimmte Krankheitsbilder numerisch aufgezählt und in einem Katalog für diese Konsequenzen eingereiht werden. Ausnahme wären lediglich der Anenzephalus sowie Veränderungen von der Art des Zyklopenauges, der Rachischisis, der totalen Everteration, der Ektopie des Herzens, des reinen Potter-Syndroms sowie beim Skelettsystem die Osteogenesis imperfecta congenitalis. Dazu sollten auch Einzelfälle zählen, die anhand des Mißbildungsgrades keine Überlebenschance haben bzw. nach neuesten Gesichtspunkten der fetalen Chirurgie nicht korrigiert werden können.

Literatur

Eberbach W (1986) Grundsätze zur Aufklärungspflicht bei nicht voll Geschäftsfähigen. MedR 40: 14-18

Hansmann M, Hackelöer EJ, Staudach A (1985) Ultraschalldiagnostik in Geburtshilfe und Gynäkologie. Springer, Berlin Heidelberg New York Tokyo

Hiersche H-D, Jähnke E (1986) Der todkranke Foetus. Probleme des Schwangerschaftsabbruches aus sog. kindlicher Indikation. MedR 40: 1-5

Jonatha W, Knoerr A (1977) Intrauterine Infektionen nach diagnostischer Amniocentese in der Frühschwangerschaft. In: DFG-Programm Praenatale Diagnostik genetisch bedingter Defekte. (13. Informationsblatt) München

Jovanovic V (1983) Pränatale Ultraschalldiagnostik von kindlichen Fehlbildungen. Med Dissertation, Universität Gießen

Loch EG (1982) Zielvorstellungen von zwei routinemäßigen Ultraschalluntersuchungen während der Schwangerschaft. Swiss Med 4: 17-19

Mrozik E (1985) Problematik und Möglichkeiten der Fetalchirurgie. Geburtsh Frauenheilkd 45: 503-510

Rauskolb R (1980) Fetoskopie. Eine klinische Methode zur praenatalen Diagnostik. Thieme, Stuttgart

Richtlinien des Bundesausschusses der Ärzte und Krankenkassen über die ärztliche Betreuung während der Schwangerschaft und nach der Entbindung (Mutterschaftsrichtlinien) in der Neufassung vom 31. Oktober 1979. Bundesanzeiger 22: 4180 (01.02. 1980)

Staudach A (1982) Möglichkeiten und Grenzen der Mißbildungsdiagnostik. Swiss Med 4: 67-75

Weissauer W (1986) Rechtspflichten des Gynäkologen. In: Lauritzen C, Wassilew SW, Weißenbecher ER (Hrsg) Aktuelle Themen aus der Gynäkologie. PMJ-Verlag, Frankfurt am Main

Krankheitsbilder schwerstgeschädigter Neugeborener

H. Ewerbeck

Die Geburt eines schwergeschädigten Kindes bringt den Geburtshelfer und den weiterbehandelnden Kinderarzt oft in einen schweren Konflikt. Zweifel über die sonst so klaren Grenzen ihres ärztlichen Handelns treten gerade bei den Ärzten auf, die den Forderungen der Gesellschaft nach einer humanen Medizin geöffnet sind: Sollen sie nun alle technischen Möglichkeiten der modernen Medizin ausschöpfen, oder ist eine abwartende Minimalversorgung der richtige Weg?
Daß sich viele Ärzte in dieser Unsicherheit um Rückendeckung bemühen und gesetzliche Richtlinien oder zumindest Empfehlungen von Juristen erhoffen, ist verständlich. Das heutige Symposion resultiert aus diesen Tendenzen. Meine Aufgabe besteht deshalb darin, Sie als Nichtmediziner mit solchen Mißbildungen und schweren Schäden des Neugeborenen bekannt zu machen, die uns im klinischen Alltag begegnen können und in Skrupel stürzen.
Schwergeschädigte Neugeborene stammen aus 3 Quellen:

1) Angeborene Mißbildungen

Bei rund 12–13‰ der Neugeborenen bestehen größere Mißbildungen (Neuhäuser 1980). Bei rund 680000 Neugeborenen pro Jahr in der BRD handelt es sich dabei also um rund 8000 Kinder pro Jahr.
Diese schweren Mißbildungen sind entweder genetisch bedingt, also das Ergebnis von Erbanlagen oder Spontanmutationen. Sie können aber auch Folge von Virusinfektionen sein, an denen die Mutter in den ersten 3 Schwangerschaftsmonaten erkrankte und die an dem an sich gesunden Embryo Mißbildungen, insbesondere des Gehirns und der Sinnesorgane erzeugen können.
Eine andere Ursache sind exogene teratogenetische Insulte, also von außen kommende Einwirkungen, etwa Folgen von radioaktiver Bestrahlung oder von eingenommenen Medikamenten.
Vor einem schwer mißgebildeten Neugeborenen resultiert aber der Behandlungszweifel des Arztes nicht aus der kausalen Bedingtheit des Schadens, sondern aus dem Umfang der Schädigung. Es ist also nicht sehr hilfreich, einen Katalog von speziellen Mißbildungen aufzustellen, die hier in Frage kommen.
Es sind v.a. Schäden am Zentralnervensystem (ZNS), also am Gehirn, die uns Probleme machen. Leider handelt es sich in 70–80% der angeborenen Mißbildungen auch um Schäden oder nur um Schäden des ZNS. Warum belasten gerade diese Schäden einen verantwortungsbewußten Arzt besonders?
Alle Organe unseres Körpers finden wir identisch oder in leicht abgewandelter

Form auch bei Tieren. Mißbildungen daran vermag der Körper entweder allein oder mit medizinischer Hilfe zu kompensieren, oder er ist nicht lebensfähig.
Das menschliche Zentralnervensystem aber hat sich in den letzten 4 Mio. Jahren so differenziert, daß es seinen Träger vermutlich seit 80000 Jahren zum Sprechen und seit 5000 Jahren zur schriftlichen Kommunikation befähigt. Der menschliche Geist benötigt für diese Leistung aber nicht nur ein hoch leistungsfähiges, sondern auch ein weitgehend unversehrtes Gehirn. Ein schwergeschädigtes Zentralnervensystem erlaubt seinem Träger nicht, diese elementaren menschlichen Fähigkeiten zur Kommunikation, zum Selbstbewußtsein und zum prospektiven Denken zu entwickeln. Man muß damit rechnen, daß im Bundesgebiet jährlich etwa 5000 derartiger Neugeborener zur Welt kommen.
Dabei handelt es sich einmal um Kinder mit schwerer Mikrozephalie bis zur Anenzephalie, etwa rund 100 Fälle pro Jahr (Nahamo 1973).
Auch schwere Spaltbildungen des Gehirns (Enzephalozelen) gehören hierher. Soll hier chirurgisch gehandelt werden, soll der Bruchsack abgetragen werden und dieses Wesen mit den Ruinen des Gehirns weiterleben, oder soll man abwarten, bis das natürliche Ende kommt, zumal ein Teil der Kinder später blind ist, weil in dem vorgefallenen Teil des Gehirns die Sehrinde sitzt?
Auf die tiefersitzenden Spaltbildungen des Rückenmarks, die sog. Meningomyelozelen, möchte ich hier nicht näher eingehen. Ihre Häufigkeit schwankt aus verschiedenen Gründen stark von 0,6–4‰ der Neugeborenen, so daß man in der BRD zwischen 500–2500 Fälle erwarten kann (Lorber 1981). Bei diesen Spaltbildungen des Rückenmarks besteht z. Z. noch eine ernste Diskussion unter den Ärzten. Technisch lassen sich alle diese Spaltbildungen operativ schließen. Wenn sie sehr tief in der Gegend des Steißbeins sitzen, ist auch die Funktion der Beine, der Blase und des Mastdarms nicht oder nur wenig beeinträchtigt. Sitzen sie aber, wie in dem hier demonstrierten Fall, hoch am Rückenmark, dann sind die Kinder unterhalb der Gürtellinie völlig gelähmt und müssen zahlreiche Operationen über sich ergehen lassen, um einigermaßen die Stuhl- und Urinproduktion in Kontrolle zu bekommen. Das gelingt allerdings in der Regel nie vollständig, so daß sie schließlich zeitlebens mit einem künstlichen After oder mit einem Urinal versorgt werden müssen. Sie sind darüber hinaus wegen ihrer fehlenden Gehfähigkeit immer auf Fremdhilfe angewiesen. Das Schlimmste aber ist der fast immer bei diesen hochsitzenden Spaltbildungen auftretende Wasserkopf, der durch operativ eingebaute Ventile bekämpft werden muß. Wer das Leben dieser mit einer hochsitzenden Meningomyelozele belasteten Kinder und Jugendlichen verfolgt, kann verstehen, daß heute viele dem Beispiel des britischen Neurochirurgen Lorber (1971) folgen und nicht mehr jede dieser hochsitzenden Spaltbildungen operiert.
Reine Mißbildungen des Körpers sind seltener als die Mißbildungen des ZNS. Aber auch hier gibt es Formen und Schweregrade, bei denen das Mitleid die Aktivität des handelnden Arztes dämpfen kann.
Das Fehlen einzelner Gliedmaßen ist zwar ein schwerer Schlag für den Patienten und für die Eltern, aber mit orthopädischen Hilfen ist hier zweifellos ein erträgliches Leben zu ermöglichen.
Ob dies auch für mißgebildete Kinder gelten kann, denen Beine und Arme ganz oder fast vollständig fehlen, wage ich zu bezweifeln. Dürfen hier alle medizinischen Möglichkeiten eingesetzt werden, um bei komplizierenden Infektionen das Leben zu erhalten oder zu verlängern?

Auch bei sehr schweren Gesichtsmißbildungen hat man beim zusätzlichen Auftreten von lebensbedrohlichen Erkrankungen kein gutes Gewissen, daß uns die moderne Medizin zu ihrer wirksamen Bekämpfung Antibiotika und intensivmedizinische Technik zur Verfügung gestellt hat.
Das gilt auch für bestimmte Mißbildungssyndrome, wie das autosomal dominant vererbte Freeman-Sheldon-Syndrom. Hier sind Klumpfüße, Minderwuchs und schwere Gesichtsmißbildungen kombiniert, während die Intelligenz meist nicht beeinträchtigt ist.
Als letztes Beispiel einer angeborenen Mißbildung, die auch schon intrauterin erkannt werden kann, sei das Potter-Syndrom genannt: Bei diesen Kindern fehlen die Nieren oder sie sind fehlgebildet (polyzystische Nierendegeneration). Meist besteht noch eine Lungenhypoplasie und Mißbildungen im Magen-Darm-Trakt. Infolge geringer Fruchtwassermenge (Oligohydramnion) fehlt dem wachsenden Kind intrauterin die notwendige Bewegungsmöglichkeit. So entstehen Beugekontrakturen der Arme und Beine und Klumpfüße. Die intrauterine Diagnostik dieser Mißbildung fordert schon den Geburtshelfer heraus, ob er mit heute bestehenden Möglichkeiten diesem Kind ein begrenztes Leben ermöglicht, das sonst kurz nach der Geburt spontan stirbt.
Wegen der Fülle solcher und ähnlicher Mißbildungssyndrome ist es im Rahmen dieses Referats nur möglich, mit exemplarischen Fällen die Probleme angeborener Mißbildungen zu beleuchten. Ich möchte auch nicht auf Chromosomenanomalien eingehen, die nach der Geburt oder spätestens im 1. Lebensjahr sterben, wie etwa die Trisomie 13 (Patau-Syndrom, Häufigkeit 1:5000) oder das Edwards-Syndrom (Trisomie 18, Häufigkeit 1:3000) oder andere schwere chromosomale Störungen, die mit Oligophrenie einhergehen.
Auch das relativ häufige Down-Syndrom (1:700) sei nur am Rande erwähnt, weil es allen bekannt ist. Es ist bereits in der Frühschwangerschaft zu diagnostizieren und darf Anlaß zu einer legalen Schwangerschaftsunterbrechung sein, obwohl gerade diese Kinder trotz ihrer geistigen Behinderung subjektiv fröhliche und selbstzufriedene Kinder sind.

2) Schwere Perinatalschäden am Zentralnervensystem

Die nächste große Gruppe schwergeschädigter Neugeborener resultieren aus den Folgen einer erschwerten Entbindung. Auch bei der heutigen modernen Geburtshilfe leiden knapp 5% der Neugeborenen an Übergangsstörungen der Atmung. Die meisten überwinden diese Phase ohne Nachwirkungen. Bei 4‰ bleiben mehr oder weniger starke Schäden im ZNS zurück (rund 2400 Kinder pro Jahr in der BRD). Man hat aber inzwischen gelernt, diese Schäden frühzeitig zu erkennen und die Kinder mehr oder weniger zu rehabilitieren.
Bei den sehr schweren Schäden aber sind unsere diagnostischen Möglichkeiten in den letzten Jahren erheblich erweitert worden. Wir können heute mit Ultraschall, also der Sonographie, durch die große Fontanelle des Schädels beim Neugeborenen schon in den ersten Lebenstagen ohne die geringste Beeinträchtigung des Kindes täglich morphologische und funktionelle Veränderungen im kindlichen Gehirn beobachten.

Wir sehen das Auftreten von Ödemen oder Blutungen in der Gehirnsubstanz oder in den Gehirnventrikeln. Wir können die Gehirndurchblutung am Gefäßverhalten oder noch genauer mit der Dopplersonographie messen und verfolgen. Wir sind nicht mehr nur auf neurologische Beobachtungen über das Verhalten des jungen Säuglings angewiesen.
Bei schweren Entbindungen mit langdauerndem O_2-Mangel kann man mit diesen Methoden die zunehmende Zerstörung in der Gehirnsubstanz beobachten bis hin zu schweren porenzephalen Defekten. Aus zahlreichen inzwischen bereits vorliegenden Langzeitbeobachtungen weiß man, daß sich nach solch schweren Gehirnschäden eine Mikrozephalie und eine Imbezillität entwickeln wird, daß die Kinder nicht sitzen und gehen lernen können, v.a. die menschliche Sprache nie erlernen werden. Treten bei solchen Neugeborenen und jungen Säuglingen noch zusätzliche Komplikationen auf, wie angeborene Herzfehler, schwere Lungenentzündung oder eine Hirnhautentzündung, gerät der behandelnde Arzt wieder in Gewissenskonflikte.

3) Ultrakleine Frühgeborene

Die 3. Gruppe, aus der schwergeschädigte Neugeborene resultieren, sind Frühgeborene, also Kinder unter 2500 g Geburtsgewicht. 6-7% aller Neugeborenen, also rund 35000-40000 Kinder pro Jahr gehören hierher. Die moderne Geburtshilfe und die perinatale Kinderheilkunde hat es heute erreicht, die meisten dieser Frühgeborenen schadensfrei aufzuziehen. Dies gilt leider nicht uneingeschränkt für Kinder unter 1000 g Geburtsgewicht.
Sie machen rund 0,3% aller Geburten aus (1500-2000 Kinder im Bundesgebiet pro Jahr). Wir haben heute die technischen Möglichkeiten, auch Kinder zwischen 500-700 g Geburtsgewicht am Leben zu erhalten. 50-60% davon sterben in den ersten Lebenswochen (Vyh et al. 1984). Von den Überlebenden hat ein großer Teil (rund 20%) die eben geschilderten schwersten Hirnschäden (Kitchen et al. 1984). Obligat leidet auch ein bestimmter Prozentsatz wegen der Unreife des Augenhintergrunds später an Sehstörungen bis zur Blindheit. Bei den 500-800 g schweren Kindern sind das fast 60%, bei den Kindern von 800-1000 g Geburtsgewicht noch rund 33% (Stahlman 1984).
Auch hier steht der behandelnde Pädiater oft vor einem Dilemma, wenn interkurrente Komplikationen das Leben des so schwer geschädigten Kindes beenden können, wenn er nicht mit allen technischen Möglichkeiten der modernen Medizin eingreift.

Zusammenfassung

Bei einer Übersicht über exemplarische Krankheitsbilder schwergeschädigter Neugeborener im Hinblick auf die Grenzen ärztlicher Behandlungspflicht wird vielleicht überzeugend erkennbar, daß v.a. schwere Beeinträchtigungen der Hirnfunktion den verantwortungsbewußten behandelnden Arzt in eine Entscheidungsnot bringen.

Körperliche Mißbildungen sind zwar für ihre Träger ein lebenslanges Unglück und Handicap, aber die heutige Gesellschaft verfügt über genügend Motivation und Einrichtungen, diese Behinderten zu akzeptieren und ihnen ein einigermaßen erträgliches Lben zu ermöglichen.

Schwerste Schäden am Gehirn, die das Lernen und Verstehen der menschlichen Sprache, die Selbstreflektion und das prospektive Denken nicht mehr ermöglichen, machen eine zwischenmenschliche Kommunikation und die Entwicklung menschlich-spezifischer Verhaltensweisen unmöglich. Der menschliche Geist ist auf ein leidlich funktionsfähiges Zentralnervensystem angewiesen. Die Träger eines so schwer geschädigten Gehirns sind dazu verurteilt, gehunfähig, ohne menschliche Beziehungen zur Umwelt, unfähig zur selbständigen Nahrungsaufnahme oder zur Kontrolle der Stuhl- und Urinproduktion dahinzuvegetieren, bis schließlich der Tod sie und ihre Angehörigen erlöst; ein Ende, das ohne ärztliche Intervention schon in den ersten Lebenswochen hätte kommen können.

Solche angeborenen Mißbildungen werden entweder durch die Erbanlagen determiniert, wie manche Chromosomenanomalien, oder sie entstehen in der Embryonalzeit durch Virusinfektionen, durch radioaktive Strahlen oder durch chemische Substanzen.

Die 2. große Gruppe sind Opfer perinataler O_2-Mangelschäden und schwerer Hirnblutungen. Sie lassen sich heute mit Ultraschalluntersuchungen weitgehend objektivieren.

Die 3. Gruppe sind die Folgen vorzeitiger Schwangerschaftsbeendigung, insbesondere vor der 30. Schwangerschaftswoche bei ultrakleinen Frühgeborenen.

Insgesamt muß man in der BRD jährlich mit 9000-10000 von Neugeborenen mit solchen schweren Schädigungen rechnen. Bei ihnen zweifelt der behandelnde Arzt oft an einer unbegrenzten und absoluten Behandlungspflicht, wenn er von seiner eigenen menschlichen Fähigkeit des prospektiven Denkens für seine Patienten Gebrauch macht. Ist die Gesellschaft hier aufgefordert, dem Arzt Entscheidungshilfen zu leisten, etwa durch legalisierte Richtlinien? Ich glaube nicht.

Die derzeitige Situation beim legalisierten Schwangerschaftsabbruch, wo jährlich über 100000 gesunde Kinder aus sozialen Gründen in einer so reichen Gesellschaft vor ihrer Geburt getötet werden, ist ein warnendes Beispiel, wohin legalisierte Gewissenserleichterungen führen.

Ich glaube, auch im Hinblick auf die Ihnen nur beispielhaft demonstrierten schwersten Mißbildungen muß der Arzt zur unbegrenzten Hilfeleistung verpflichtet bleiben.

Der behandelnde Arzt darf allerdings bei einem schwerst mißgebildeten Neugeborenen nicht vergessen, daß den Preis für seine juristisch einwandfreie Handlungsweise nicht er, sondern das leidende Wesen vor ihm bezahlt, zusammen mit seinen Eltern und seinen Geschwistern. Ich glaube, die Gesellschaft sollte auch in Zukunft den Arzt in dieser Situation allein lassen und der Arzt sollte seinen Konflikt nicht in die Öffentlichkeit tragen oder den Eltern aufbürden. Seine Entscheidung sollte auch in Zukunft eine einsame Entscheidung bleiben und von Güte und Barmherzigkeit diktiert sein. Lebenserhaltung um jeden Preis kann zum Terror im Namen der Humanität werden. Sie macht uns schuldig, weil wir dabei die Würde des Menschen im Patienten verletzen. Ich zweifle daran, ob solche Entscheidungen jemals durch moralische Konventionen oder juristische Grundnormen gedeckt werden können.

Literatur

Kitchen W, Ford G, Orgill A, Rickards A, Asbury J, Lissenden J, Bajnk B (1984) Outcome in infants with birthweight 500 to 999 gm. Pediatrics 104: 921-927

Lorber J (1971) Results of treatment of myelomeningocele. Dev Med Child Neurol 13: 279

Lorber J (1981) Systematic ventriculographic studies in infants born with meningomyelocele. Arch Dis Child 36: 389

Nahamo KK (1973) Anencephaly: a review. Dev Med Child Neurol 15: 383

Neuhäuser G (1980) Mißbildungen und Entwicklungsstörungen des Nervensystems. In: Pädiatrie in Praxis und Klinik/1980: Springer, Bd III, 17.99

Stahlman MT (1984) Newborn intensive care: A success or a failure. J Pediatr 105: 162-167

Vyh Y, Watkins A, Bajnk B (1984) Neonatal and postneonatal mortality in very low birthweight infants. Arch Dis Child 56: 987-999

Diskussion zu der Einführung und den Referaten Loch und Ewerbeck

HIERSCHE: Ich wäre dankbar, wenn sich die Mediziner dazu durchringen könnten, den Theologen und Juristen mit verständlichen Worten einzelne Fälle darzustellen und ihre eigenen Schwierigkeiten, ihre eigenen Probleme bei einer Entscheidungsfindung zu verdeutlichen. Nicht in die Diskussion einfließen sollte der „Anenzephalus". Hierüber hat ja Herr Dr. Jähnke geschrieben.
Nicht in die Diskussion eingebracht werden sollte auch das „reine Potter-Syndrom".

HOLSCHNEIDER: Ich müßte praktisch mein Referat vorab diskutieren, wenn ich jetzt auf Details der beiden Referate einginge. Mein Beitrag nimmt doch Teile aus den Referaten von Herrn Loch und Herrn Ewerbeck heraus und verdeutlicht sie noch einmal.

HIERSCHE: Einverstanden.

ZANDER: Sie fordern dazu auf, daß wir Fälle vortragen.

HIERSCHE: Ich halte die Auflistung für wichtig, um den anderen Disziplinen zu zeigen, vor welchen Problemen wir stehen und daß wir - wenn ich es etwas emotional formuliere - nicht die Halbgötter in Weiß sind.

ZANDER: Ich kann das an einer Situation verdeutlichen, die vielleicht einige der Probleme aufzeigt.
Wir haben diese Situation kürzlich erlebt und haben gemeinsam mit den Pädiatern, Herrn Spann und den Psychiatern immer wieder überlegt, wie wir weitergehen sollen.
Ich möchte gleich von vornherein sagen: Ich glaube, die Sache sieht für den Pädiater ein bißchen anders aus als für den Geburtshelfer. Herr Ewerbeck, Sie haben eben von der Einsamkeit der Entscheidung gesprochen. Beim Geburtshelfer geht es sicher nicht so. Bei uns kommen so viele Probleme hinzu - die nachgeburtliche Situation usw. -, daß wir kaum in der Lage sind, solche Probleme allein zu lösen. Wir sind darauf angewiesen - das habe ich in den letzten Jahren mehr und mehr gelernt -, den Rat auch der benachbarten Fachgebiete intensiv mit in Anspruch zu nehmen, um zu einigermaßen vernünftigen Lösungen zu kommen, die von allen getragen werden können.
Es kommt noch hinzu, daß gerade bei solch schwierigen Problemen, wie ich sie aufzeigen möchte, in einer Frauenklinik bei den Kolleginnen und Kollegen die Meinungen sehr stark auseinandergehen. Ganz natürlich werden sehr stark emotionale Gesichtspunkte mit in die Überlegungen eingebracht. Es ist für einen einzelnen fast unmöglich, die Entscheidung zu treffen, die letztlich von allen mitge-

tragen werden kann. Darauf kommt es ja an, daß wir Entscheidungen finden, in welche die verschiedenen dissonanten Meinungen eingehen und schließlich jeder sagen kann: „Das war gut so, wir haben hier letztlich unser Bestes getan, um richtig zu handeln."

Die Patientin, über die ich berichte, ist eine 36jährige Frau, die ihr 4. Kind bekam. Man hatte ihr in ihrem Alter *nicht* empfohlen, eine Amniozentese, oder eine pränatale Diagnostik durchführen zu lassen. Sie wurde in der Schwangerschaft mehrfach untersucht.

Dann wurde sonographisch in der 28. SSW ein beginnender Hydrozephalus festgestellt. Es wurde eine Karyotypisierung aus dem Nabelschnurblut durchgeführt und es ergab sich eine freie Trisomie 21. Das war in der 28. SSW, also zu einer Zeit, als ein Schwangerschaftsabbruch nach § 218 StGB wegen der Trisomie nicht mehr möglich war.

Es entwickelte sich zusätzlich eine vermehrte Fruchtwasserbildung (Hydramnion), von der wir wissen, daß sie nur sehr schwer zu beeinflussen ist. Der Leib wurde sehr dick und gespannt. Ein Hydramnion kommt sehr häufig bei Mißbildungen des Kindes vor.

Im weiteren Verlauf wurde der Verdacht auf eine Ösophagusatresie geäußert.

Es stellte sich die Frage, ob wir bei diesen massiven Befunden die Schwangerschaft beenden sollten oder nicht. Die Patientin kam in psychiatrische Betreuung.

Ich persönlich war der Meinung, daß schon wegen des Hydramnions die mütterliche Indikation für eine Beendigung der Schwangerschaft gegeben war. Die Psychiater, die das sehr sorgfältig geprüft haben, waren der Auffassung, daß zusätzlich wegen der Gefahr des Suizids die Indikation gegeben war.

In der 31. SSW haben wir die Geburt eingeleitet. Das Kind wurde geboren. Wir hatten vorher mit den Eltern ausführlich darüber gesprochen, was geschehen solle, wenn dieses Kind mit der Trisomie und den möglichen zusätzlichen Mißbildungen der Ösophagusatresie, d. h. einer verschlossenen Speiseröhre, und des Hydrozephalus, also eines „Wasserkopfs", geboren wird.

Die Mutter war von vornherein der Auffassung, daß wir unter keinen Umständen Intensivmaßnahmen treffen sollten, um das Kind am Leben zu erhalten.

Wir haben dazu von unserer Seite aus gesagt, daß wir jetzt erst einmal abwarten, wie das Kind wirklich aussieht und ob sich unsere Diagnostik bestätigt. In bezug auf die Trisomie, den Mongolismus, war sie klar.

Das Kind wurde dann geboren. Es war in der 31. Woche in einem hervorragenden Zustand. Es hat spontan geatmet. Es war ein leichter Hydrocephalus internus vorhanden.

Unsere Diagnose der Ösophagusatresie war eine Fehldiagnose!! Die Speiseröhre war in Ordnung. Das Kind hatte also ein Down-Syndrom und einen Hydrocephalus internus, der nach Auffassung unserer Kinderärzte insgesamt prognostisch sehr gut aussah.

Wie durften wir nun weiter handeln? Wie weit mußten wir der auch jetzt weiter bestehenden Aufforderung der Eltern folgen, keine Intensivmaßnahmen zur weiteren Behandlung des Kindes zu treffen? Wir haben ein gemeinsames Konsilium mit Herrn Spann und seinen Mitarbeitern, also den Gerichtsmedizinern, und Herrn Hippius, dem Psychiater und seinen Mitarbeitern gehabt, um den mögli-

chen weiteren Weg zu finden. Dieser Wunsch war nicht nur von unserer Seite, sondern auch von seiten der Neonatologen besonders geäußert worden.
Wir sind zu dem Ergebnis gekommen, daß in der gegebenen Situation mehrere Möglichkeiten bestanden. Zunächst stellte sich die Frage: Was liegt im Interesse des Kindes? Eine Beatmung war zu diesem Zeitpunkt nicht notwendig, aber es war zu erwarten, daß innerhalb von 2 oder 3 Tagen u. U. eine Beatmung notwendig würde.
Es wurde von seiten der Gerichtsmediziner die Auffassung vertreten, daß die Beatmung eine Maßnahme der Intensivmedizin sei, die nicht ohne die Einwilligung der Eltern durchgeführt werden dürfe.
Hier zeigt sich schon ein Problem von ganz grundsätzlicher Bedeutung. Es stellt sich die Frage: Dürfen wir da überhaupt eine Beatmung ohne die Zustimmung der Eltern durchführen?
Die Psychiater vertraten den Standpunkt, daß sie zunächst aus ihrem schon vorher bestehenden sehr guten psychiatrischen Kontakt heraus versuchen wollten, die Verbindung zu den Eltern aufzunehmen. Schließlich ist es gelungen, die Mutter in einer sehr intensiven Arbeit aller Beteiligten - Psychiater, Geburtshelfer und Kinderarzt - zu bewegen, dieses Kind, das von Tag zu Tag besser wurde, anzunehmen. Wir sind an der Beatmung vorbeigekommen. Wenn die Beatmung notwendig gewesen wäre, hätten wir uns - zu dieser Auffassung sind wir in unseren Beratungsgremien gekommen -, wenn die Eltern ihr Einverständnis nicht erklärt hätten, mit dem Vormundschaftsrichter in Verbindung gesetzt. Wir hätten ihn um eine umgehende Entmündigung gebeten, damit wir unseren eigenen Vorstellungen entsprechend handeln konnten.
Ich hätte meinen Kolleginnen und Kollegen in der Klinik gegenüber niemals den Standpunkt vertreten können, nichts zu tun. Wenn sich der Weg aber ohne Vormundschaftsrichter *nicht* angeboten hätte, hätte ich dies als verantwortlicher Direktor der Klinik auch auf meine eigene Kappe genommen, auch wenn später irgendetwas auf mich zugekommen wäre. Dies war meine Einstellung.
Es ist uns aber - Gott sei Dank - gelungen, die Mutter und schließlich auch den Vater - das ist meist sehr viel schwieriger - dazu zu bewegen, das Kind überhaupt anzusehen, das Kind zu betrachten. Das war schon ganz, ganz wichtig. In dem Moment, da der Blickkontakt und der Berührungskontakt von Mutter und Vater mit dem Kind gegeben war, gelang es, die Mutter zu bewegen, dieses Kind trotz der Trisomie anzunehmen. Dem Kind geht es sehr gut. Es ist in die Kinderklinik gekommen. Die Mutter hat täglichen Kontakt mit dem Kind. Wir hoffen, daß die Situation auf diese Weise gut gelöst wurde.
Dies als Beispiel für eine Situation, in die wir hineingeraten können. Ich könnte viele andere Beispiele bringen. Im Augenblick ist es so, daß wir als große Klinik, die ein umfangreiches Intensivkrankengut hat, *wöchentlich* mit Problemen ähnlicher Art, wenn auch nicht ganz so dramatisch, belastet werden.
Wir sind wirklich der Meinung, daß wir solche Probleme nicht mehr allein lösen können; wir sind auch der Meinung - das klang eben schon an -, daß die Eltern in dieser emotionalen Situation nicht immer der beste Ansprechpartner sind. Wir müssen versuchen, im Rahmen von größeren Gruppen mit Fachleuten der verschiedensten Richtungen Entscheidungen zu finden, die wir alle tragen können.

HIERSCHE: Ich glaube, es gehört sehr viel Mut zu der Aussage: „Wir haben eindeutig eine Fehldiagnose gestellt." Daß dies möglich ist, hat uns Herr Loch vorhin vor Augen geführt. Ich möchte die Juristen bitten, zur Kenntnis zu nehmen, daß diese Befunde aus der „Deutschen Klinik für Diagnostik" oder einer großen Universitätsfrauenklinik mitgeteilt werden. Erwarten Sie also bitte nicht von einem niedergelassenen Gynäkologen, der eine wesentlich kleinere technische Einrichtung hat, genauso qualifiziert zu sein wie die großen Institutionen.
Das juristische Problem, das angesprochen wurde, Herr Zander, inwieweit die Eltern einbezogen werden sollten, möchte ich jetzt ausklammern und später Herrn Ulsenheimer übertragen.
Es wird später sicher auch eine Diskussion zwischen Herrn Ewerbeck und Herrn Zander geben. Ich glaube, das wird der wesentliche Teil sein, nachdem alles Ethische und Juristische besprochen worden ist.

JÄHNKE: Ich möchte eine ergänzende Frage an Herrn Zander richten. Aus welchen Gründen hätte es sein können, daß eine Beatmung notwendig wurde? Wegen des Hydrozephalus, also des Wasserkopfs?

ZANDER: Nein, einfach wegen der gegebenen Frühgeburtlichkeit. Es war ja die 31. SSW.

LOCH: Ich habe z.Z. folgendes Problem: Ein türkisches Ehepaar kommt mit einem 4jährigen Kind zu mir, das einen Mikrozephalus hat. Die Frau ist erneut schwanger; sie ist jetzt in der 16. SSW. Man kann nicht eindeutig sehen, ob es wieder ein Mikrozephalus wird. Der Kopf hätte um 6 mm wachsen müssen, ist aber nur um 4 mm gewachsen.
Nun hat das Ultraschallgerät eine Toleranzgrenze, und man selbst hat auch eine Toleranzgrenze. Gerade deswegen ist es schwierig, auf den Millimeter genau zu bestimmen. Jedesmal fragt mich das Ehepaar, ob das neue Kind auch wieder einen Mikrozephalus haben wird.
Die Frau lasse *ich* letztlich dauernd im Stich. Ich weiß nicht, wie man da handeln soll. Ich möchte der Frau nicht sagen, daß es wieder ein solches Kind wird, weil der Kopf nicht normal wächst; evtl. ist es hinterher doch ein normales Kind.

HIERSCHE: Herr Loch, da muß ich Ihnen widersprechen! Sie lassen diese Frau nicht allein - das sollte man nicht so im Raum stehenlassen -, sondern Sie begleiten diese Frau. Wir können nicht Schicksal spielen. Der Patient muß wieder lernen, daß es etwas gibt, das mehr ist als der „Halbgott in Weiß". Nur so können wir dieses aufgezwungene Bild vom „Halbgott in Weiß" abbauen.
Wir können begleiten, aber wir müssen auch anerkennen, daß es Leid gibt, das wir nicht abbauen können. Ich habe in meiner Klinik 12 Schwangerschaftsabbrüche pro Jahr. Daraus ersehen Sie meine Einstellung.
Wenn der Druck bei Ihrer Patientin später so stark wird, daß eine psychiatrische Komponente hinzukommt, würde ich keine Schwierigkeiten sehen, dieser Frau für ihr weiteres Leben in der Form zu helfen, daß sie nur *ein* schwergeschädigtes Kind hat. Das ist Leidhilfe, auch bei dieser Frau. Aber Sie sollten es nicht so weit kommen lassen, daß die Patientin Forderungen an Sie stellt, hier und heute eine Diagnose zu stellen.

HOLSCHNEIDER: Herr Hiersche, Sie haben um Fälle gebeten. Sie haben bereits einen Fall zitiert, der aber doch einer Klarstellung bedarf. Es handelt sich um die Trennung der siamesischen Zwillinge. Auch das, was Herr Wuermeling gesagt hat, kann man so nicht stehenlassen, weil die Voraussetzungen nicht stimmen.
Sie wissen vielleicht, daß Herr Hecker und ich die Zwillinge seinerzeit gemeinsam getrennt haben. Zunächst einmal muß man sagen, daß seit den 20er Jahren Zwillingstrennungen erfolgreich wurden, auch wenn man die Zwillinge Eng und Chang nicht getrennt hat und die Knorpelbrücke leicht zu durchtrennen gewesen wäre.
Seit etwa den 50er Jahren gibt es auch keine Zwillinge mehr, die nicht getrennt wurden. Wir hatten also Vorbilder. Das ist das erste, was man klarstellen muß. Wir hatten insbesondere 3 Vorbilder durch Herrn Oberniedermayr in der Klinik.

HIERSCHE: Sie wissen, daß ich nicht den *Chirurgen* angegriffen habe.

HOLSCHNEIDER: Ich wollte es nur einmal klarstellen:
Die Kinder waren geboren und nicht abgetrieben worden, und es war eine vorgefallene Darmschlinge im Rahmen eines Nabelschnurbruchs bei der Abnabelung durchtrennt worden, so daß die Kinder einen künstlichen Darmausgang hatten. Sie wären also nicht gestorben, sondern es hätte sich aus dieser Darmöffnung der Stuhl für beide Kinder entleert. Sie hätten mit dieser Stuhlfistel überlebt.
Um ihnen eine saubere Pflege zu gewährleisten und um Zeit zu gewinnen, um zu überdenken, was zu tun sei, wurde dann ein künstlicher Darmausgang für beide Kinder angelegt.
Dann haben wir uns 3½ Jahre Zeit gelassen mit der Überlegung, wie sie zu trennen seien und was zu tun sei. Die Kinder starben nicht. Sie lebten recht vergnügt, spielten und stritten sich. Schließlich nahm der eine dem anderen die Flasche weg, sie schlugen und sie balgten sich. Zudem kam es zu einer Asymmetrie des Skelettwachstums.
Das heißt, längeres Zuwarten hätte eine vermehrte Schädigung des Skelettsystems beider Kinder zur Folge gehabt.
Wir waren gezwungen die Trennung vorzunehmen.
Ich muß Ihnen ehrlich sagen: Ich bin über das Ergebnis, das auf dem Bayerischen Chirurgenkongreß vorgestellt wurde, nicht glücklich. Ein Kind verstarb in der postoperativen Phase an einem Hirnabszeß, das andere ist schwerstgeschädigt. Es wird nie urinkontinent, nie stuhlkontinent werden. Er wird nie mit seinen eigenen Beinen laufen können.
Die generelle Frage lautet natürlich: Hätte man handeln sollen oder nicht? Meines Erachtens waren wir einfach gezwungen zu handeln.

HIERSCHE: Ich glaube, hier ist jetzt Herr v. Loewenich gefordert; denn es geht auch bei Ihnen als intensivmedizinisch orientierter Kinderarzt immer darum, festzustellen, wie groß die Schädigung ist; denn es besteht die Tendenz, intensivmedizinische Maßnahmen erst einmal anlaufen zu lassen, um den Grad der Schädigung abklären zu können. Ist das richtig?

SPANN: Ich möchte noch einmal auf den Fall von Herrn Zander zurückkommen. Es hat vielleicht den einen oder anderen von Ihnen gewundert, daß der Gerichtsmediziner plötzlich in der Klinik erschien. Das ist nach meiner Auffassung

moderne gerichtliche Medizin. Wir sind in fast alle unsere Kliniken mit eingebunden, was uns nie Schwierigkeiten der Staatsanwaltschaft gegenüber gemacht hat.
Umgekehrt gehe ich mit den Staatsanwälten und den Richtern in die Klinik hinein. Der Vorsitzende einer Großen Strafkammer hat mich vor kurzem gebeten, ihn vor einem solchen Prozeß - es ging um einen Narkosezwischenfall mit tödlichem Ausgang - aufzuklären. Ich habe ihm gesagt: „Kommen Sie doch mit der Kammer." Wir haben die 27 OP-Säle in Großhadern einen Vormittag lang begangen. Es war außerordentlich interessant, wie die Juristen darauf reagiert haben, erstmals damit konfrontiert zu sein. Zufällig ist beim Herzchirurgen der Draht gerissen; es trat ein Zwischenfall auf. Die Hektik, die es früher gab, war nicht mehr zu beobachten.
Das war außerordentlich lehrreich. Ich kann nur empfehlen, ähnliches zu tun.

HIERSCHE: Da ich mich seit 15 Jahren mit dem Strafrecht beschäftige, habe ich sehr bekannte Repräsentanten der Rechtsprechung und der Rechtslehre in meine Klinik eingeladen. Es war, wenn ich das so interpretieren darf, für die Persönlichkeiten sehr aufschlußreich, wie schnell ein Arzt Entscheidungen treffen muß, die ggf. in einem Prozeß sehr langsam analysiert würden. Das heißt, das, was der Jurist in Wochen aufarbeiten kann, muß bei uns innerhalb von einer Minute oder innerhalb von einer Viertelstunde entschieden werden.

LOCH: Ich meine, es ist wichtig, wie Herr Zander es gesagt hat, ein Konsilium einzuberufen und nicht, Herr Ewerbeck, einen einsamen Beschluß, sondern einen gemeinsamen Beschluß zu fassen, um Diskrepanzen auszutragen. Das ist wichtig. Aber das Allerwichtigste ist, daß es schnell passieren muß und nicht auf die lange Bank geschoben werden darf.

HIERSCHE: Herr Loch, das mag völlig richtig sein. Wir wollen diese Sache aber noch etwas beiseite stellen. Der Geburtshelfer ruft natürlich zu Recht den Kinderarzt, denn er betreut die Frau weiter, jener das Kind, für das der Geburtshelfer nach der Abnabelung keine Verantwortung mehr tragen kann, weil er das Wissen dazu nicht hat. Deswegen können wir aber nicht einfach sagen: „Wir machen ein Konsilium." Ich möchte das nachher diskutieren. Ob ein Konsilium mit den Rechtsmedizinern (bei allem Respekt) bezüglich des endgültigen Entschlusses des Kinderarztes hilfreich ist, weiß ich nicht.

SPANN: Das kann man so nicht stehenlassen. Mir würde nie einfallen, daß wir uns da einmischen. Ich sage das nur, damit kein falscher Zungenschlag in die Diskussion kommt.

HIERSCHE: Das ist ein wichtiger Streitpunkt, der besprochen werden muß. Aus der Sicht des Geburtshelfers ist die Situation ganz klar. Aber aus der Sicht des Kinderarztes muß man darüber sprechen. Ich möchte es aber erst dann besprechen lassen, wenn wir die internistische und die chirurgische Behandlung derartiger Schäden diskutiert haben.

EWERBECK: Ich möchte 2 Beispiele vortragen. Der eine Fall betraf ein Kind mit einer Mikrozephalie, d.h. einer Zusammenschrumpfung des Großhirns infolge einer schweren Sauerstoffmangelschädigung bei der Geburt. Es war ein Kind, bei dem der intensivpflegende Kollege vor großen Skrupeln stand, ob er es weiter behandeln sollte oder nicht: Es ist weiter behandelt worden. Das Kind konnte weder reden noch sitzen, es hatte keinerlei zwischenmenschliche Kommunikationsmöglichkeiten. Die Ehe der Eltern ist auseinandergegangen. Die Mutter hat sich in eine völlige Symbiose mit dem Kind begeben.

Mit 8 Jahren kam das Kind mit einer schweren Magenblutung, weil es immer sondiert wurde. Es konnte überhaupt nicht essen. Es kam mit einem ganz niedrigen Hämoglobin, so daß es moribund war.

Es kam nachts zur Aufnahme. Was sollte der aufnehmende Arzt, ein Pädiater, tun? Er gab eine Bluttransfusion, und das Leben ging weiter. Es kam eine Pneumonie hinzu. Ich redete mit der Mutter, daß das Kind dies wahrscheinlich nicht überleben würde. Wir haben keine maximale Behandlung der Lungenentzündung betrieben, in der Hoffnung, daß dieses Kind endlich erlöst würde.

Trotz der nicht ausreichenden Therapie überstand das Kind die Lungenentzündung sehr gut. Das Leben ging weiter.

Meine Frage und die aller Beteiligten am nächsten Tag lautete: Hat der Arzt im Nachtdienst richtig gehandelt oder nicht?

Ein anderer Fall: Ein Frühgeborenes mit 900 g liegt bei uns. Das Gehirn ist völlig zerstört. Es liegt nur an der Maschine und wird beatmet. Zwischendurch hatte es auch eine Niereninsuffizienz. Aber es lebt noch.

Ein anderer Fall: Zwillinge werden aus einer Klinik, die 8 km entfernt ist, angemeldet. Das eine Kind hat einen Nabelbruch, das andere ist bloß zu beatmen. Wir wurden gefragt: Können Sie beide Kinder übernehmen? - Wir haben aber nur noch einen Platz. Wir können beide Kinder aus der Klinik übernehmen, wenn wir das Kind mit 900 g, dessen Gehirn völlig zerstört ist, an ein Überwachungsgerät hängen, das zwar auf dem Fernsehschirm noch zeigt, daß die Lungen- und Herzfunktion vorhanden sind, aber dieses Gerät gibt keinen Alarm, wenn das Herz zu schlagen aufhört oder Eingriffe notwendig sind.

Ich habe zu der Kollegin, die an diesem Tag Dienst hatte, gesagt: Legen Sie dieses Frühgeborene mit 900 g, das praktisch moribund ist, an den Monitor, der nicht mehr alarmiert, wir können es ja auf dem Fernsehschirm sehen. Wir nehmen statt dessen beide Zwillinge, weil ich meine, man sollte Zwillinge nicht trennen.

Am nächsten Morgen fragte ich: „Wo sind die Zwillinge?" Die Antwort lautete: „Wir haben nur den einen übernommen, weil dieser operiert werden muß. Das andere Kind haben wir in eine andere Klinik gebracht."

Ich habe gefragt: „Warum?" - „Wir brachten es nicht übers Herz, dieses Kind an einen Monitor zu legen, der nicht Alarm schlägt."

Das ist unsere Situation. Soviel zur Triage. Wer hat richtig gehandelt? Ich habe gesagt: „Ich finde Ihre Entscheidung richtig, obwohl ich mich anders entschieden hatte als Chef." Wie ist Ihre Meinung als Juristen?

HIERSCHE: Sie sprachen vom totalen Hirntod.

EWERBECK: Wir haben gesehen, daß wesentliche Gehirnteile zugrunde gegangen sind, daß sich die Ventrikel stark erweitert hatten, und zwar nicht durch einen erhöhten Hirndruck, sondern durch einen Schwund der Gehirnsubstanz. Es lag also nicht der Fall vor, daß auch noch mit einem geringen Hirnmantel einige Leistungen vollbracht werden können, sondern hier lag ein Gehirnschwund durch

Untergang infolge von Sauerstoffmangel vor. Wir müssen mit einiger Sicherheit annehmen, daß hier eine schwierige Entwicklung bevorsteht.

JÄHNKE: Es geht hier, wie ich meine, nicht um spezielle Probleme beim Neugeborenen. Interkurrente Krankheiten können immer auftreten, auch bei einem Krebspatienten oder bei einem Verkehrsunfallopfer. Muß dann eine Lungenentzündung behandelt werden oder nicht? Das sind Fragen, die auch bei Erwachsenen immer wieder auftreten können.
Ich weiß nicht, ob wir das Thema der Tagung nicht sehr ausweiteten, wenn wir diese Fragen hier ausgiebig diskutierten. Aber sie stellen sich.
Dasselbe gilt m. E. für die Frage, ob dann, wenn nur eine beschränkte Betten- oder Platzzahl vorhanden ist und ein neuer dringender Fall eingeliefert wird, der Arzt einen Patienten von der vorhandenen Kapazität abhängen darf, um den neuen Patienten zu übernehmen. Auch das ist ein allgemeines Problem. Das gilt ebenso für Erwachsene. Das kann man m. E. nicht auf Neugeborene beschränken.

HIERSCHE: Das ist richtig.

ZANDER: Ich möchte noch etwas zu dem Fall, den ich Ihnen vorgetragen habe, ergänzen, um Stoff für die spätere juristische Diskussion zu liefern. In den Diskussionen um diesen Fall spielte folgendes eine große Rolle: Wir müssen das tun, was im Interesse des Kindes mit Down-Syndrom liegt. Es stellte sich sofort die Frage: Kann es bis zur 22. SSW nach den Formulierungen für die genetische Indikation nach § 218 im Interesse des Kindes liegen, dieses Kind mit einem Down-Syndrom zu töten?

HIERSCHE: Im Interesse der Mutter, nicht des Kindes.

ZANDER: Ich glaube, auch im Interesse des Kindes.

HIERSCHE: Nein. Es gibt in § 218ff. StGB keinen einzigen Fall, bei dem im Interesse des Kindes irgend etwas unternommen wird. Es gibt nur mütterliche Indikationen.

ZANDER: Bei der genetischen Indikation? Die Zumutbarkeit für die Mutter, das Kind auszutragen oder nicht auszutragen, ergibt sich doch aus dem Leid des Kindes.

HIERSCHE: Auch da nicht. Herr Zander, es gibt keine genetische Indikation. Es gibt auch keine eugenische Indikation. Es gibt nur mütterliche Indikationen, subsumiert unter dem Begriff der „medizinischen Indikation", was ein verfahrenstechnischer Trick ist. Sonst hätten wir auch nicht den „Arzt des Vertrauens".

LOCH: Die Schwierigkeit, die ich sehe, besteht darin, den Eltern zu erklären, warum eine Behinderung so spät entdeckt wurde. Da stelle ich mich immer schützend vor den Kollegen, indem ich sage: Man kann eben nicht alles sofort erkennen.

STEINBERGER: Kann man ja auch nicht.

LOCH: Eine andere Schwierigkeit besteht darin, daß die Ärzte von den Eltern häufig beschuldigt werden, hier etwas übersehen zu haben. Ich finde, man sollte hier herauszuarbeiten versuchen, daß auch der Arzt nicht Unmögliches zu früh entscheiden und durchführen kann.

Holschneider: Ich glaube, 2 Dinge muß man klarstellen. Man muß 1. den Satz von Herrn Loch herausstreichen, daß 50% der Verdachtsfälle auf eine Fehlbildung Fehlinterpretationen sind. Ich weigere mich 2. anzuerkennen, daß viele der Dinge, die hier als Fehlbildungen geschildert werden, wirklich unheilbar sind. Aus dem Vortrag von Herrn Ewerbeck kann ich nicht akzeptieren, daß eine Lippen-Kiefer-Gaumenspalte beidseits - der Wolfsrachen - einen Grund für eine Interruptio darstellen könnte. Man kann sie heilen.

Ewerbeck: Einspruch! Ich habe nicht gesagt, daß es ein Grund ist einzugreifen. Ich habe gesagt: Da kann man in Skrupel kommen.

Holschneider: Nein, da kann man nicht in Skrupel kommen. Man kann Lippen-Kiefer-Gaumenspalten wunderbar heilen, und es bleibt nur eine leichte Narbe zurück. Das gilt auch für die doppelseitige Lippen-Kiefer-Gaumenspalte, den Wolfsrachen.

Ewerbeck: Ich habe von diesem Fall gesprochen, bei dem die Spalte bis in die Nase hineinging.

Holschneider: Ich möchte den Satz eindeutig klarstellen. Wenn man schon eine Disziplin wie die Kinderchirurgie hat, die sich mit angeborenen Fehlbildungen beschäftigt, muß man auch wirklich Experten für das einzelne Gebiet hinzuziehen und das überlegen.

Ewerbeck: Richtig.

Holschneider: Zu dem Problem, die Mutter mit in die Verantwortung einzubeziehen, möchte ich folgenden Fall schildern. Wir hatten in der Klinik von Herrn Zander - wo ich glücklicherweise 3 Jahre lang zu jedem Kind, das fehlgebildet war, hinzugerufen wurde - eine Mutter, die ein Kind mit einem schweren Hydrozephalus erwartete. Die Eltern waren zunächst der Meinung, man solle die Schwangerschaft unterbrechen. Es war auch noch der richtige Zeitpunkt dazu. Nach mehreren Gesprächen und Überlegungen waren die Eltern bereit, dieses Kind anzunehmen.

Das Kind kam auf die Welt, es wurde in die Kinderchirurgie verlegt. Die Mutter war entsetzt über den Wasserkopf, der eine erstaunliche Größe hatte, und bat uns dringend, das Kind doch nicht zu operieren. Es gab erneute Diskussionen. Wir haben schon mit dem Gedanken das Vormundschaftsgericht einzubeziehen gespielt. Schließlich ließ sich die Mutter überzeugen. Wir haben das Kind operiert. Ein halbes Jahr später kam sie wieder. Ihr Mann war bei einem Motorradunfall verunglückt. Sie sagte: Was bin ich froh, daß Sie das Kind operiert haben; es ist das einzige, was mir von meinem Mann geblieben ist!

Sie sagte das, obwohl sie das Kind die ganze Zeit zuvor nicht haben wollte. Kaum 3 Jahre später kam sie wieder. Sie war eine junge, hübsche Frau. Sie war erneut verheiratet. Sie sagte: Hätten wir es doch nicht operiert!

Es ist also sehr schwer, die Mutter sozusagen als Garant des Kindes in die Entscheidung mit einzubeziehen, auch sie urteilt nur aus ihrer gegenwärtigen Situation heraus.

STEINBERGER: Ich will die Diskussionslinie, die Sie, Herr Hiersche, uns für den Vormittag gezogen haben, nicht überschreiten, also nicht in ethisch-juristische Bewertungen vorstoßen. Aber es gibt faktische Seiten dessen, was an juristischen und ethischen Bewertungen ins Spiel kommt. Es fielen Worte wie „einsame Entscheidungen" und „Entscheidungskonflikte". Das sind Stichworte, die den Juristen elektrisieren, und zwar unter dem Gesichtspunkt: Wer darf hier entscheiden?

Da würde ich von Ihnen gern wissen: Gibt es typische Fallkonstellationen, gibt es typische Erfahrungsweisen, in welchen Situationen Sie etwa die Eltern beiziehen, wenn es noch möglich ist? – Nicht in dem Fall, daß binnen 2 Minuten zu entscheiden ist! – Wie reagieren die Eltern darauf?

Meine Damen und Herren, ich versichere Ihnen: da leuchten beim Juristen rote Signallampen auf.

HIERSCHE: In welcher Weise?

STEINBERGER: Ich kann es Ihnen erklären, aber das überschreitet die Grenze zu heute nachmittag.

GRAF-BAUMANN: Nach den Ausführungen von Herrn Ewerbeck kann ich die Diskussionsbemerkung von Herrn Jähnke so nicht im Raum stehenlassen. Ich glaube, man sollte bedenken, daß bei so multiplen schweren Schädigungen, wie bei dem Fall, den Herr Ewerbeck vorgestellt hat, aber ohne unmittelbare Gefahr des Todes, therapeutische Maßnahmen notwendig werden können, die den Schädigungszustand zwar nicht grundlegend und total beeinflussen, aber spätere zusätzliche negative Folgen im Sinne interkurrenter Erkrankungen haben können. Ich denke an die Langzeitsondierung mit der Konsequenz der Magenblutungen, deren nicht hundertprozentige Behandlung Leiden beenden kann. An diese Langzeitfolgen sollte man schon bei der unmittelbaren Entscheidung nach der Geburt denken. Ich kann es nicht einfach als interkurrente, allgemeine und auch bei Erwachsenen vorkommende Situation gelten lassen.

HIERSCHE: Das können wir einmal so im Raum stehenlassen. Ich glaube, da finden wir hier am Tisch jetzt keine Einigkeit.

EWERBECK: Ich möchte einen weiteren Fall schildern. Eine Mutter bekommt ein Kind, das eine schwere Listeriose hat, d. h. eine Krankheit, von deren Existenz sie selbst, trotz Schwangerschaftsüberwachung, nichts wußte. Die Krankheitserreger waren auf das Kind übergegangen. Das Kind hatte eine schwere Zerstörung von wesentlicher Hirnsubstanz. Es kam zu früh auf die Welt und hatte eine floride Listeriose, also eine Infektion, die man aber relativ leicht bekämpfen kann. Die Folgen jedoch sind unglaublich schwer. Das Kind ist jetzt 3 Monate alt, schwerst zerebral geschädigt und blind. Es kamen zusätzlich eine schwere Meningitis und eine Lungenentzündung hinzu.

Die Mutter ist alleinstehend und steht unter entsetzlichem wirtschaftlichen Druck. Sie arbeitet in einem Sekretariat. Sie kann die Pflegerin für das Kind kaum bezahlen.
Das sind Situationen, bei denen ich denke, daß man mit *nur juristischen* Parametern den Aufgaben eines Arztes nicht gerecht wird.

HIERSCHE: Ich meine, so hart ist die Rechtsprechung nicht. Es gibt den Fall einer unverheirateten Frau mit einem 3jährigen Kind, das eine Rachischisis hat. Der Freund verläßt die Frau. Sie bringt dieses Kind um. Die Frau ist freigesprochen worden.
Ich will damit nur sagen: Man sollte nicht zu sehr an Gesetzen rütteln, nur um einen mehr abgesicherten Raum für sein ärztliches Handeln zu haben.

EWERBECK: Da bin ich völlig Ihrer Meinung.

HIERSCHE: Das halte ich für eine recht gefährliche Tendenz.

EWERBECK: Ich möchte Herrn Steinberger antworten, daß wir sehr dankbar sind für die Grauzone, die noch nicht justiziabel ist, weil sie uns als Medizinern ein humanes Handeln ermöglicht, wenn wir nicht nur Funktionäre eines geschriebenen Gesetzes sind.

HIERSCHE: Das geht auch nicht.

WEISSAUER: Die Juristen drängen sich in diesen Fällen ja nicht so sehr auf, um in den medizinischen Entscheidungsprozeß einzugreifen, sondern sie werden - das erlebe ich auch sehr oft - von den Medizinern gefragt, was getan werden soll. Der Mediziner ist sich nämlich selbst nicht im klaren, wie er verfahren soll. Oft besteht auch innerhalb des Teams Uneinigkeit. In dem Team sind z.B. die Gynäkologen, die Kinderärzte, die Kinderchirurgen vertreten. Das sind schon 3 Gruppen im Entscheidungsprozeß. Aber es gibt auch im engsten Kreise des Teams u.U. Auseinandersetzungen, beispielsweise zwischen Oberarzt und Assistenzarzt. Das ist heute wiederholt angeklungen. Deshalb ist es nicht so leicht, einen Beurteilungsspielraum stillschweigend vorauszusetzen und zu sagen: Seien wir froh, daß wir innerhalb dieses Beurteilungsspielraums gewissermaßen frei schwimmen können. Ich glaube nicht, daß sich die Juristen hier aufdrängen, sondern diese Fragen werden immer drängender aus der Medizin an den Juristen herangetragen, weil die Mediziner Entscheidungshilfen brauchen.

HIERSCHE: Ich muß dem ganz heftig widersprechen, lieber Freund Weissauer. Nicht wir haben Sie aufgerufen, sondern Sie haben sich uns aufgedrängt, getragen von der Fülle von Anwaltskanzleien, getragen von einem aus den USA zu uns überschwappenden Rechtsproblem und gefördert von der deutschen Presse. Wenn wir manches Urteil lesen, kommen wir nicht an der Ahnung vorbei, daß viele Richter von heute die historischen Nachfolger der Moraltheologen des Mittelalters sind.

WEISSAUER: Es entspricht meiner - wie ich sagen möchte täglichen - Erfahrung, daß ich in solchen Fällen von den Ärzten gefragt werde.

HIERSCHE: Heute!

WEISSAUER: Unter Umständen werde ich auch aus dem Operationssaal angerufen, weil keine Einigkeit im Team herrscht. Das geht bis in Detailfragen hinein. In der Medizin selbst besteht Unklarheit.

ZANDER: Ich bin nach den Entwicklungen der letzten beiden Jahre davon überzeugt, daß der Geburtshelfer heute in jedem Fall, in dem das Kind irgendwann in seinem Frühleben bis zum Eintritt in die Schule und wahrscheinlich noch später irgendeinen Schaden hat - er muß gar nicht sehr groß sein -, mit einem Verfahren rechnen muß. Die Zahl der Patienten, die heute von uns ihre Krankenpapiere verlangen, wächst ständig. Wir sind gezwungen, diese Krankenpapiere herauszugeben. Sie stammen manchmal noch aus einer Zeit, als wir gar nicht wußten, daß wir die Krankenpapiere hergeben müssen. Sie sind teilweise nicht bereits in dieser Richtung formuliert. Heute müssen wir ja lernen, wie der Text der Krankenblätter zu formulieren ist. Es gibt heute juristische Institute - Sie alle kennen das Tübinger Institut -, bei denen *jedes* Gutachten zu bekommen ist, das der Patient haben will.
Selbst wenn der Geburtshelfer im 1. Verfahren recht bekommt, muß er mit einem weiteren, jahrelangen, erbitterten Verfahren rechnen, das ihn völlig zermürbt. Wenn ein Geburtshelfer heute 2 solcher Verfahren am Halse hat, ist er damit voll beschäftigt. Ich kenne Geburtshelfer, die die Geburtshilfe jetzt aufgeben, weil sie sagen: Das ist mir zu gefährlich; ich mache das nicht mehr.
Dies ist die Entwicklung! Sie wird gerade auch in diesem Jahr ganz deutlich: In kurzfristigen Abständen werden Krankenblätter angefordert. Wenn ich sie durchsehe, kann ich heute schon sagen: Man wird da etwas finden, man wird dort etwas finden. Wir gehen heute daran, unsere Kollegen regelrecht auszubilden, wie sie dokumentieren, damit das Dokument nachher dem Staatsanwalt vorgelegt werden kann. Im Augenblick sind wir dabei, juristische Ratgeber hinzuzuziehen, mit denen wir erst einmal prüfen müssen, wie ein Krankenblatt überhaupt ausgefüllt werden muß.

LOCH: Ich möchte ergänzen: Der neue Mütterpaß ist eine Dokumentation, die fast unmöglich ist.

ULSENHEIMER: Ich möchte nur ganz kurz zu Herrn Zander sagen: Sie sprachen mit Recht davon, daß die Zahl der Verfahren so sehr ansteigt. Wir sollten differenzieren, um welche Verfahren es sich handelt. Sie müssen zwischen Strafverfahren und Ermittlungsverfahren auf der einen Seite und dem Schadensersatzprozeß auf der anderen Seite unterscheiden. Die Zahl der Strafverfahren ist zwar auch stark gestiegen, aber in dem Bereich, über den wir jetzt diskutieren, sind sie außerordentlich selten. Es gibt kaum Ermittlungsverfahren. Zahlreich sind dagegen - das ist richtig - die Zivilprozesse. Wenn ein solches Kind überlebt hat, geht es plötzlich um Schadenersatz und Schmerzensgeld.

ZANDER: Diese Verfahren belasten auch!

ULSENHEIMER: Das ist richtig. Es handelt sich aber um eine andere Sache. Auch die Publizität ist anders.

HIERSCHE: Darüber reden wir nicht.
Ich möchte nur noch folgendes in den Raum stellen: Wir werden ein Embryonenschutzgesetz bekommen; dann haben wir die strafrechtliche Basis.

GRÜNDEL: Das, was jetzt diskutiert wird, zeigt, daß wir ganz bestimmte gesellschaftliche Tendenzen haben. Wir haben 1. die Tendenz zur letzten Absicherung. Es soll möglichst kein Freiraum bleiben. Wir haben 2. die Tendenz, daß Anwälte offensichtlich Arbeit brauchen. Hier wird etwas ad absurdum geführt, bis hin zur Totalaufklärung. Eine solche Tendenz wird möglicherweise auch noch durch das Vorgehen der Medien unterstützt. Ich glaube, wenn wir diesen Tendenzen nachgeben, gibt es keinen Raum mehr für sittlich verantwortbares Handeln. Wir haben zwar solche Tendenzen wahrzunehmen, wir haben aber entsprechend gegenzusteuern, weil sonst Handeln geradezu verunmöglicht und eine Entscheidung blokkiert wird.

HIERSCHE: Gibt es noch weitere Fälle darzustellen, außer dem Potter-Syndrom oder der angeborenen Rechtsherzinsuffizienz, bei denen für uns eindeutig ist, daß die Kinder nicht lebensfähig sind, wobei wir den Anenzephalus ausschließen wollen? Gibt es eindeutige Fälle, bei denen wir, wie beispielsweise beim Down-Syndrom, sagen: „hier müssen wir weiter behandeln!"? Gibt es eine Grauzone, die man aufschlüsseln kann?

V. LOEWENICH: Das Problem ist sicher nicht in der Frage zu sehen: Welche Patienten mit letalen Erkrankungen haben wir vor uns? Das ist es nicht, was uns Beschwerden macht. Beschwerden macht uns die Frage: Welche Patienten haben so schwere Dauerschäden zu erwarten, daß es unmenschlich sein könnte, diese Patienten am Leben zu erhalten?

Eben wurde das Kind mit dem weitgehend zerstörten Gehirn erwähnt. Das ist ein Problem für uns. Es wurde vom Hirntod gesprochen. Der Hirntod ist für uns überhaupt kein Problem; denn wenn das Gehirn tot ist, dann ist damit der Individualtod eingetreten. Kein Mensch wird sich Gewissensbisse machen, dann die Beatmungsmaschine abzustellen.

Ich möchte kurz folgenden Fall schildern, um zu unterstreichen, wie wichtig das pränatale Konsil ist. Eine Mutter, deren Frühgeborenes wir mit gewaltigen Mühen aufgezogen haben, das mit schwersten Komplikationen auf die Welt gekommen ist, das hinterher aber nicht geschädigt war, wurde erneut schwanger. In der 17. SSW erfolgte in einem auswärtigen Krankenhaus die Abruptio. Es wurde gesagt, das habe leider sein müssen. Das Kind hatte eine Omphalozele, d. h. einen Nabelschnurbruch.

Ich habe dem betreffenden Kollegen geschrieben, er möge in solchen Fällen bitte so nett sein und unsere Dienste in Anspruch nehmen. Ich habe nicht einmal eine Antwort erhalten.

Bei der Omphalozele ist Baucheingeweide durch den Nabelring in die Nabelschnur vorgedrungen. Das Problem besteht in dem Mißverhältnis zwischen der Größe der Bauchdecken und dem zurückzuverlagernden Bauchinhalt. Es gibt dafür kinderchirurgische Verfahren, die von Jahr zu Jahr besser werden, so daß es eine durchaus sinnvoll therapierbare Mißbildung ist; zwar mit Komplikationsmöglichkeiten, aber im Prinzip heilbar.

HOLSCHNEIDER: Ich möchte noch etwas zu der Frage von Herrn Steinberger sagen. Er hat mir inzwischen auch ein Schriftstück „Sterbehilfe – Sache der Eltern" gegeben. Die letzten siamesischen Zwillinge haben wir in Köln im Frühjahr getrennt. Sie wurden bei Herrn Hansmann diagnostiziert. Es war m.E. das 1. Mal, daß jemand schon in utero und sehr frühzeitig die Zwillinge als siamesische Zwillinge erkannt hat. Wir befanden uns in einem ständigen Gespräch mit Herrn Hansmann und vor allen Dingen auch mit den Eltern. Durch die pränatale Diagnostik und die monatlichen oder sogar noch häufigeren Gesprächsmöglichkeiten mit den Eltern erleben diese die Geburt ihres fehlgebildeten Kindes nicht mehr als Schock, sondern sie lernen, das Kind anzunehmen. Es wird nicht nur in einem Gespräch und nicht einsam entschieden, was zu tun ist sondern in wiederholten Gesprächen. Die Mutter sieht ihr Kind auf dem Bildschirm. Sie kann eine gewisse Beziehung - wenn auch eine recht abstrakte - zu ihrem Kind aufnehmen.

Die Mutter hatte zunächst entschieden, daß sie die beiden Kinder haben möchte. Man hatte festgestellt, daß ein Kind einen schweren Herzfehler hat. Ich mußte der Mutter sagen: Dieses Kind mit dem schweren Herzfehler wird nicht überleben können; ich kann nicht einmal garantieren, daß das andere Kind, bei dem keine Fehlbildung festgestellt werden konnte, überleben kann, das Herz für beide Kinder agierten.

Wir haben dann sehr engmaschig Ultraschallkontrollen vorgenommen. Es ging den Zwillingen dann tatsächlich schlechter. Sie wurden in der 34. SSW geboren. Wir haben sie sofort nach Köln übernommen und operativ getrennt. Wir mußten das eine Kind als Notoperation nachts sozusagen „entfernen". Es starb auf dem Operationstisch. Wir haben es nur noch solange am Leben halten können, bis wir den gesunden Zwilling abgelöst hatten. Den gesunden Zwilling konnten wir eine Zeitlang am Leben erhalten, bis er dann leider an einer Sepsis und Herzdekompensation verstarb.

Zander: Wir hatten kürzlich eine ganz ähnliche Situation. Wir haben aber eine ganz andere Entscheidung getroffen. Es handelte sich ebenfalls um siamesische Zwillinge, die mit Hilfe des Ultraschalls erkannt waren, und zwar vor der 12. SSW. Dabei konnte auch schon festgestellt werden, daß bei den Zwillingen nur *ein* Herz vorhanden war. Wir hatten kurz vorher mit Herrn Hecker eine Konferenz, in der er seine Ergebnisse noch einmal vorstellte. Ich glaube, 50% der Kinder sind gestorben, die bisher getrennt worden waren.

Aus dieser Erfahrung heraus und aus allem, was wir von Herrn Hecker gehört hatten, haben wir die Eltern dahingehend beraten, daß sie einen Schwangerschaftsabbruch machen sollten. Wir haben den Schwangerschaftsabbruch gemacht, weil wir an das Leid dachten, das sonst zugefügt würde. Ich sage das nur, um zu zeigen, welche verschiedenartigen Möglichkeiten bestehen. Es spielt natürlich auch die Frage mit hinein, Herr Holschneider, wie man die Eltern berät. Wir alle wissen doch, daß die Eltern in ihrer Situation im Grunde genommen hilflos sind. Irgendwo werden sie letztlich doch von uns geführt, ob wir das wollen oder nicht.

Ulsenheimer: Man liest im juristischen Schrifttum als Überschrift von Aufsätzen sehr oft „Grenzen der Behandlungspflicht bei *schwerst*geschädigten Kindern". Ähnlich hat es Hanack formuliert. Das heutige Thema bezieht sich aber auf *schwer*geschädigte Kinder. Ich habe die Frage an die medizinische Seite: Ist das nur Zufall oder sind das Unterschiede?

Mir stellt sich eine 2. Frage. Hanack trennt systematisch 2 Fälle. Er sagt: Es gibt „klare Grenzen" der Lebenserhaltungspflicht, und es gibt „unsichere Grenzen". Im Zusammenhang mit den klaren Fällen bringt er als 1. Fall den, von dem ich gern wüßte, ob es ihn überhaupt gibt? Er sagt, der klarste Fall sei jener „der Unmöglichkeit solcher Maßnahmen". Welche Fälle sind das eigentlich? Gibt es die? Er führt das nicht weiter aus, sondern er sagt: Wo der Arzt das Neugeborene gar nicht am Leben erhalten kann, ist er zu „entsprechenden Maßnahmen" auch nicht verpflichtet.

HIERSCHE: Ein Neugeborenes mit einer doppelseitigen Nierenaplasie – d.h. es fehlen die Nieren – ist per definitionem ein lebendes Kind. Es hat ja ein intaktes gesamtes Hirn. Sie können dieses Neugeborene aber nicht am Leben erhalten.
Wenn das Kind keine Lungen hat, kann man es nicht beatmen; es ist nicht lebensfähig. Das sind eindeutige Fälle. Die Kinder sind zwar nicht tot, aber sie können nur dadurch leben, daß sie intrauterin von der Mutter O_2, Nährstoffe usw. bekommen. Sie sterben aber nach dem Abnabeln. Das sind die klaren Fälle.

ULSENHEIMER: Das wäre in der Tat juristisch klar. Hanack faßt in den weiteren Gruppen unter die „klaren Fälle" auch die Fälle, von denen Herr Ewerbeck berichtet hatte, bei denen die Kommunikationsfähigkeit fehlt. Hanack spricht von der schweren Mikrozephalie und schwersten perinatalen Hirnschädigungen. Da beginnt offenbar der fragliche Bereich, den er aber noch als „klaren Fall" ansieht.
Deshalb frage ich die Mediziner, ob sie solche Kategorien haben, daß sie sagen, das eine seien die klaren Fälle, aber man spreche nur die unklaren Fälle an, wo es beispielsweise schwere Dauerschäden gebe.

HIERSCHE: Es gibt „klare Fälle". Da sind die Neugeborenen so schwerstgeschädigt, daß sie ohne den mütterlichen Kreislauf nicht existieren können. Dann gibt es „sehr schwergeschädigte Kinder", die mit medizinischen Maßnahmen am Leben gehalten werden könnten. Hier liegt die Grauzone. Daher stellt sich die Frage: Können wir diese „katalogisieren"?
Ob wir sie „schwerstgeschädigt" oder „schwergeschädigt" nennen, ist im Grunde genommen gleichgültig. Die Frage ist, ob wir berechtigt sind, diese Fälle zu behandeln.
Von Ihnen wurde das Wort „Menschlichkeit" in die Diskussion gebracht. Definieren Sie bitte für solche Entscheidungen „Menschlichkeit" und „Würde des Menschen". Das Wort der katholischen Bischöfe von der „affirmatio personae personae causa" ist schön. Aber wo greift es? Kann ich sagen, es handelt sich um Entwürdigung, wenn ich jemanden geistig, körperlich, seelisch, sexuell oder sozial unterdrücke? Kann ich ein Kind unterdrücken?
Es ist sehr problematisch, mit solchen Ausdrücken zu arbeiten. Um so eher sollten wir uns bemühen – und in diesem Zusammenhang fand ich den Ansatz von Herrn Ewerbeck sehr gut – zu sagen: „Hier liegen objektive medizinische Veränderungen vor, die ein eigenständiges Leben, bezogen auf die Umwelt nicht ermöglichen." Ich meine, wenn eine schwere Erkrankung bei schwergeschädigten Neugeborenen hinzutritt, dann sollten wir dem lieben Gott in diesen Fällen nicht ins Handwerk pfuschen.

Wir müssen herauszufinden versuchen - tiefer werden wir nicht kommen -, ob es eine „Grauzone“ gibt, bei der wir sagen: Hier sollten wir behandeln. Wenn jedoch schwere von außen kommende oder nicht behandelbare oder weitere Komplikationen hinzutreten, dann sollten wir keine Behandlung vornehmen.
Ich halte es z. B. nicht für vertretbar, bei einem Patienten, bei dem die Lebergänge fehlen, eine organbedingt erforderliche Beatmung durchzuführen. Ich halte es nicht für vertretbar, bei einem Menschen, der eine beginnende schwerste Herzinsuffizienz hat, eine bestehende ad mortem führende Niereninsuffizienz durch Dialyse zu behandeln. Wir müssen bereit sein, derartige Veränderungen auch auf das Neugeborene zu übertragen. Ich stimme Herrn Jähnke zu, daß es bei der Vorstellung der Behandlung keinen Unterschied zwischen einem Neugeborenen und einem Erwachsenen geben darf.

HOLSCHNEIDER: Ich meine, das kann man so nicht im Raum stehenlassen. Bei einem Kind, in dessen Leber die Lebergänge fehlen, gibt es in 90% der Fälle keine Heilung. Man kann eine Operation durchführen, wie sie die Japaner beschrieben haben, indem man eine Darmschlinge an die eröffnete Leberpforte näht und dann hofft, durch so eröffnete Gallenkapillaren einen Galleabstrom in den Darm erzielen zu können. Die Heilungsrate wird in Japan sogar mit 50% angegeben. Sie liegt in den Händen der Europäer aber höchstens bei 10%. Aber es sind Heilungschancen gegeben.

EWERBECK: Wie lang ist die Überlebenszeit?

HOLSCHNEIDER: Das ist der 2. Punkt. Die Kinder sterben nur in einigen Fällen, und zwar zu ca. 10-15% innerhalb der ersten Lebensmonate. Ein Großteil der Kinder erreichen aber ein Alter von 6-10 Jahren, bis es aus Speiseröhrenkrampfadern zu Blutungen und dann zum Tode kommt. Die Oesophagusvarizen entwikkeln sich auf der Basis einer Leberzirrhose. Diese Leberzirrhose führt aber bei den Kindern nicht primär zum Tod.
Man muß sich fragen: Welche Lebensspanne will man eigentlich als sinnvoll erachten? Ich würde nicht sagen, daß eine Lebensspanne von beispielsweise 6, 7 oder 8 Jahren sinnlos ist.
Würden Sie einem Patienten mit einer Chorea Huntington - das ist eine Krankheit, von der man ganz genau weiß, daß sie mit ca. 30 Jahren zur totalen Verblödung führt und die man pränatal bereits exakt diagnostizieren kann - ein 30jähriges Leben nicht zubilligen wollen, weil er vielleicht in 30 Jahren verblödet? Oder würden Sie vielleicht erlauben, daß ein Genetiker versucht, genetisch zu experimentieren. Aber auch das ist ein großes ethisches Problem.

HIERSCHE: Ich habe gesagt: Wenn ein Leberschaden vorliegt, der unheilbar ist, *und* eine Lungeninsuffizienz hinzutritt, dann ist es nicht rechtens, die Lungeninsuffizienz durch Beatmung zu behandeln; und das sollte humanitatis causa auch so sein.

HOLSCHNEIDER: Ich glaube, daß jeder einzelne Patient ganz individuell beurteilt werden muß. Jede Schematisierung, auch wenn wir sie nur anklingen lassen, ist sehr gefährlich.

HIERSCHE: Es geht in der jetzigen Diskussion darum: Sind wir in der Lage, eine Grauzone aufzulockern?

LOCH: Ich möchte noch die sog. Glasknochenkrankheit (Osteogenesis imperfecta) ansprechen. Das Kind bricht sich schon in der Gebärmutter die Glieder. Die Arme und Beine sind verkürzt. Wenn das Kind geboren wird, brechen die Rippen. Ich hatte das in meinem Vortrag ursprünglich mit als Indikation aufgenommen. Ich habe vor kurzem zufällig gehört, daß ein 42jähriger Mann diese Krankheit hat. Es ist ein Dr. phil., der in München als Schauspieler auftritt. Er kann sich nur im Rollstuhl bewegen. Er hat diese Krankheit.
Jeder Fall sollte wirklich individuell betrachtet werden. Darauf sollten wir größten Wert legen.

HIERSCHE: Besinnen wir uns auf das Thema! Wir sind jetzt nicht beim Schwangerschaftsabbruch.

LOCH: Wenn ich so etwas in der 10., 12. oder 13. Woche erkenne, dann ist es doch meine Pflicht, die Eltern darüber aufzuklären, was dieses Kind erwartet.

HIERSCHE: Wir kommen jetzt wieder in das Gebiet des Schwangerschaftsabbruchs. Es geht aber um die Geburt und um das schwerstgeschädigte Neugeborene.

ZANDER: Kommen wir in der Diskussion ganz am Schwangerschaftsabbruch vorbei? Das Leid des Kindes wird in das Gesetz eingeführt. Die Schäden müssen so schwerwiegend sein, daß man der Mutter nicht zumuten kann, das Kind zu bekommen. Es wird eindeutig das Leid eingebracht. Dieselbe Problematik ergibt sich, wenn man 2 Monate oder ein paar Wochen später liegt. Wir haben es beim Down-Syndrom nicht nur einmal, sondern 2mal erlebt, daß wir einen regelrechten Schwangerschaftsabbruch durchgeführt haben, und das Kind hat aus einer Reihe von Gründen, auf die ich jetzt nicht eingehen möchte, den Schwangerschaftsabbruch überlebt. Für uns stellte sich nachher die Frage: Inwieweit steht die Nichtzumutbarkeit aufgrund des Leides, das später auf dieses Kind zukommen müßte, noch zur Debatte, wenn das Kind geboren ist? Dieses Leid wird durch die Gesetzgebung mit in die Diskussion gebracht.

HIERSCHE: Herr Zander, letzteres stimmt de jure nicht!

v. LOEWENICH: Das ist richtig, Herr Zander. Aber der Gesetzestext ist nicht so interpretierbar, wie Sie es gemacht haben.

ZANDER: Aber es steht dort so. Ich habe das mit Absicht etwas provozierend formuliert.

HIERSCHE: Wir haben von den Medizinern durch die Darstellung technischer Möglichkeiten und durch klinische Bilder gesehen, welche Problemfälle es gibt, die derartig gestaltet sind, daß sie mit dem Leben nicht vereinbar sind. Wir haben jedoch auch Problemfälle gesehen, die mit einem großen Leid verbunden sind, aber nicht mit dem sofortigen postnatalen Tod. Es gilt, die Frage zu klären: Sind wir berechtigt, dieses Leid, das von der Natur in gar keiner Weise abgebaut wird, fortzusetzen, d.h. sind wir aufgerufen, in entsprechenden Fällen intensivmedizinisch zu therapieren oder nicht zu therapieren?

Es mag durchaus sein, daß der Geburtshelfer gut beraten ist, wenn er solche Fälle mit demjenigen, der dann handeln muß, nämlich mit dem Kinderarzt oder dem Kinderchirurgen, berät. Ob man dem Kinderchirurgen den kinderchirurgischen Fall in der Verantwortung abnehmen kann, wage ich genauso zu bezweifeln, wie ich es zu bezweifeln wage, dem intensivmedizinisch tätigen Kinderarzt die Endverantwortung abzunehmen.

Therapiemöglichkeiten und ihre Bewertung bei schwerstgeschädigten Neugeborenen aus ärztlicher Sicht

V. VON LOEWENICH

Die Geburt stellt einen der größten biologischen Einschnitte im Leben des Menschens dar. Krankheiten, insbesondere Mißbildungen, die mit dem vorgeburtlichen Leben durchaus vereinbar sind, erhalten plötzlich Krankheitswert und können zur akuten Lebensbedrohung werden. Deshalb steht der Neonatologe immer wieder vor der Frage, welche Störungen vorliegen, wie und ob sie therapierbar sind und ob eine Therapie sinnvoll oder überhaupt gerechtfertigt ist. Im folgenden sollen ohne Anspruch auf Vollständigkeit einige exemplarische Probleme der Neugeborenenperiode geschildert werden.
Interkurrente Erkrankungen, die durchaus ebenfalls akut lebensbedrohlich sein können, wie z. B. perinatal entstandene septische Infektionen, sollen hier nicht behandelt werden, da ihre Behandlungsfähigkeit und Behandlungswürdigkeit nicht in Frage gestellt werden kann.

Schwerwiegende Probleme in der Neugeborenenperiode

Lebensbedrohliche Mißbildungen

Korrigierbare lebensbedrohende Mißbildungen

Hier hat sich in den letzten Jahren und Jahrzehnten ein wesentlicher Wandel vollzogen. Früher absolut tödliche Mißbildungen sind heute einer kinderchirurgischen Therapie zugänglich und in der Regel erfolgreich zu behandeln. Hierher gehören folgende Krankheitsbilder (s. auch Beitrag Holschneider):
Bei der Ösophagusatresie handelt es sich um einen angeborenen Verschluß der Speiseröhre. Die häufigste Form unter vielen Varianten ist ein Fehlen des mittleren Abschnitts der Speiseröhre, verbunden mit einer Querverbindung zwischen dem magenseitigen Stumpf der Speiseröhre und der Luftröhre. Verschluckte Nahrung und verschluckter Speichel gelangen deshalb in die Luftröhre, ebenso aber auch Salzsäure aus dem Magen. Die frühzeitige Operation, verbunden mit perioperativer Intensivbehandlung, ist lebensrettend. Andere Varianten, bei denen größere Abschnitte der Speiseröhre fehlen, sind schwieriger zu operieren, aber nicht prinzipiell inoperabel. Sehr eindrucksvoll sind Bauchspalten, bei denen die Baucheingeweide außerhalb des Körpers liegen oder bei der sog. Omphalozele in die Nabelschnur hinein vorgefallen sind. Bei sehr ausgeprägten Befunden ist die kinderchirurgische Therapie schwierig und problematisch, konnte aber in den letzten Jahren immer weiter verbessert und erfolgreicher gestaltet werden.

Ein weiteres exemplarisches Beispiel ist die Transposition der großen Arterien. Bei dieser Mißbildung des Herzens entspringt die Lungenschlagader statt aus der rechten aus der linken Herzkammer, die ihr Blut über die Lungenvenen und den linken Vorhof aus der Lunge erhält. Umgekehrt entspringt die Hauptschlagader (Aorta) aus der rechten Herzkammer, die ihr Blut über den rechten Vorhof aus den großen Körpervenen erhält. Es resultieren somit 2 völlig voneinander getrennte Kreisläufe. Ein Gasaustausch aus dem venösen Blut kann deshalb in den Lungen nicht stattfinden. Daß diese Kinder eine begrenzte Zeitspanne lang überleben, wenn auch unter erheblichem O_2-Mangel, liegt daran, daß die während des vorgeburtlichen Lebens notwendige Querverbindung zwischen Lungenschlagader und Aorta zunächst offen bleibt und einen sehr begrenzten Blutaustausch zwischen beiden Kreisläufen in beiden Richtungen erlaubt. Diese Mißbildung war bis vor etwa 2 Jahrzehnten absolut tödlich und nicht behandelbar, seither mit begrenztem und oft unbefriedigendem Erfolg zu behandeln und neuerdings heilbar, nachdem ein Operationsverfahren zum Abtrennen und umgekehrten Wiederansetzen beider Herzvorhöfe entwickelt werden konnte. Es ist auch für den Routinier eindrucksvoll zu sehen, wie Patienten, die nicht mit O_2 zu versorgen waren, 3–4 Wochen nach gelungener Operation gesund das Krankenhaus verlassen können.

Nichtkorrigierbare lebensbedrohende Mißbildungen

Zu dieser Gruppe nichtbeeinflußbarer tödlicher Entwicklungsstörungen gehören das Fehlen lebenswichtiger Organe oder eine so weitgehende Mißbildung derselben, daß eine lebenserhaltende Funktion auch durch korrigierende Eingriffe nicht erreicht werden kann.
Beispiele sind das Potter-Syndrom, bei dem nicht nur die Nieren entweder grob mißgebildet und funktionsunfähig sind oder total fehlen, sondern auch aufgrund eines schon frühzeitig bestehenden Mangels an Fruchtwasser die Lungen sich nicht entwickeln und heranwachsen konnten. Diese sog. Lungenhypoplasie ist auch durch moderne Beatmungsmethoden nicht kompensierbar und führt immer innerhalb der ersten Lebensstunden zum Tode.
Ein weiteres Beispiel ist das hypoplastische Linksherz. Hier fehlt die linke Herzkammer mit dem Anfangsteil der Aorta. Bei der Obduktion findet man ein Rudiment der linken Herzkammer in Form eines kleinen Hohlraums in der Wand der verbliebenen rechten Herzkammer. Es liegt auf der Hand, daß kein Eingriff das Fehlen einer ganzen Herzkammer korrigieren kann.

Teilweise korrigierbare, aber nicht letztlich heilbare Mißbildungen

In diese Kategorie fallen die sog. Dysrhaphien. Hierbei handelt es sich um Spaltbildungen des Nervensystems, meist des Rückenmarks und der umgebenden Wirbelsäule, seltener aber auch einmal des Gehirns und der die betroffene Region umhüllenden Anteile des Schädels. Die Funktionsausfälle hängen von der Höhe der Spaltbildung ab. Je höher der Defekt sitzt, desto schwerwiegender sind die

Ausfälle. Begleitmißbildungen kommen vor. Bei Spaltbildungen des Rückenmarks ist unterhalb der Fehlbildung mit einer Querschnittslähmung zu rechnen, die sich durch eine Operation nicht bessern läßt. In der Regel sind Meningomyelozelen, die übrigens zu den häufigsten Mißbildungen zählen, fast immer mit einem inneren Wasserkopf verbunden, meist bereits zur Zeit der Geburt durch Ultraschalluntersuchung nachweisbar ist, auch wenn der Schädel des Kindes äußerlich noch normal aussieht. Da dieser innere Wasserkopf meistens wächst, muß dann auch noch eine das Hirnwasser aus den Hirnkammern leitende Operation durchgeführt werden. Während bei korrekt funktionierender Ableitung des Hirnwassers Funktionsausfälle von seiten des Gehirns nicht zu befürchten sind, bleiben die Lähmungen der unteren Körperhälfte zeitlebens bestehen. Die mit diesen Lähmungen verbundenen Harnentleerungsstörungen werden zur Ursache immer wieder auftretender Harnwegsinfektionen, die letztlich lebenslimitierend wirken. Wird nicht sofort operiert, so bedeutet dies keineswegs den Tod des Patienten. Der Defekt am Rücken kann sich überhäuten. Der innere Wasserkopf wächst allerdings unaufhaltsam weiter und bereitet dem Patienten durch den Druckanstieg im Schädelinneren erhebliche Beschwerden. Mit zunehmender Kopfgröße wird die Pflege dieser Kinder immer schwieriger, es kommt z. B. häufig zum Durchliegen der Kopfhaut.

Wenn auch die Mehrzahl solcher Patienten nicht älter als 1–2 Jahre wird, so können sie doch auch jahrelang überleben. Bei der Indikationsstellung zur Operation gehen daher auch pflegerische Aspekte mit ein. Allerdings besteht weitgehende Einigkeit darin, daß schwerste Formen der Dysrhaphien, z. B. Spaltbildungen, die bis in die Brustwirbelsäule hinauf reichen, nicht operiert werden sollten.

Diagnostische Indikation zur vorübergehenden lebenserhaltenden Behandlung

Keineswegs immer ist es bei der ersten Besichtigung des Patienten klar, ob eine nicht behandlungsfähige lebensbedrohende Mißbildung vorliegt oder nicht. Verwechslungsmöglichkeiten sind durchaus gegeben. So kann beispielsweise eine Sepsis durch Streptokokken der Gruppe B das klinische Bild eines hypoplastischen Linksherzsyndroms täuschend nachahmen. Bevor dies bekannt war, sind uns und anderen hier folgenschwere Fehldiagnosen unterlaufen. Man darf es als ein Gebot der ärztlichen Sorgfaltspflicht bezeichnen, daß der behandelnde Arzt sich zunächst einmal die größtmögliche Gewißheit darüber verschafft, ob bei dem ihm anvertrauten Patienten eine Therapie sinnvoll oder sinnlos ist. Selbstverständlich bringt man sich damit in die unangenehme Lage, eine bereits voll angelaufene Intensivtherapie gegebenenfalls wieder abbrechen zu müssen. Dennoch ist dies dem Patienten gegenüber fairer, als von vornherein nur auf Verdacht eine vielleicht doch sinnvolle Therapie zu unterlassen.

Frühgeburt

Die alte Definition einer Frühgeburt, nämlich ein Geburtsgewicht von 2500 g oder weniger, ist mit Recht verlassen worden. Nach WHO-Definition spricht man von

Frühgeburt bei einem postmenstruellen Gestationsalter von 37 oder weniger Wochen (entsprechend einem Konzeptionsalter von 35 oder weniger Wochen). Allerdings darf Frühgeborenes nicht gleich Frühgeborenes gesetzt werden. Sterblichkeit und Rate der Spätschäden sind um so höher, je unreifer das Frühgeborene ist. Bei den meisten Studien wird statt des Reifegrads bzw. des Gestationsalters das Geburtsgewicht als Parameter herangezogen. Dies ist jedoch nur ein Notbehelf, da das Gewicht sich sicherer bestimmen läßt als die Reife des Kindes. Entscheidend ist jedoch die Reife und nicht das Gewicht, das nicht nur von der Tragzeit, sondern auch von der Funktion der Plazenta abhängt. Frühgeborene mit einem postmenstruellen Gestationsalter von mehr als 34 Wochen (32 Wochen Konzeptionsalter) bedürfen häufig keiner Intensivbehandlung, sofern nicht in der Perinatalperiode oder vorher nennenswerte Störungen aufgetreten sind. Unser Interesse in der Neonatologie wendet sich vorzugsweise den unreiferen Kindern zu, wobei sich das Schwergewicht der Problematik zu immer jüngeren Gestationsaltern verschoben hat. Einige exemplarische Probleme dieser Kinder sollen im folgenden geschildert werden.

Atemstörungen

Akute Atemstörungen, die meistens durch eine Unreife der Lunge bedingt sind, können mit der heutigen Beatmungstechnik in der großen Mehrzahl der Fälle behoben werden. Noch im Stadium der Erprobung befindet sich der Ersatz oberflächenaktiver Substanzen, die den Lungen unreifer Frühgeborener fehlen. Ohne diese Substanzen läßt sich die Lunge nicht oder nicht ausreichend entfalten, was zu den erwähnten Atemstörungen führt. Der Ersatz dieser Substanzen könnte die Therapie der Atemstörungen in den nächsten Jahren noch wesentlich vereinfachen. Es gibt im übrigen derzeit keine wirklich gesicherte Lehrmeinung darüber, welcher Grad der funktionellen und welcher Grad der feingeweblichen Unreife die Beatmung einer Lunge von vornherein erfolglos erscheinen läßt. Man wird dies im Einzelfall nur durch den Behandlungsversuch erfahren.

Chronische Atemstörungen bereiten uns größere Probleme: Je unreifer Frühgeborene sind, desto häufiger kommt es unter Beatmung zu chronisch fortschreitenden Lungenveränderungen, die mindestens eine Langzeitbeatmung erzwingen, mitunter jedoch auch durch fortschreitende Verschlimmerung lebensbegrenzend wirken. So haben wir immer wieder Kinder beobachten müssen, die nach einer z. B. halbjährigen Beatmung dann doch noch an den Lungenveränderungen und den sekundären Überlastungserscheinungen des Herzens verstarben. Die Mehrzahl der Kinder erholt sich allerdings, hat dann aber noch monatelang unter einer Beeinträchtigung ihrer Lungenfunktion zu leiden. Im Alter von 1½ Jahren normalisiert sich die Atmung in der Regel. Extrem selten – wir haben einen solchen Fall immer noch in Behandlung – kann es jedoch zu jahrelanger Abhängigkeit vom Beatmungsgerät kommen.

Erkrankungen des Gehirns

Hirnblutungen. In älteren pädiatrischen Lehrbüchern nehmen Hirnblutungen als Folge von Schädelverletzungen bei der Geburt noch einen breiten Raum ein. Diese Art der Blutung, die auch reife Neugeborene betraf, ist dank der Fortschritte der Geburtshilfe außerordentlich selten geworden. Uns sollen hier die Blutungen in die Hirnkammern (intraventrikuläre Blutungen) beschäftigen, die eine Spezialität der Frühgeborenen sind. Auch hier konnten wir im Laufe der Jahre beobachten, daß diese Blutungen bei reiferen Frühgeborenen immer seltener wurden, bei sehr kleinen Frühgeborenen aber nach wie vor sehr häufig sind. So findet man in der Literatur der 1. Hälfte der 80er Jahre bei Kindern mit Geburtsgewichten unter 1500 g eine Häufigkeit von 50–60% oder mehr. Erst die modernen bildgebenden Verfahren haben uns die Möglichkeit eröffnet, diese Häufigkeiten exakt zu erfassen, aber auch Untersuchungen über die Prognose dieser Erkrankungen in Abhängigkeit von der Schwere ihrer Ausprägung vorzunehmen. Mit dieser Verbesserung der Diagnostik und zunehmenden Erkenntnissen über die Ursache dieser Blutungen haben sich auch erste Ansätze zur Verringerung ihrer Häufigkeit ergeben. Die einmal eingetretene Blutung ist hingegen keiner Behandlung mehr zugänglich. Die Langzeitprognose dieser Erkrankung hängt von der Ausdehnung der Blutung ab. Kleine Blutungen, die sich auf eine bestimmte Stelle der Wand der seitlichen Hirnkammern beschränken (Blutung I° oder Keimlagerblutung) heilen in aller Regel folgenlos aus, sofern dem Gehirn keine weiteren Störungen zugestoßen sind. Aber auch ein Einbruch der Blutung in die Hirnkammern hinterläßt in der Mehrzahl der Fälle keine dauernden Schäden, sofern es nicht zu einer wesentlichen Erweiterung der Hirnkammern kommt (intraventrikuläre Blutung II°). Aber auch eine mit dieser Blutung einhergehende erhebliche Ventrikelerweiterung (intraventrikuläre Blutung III°) muß nicht notwendigerweise Schäden hinterlassen, wenngleich die Entstehung eines behandlungsbedürftigen Wasserkopfs nicht selten ist. Je stärker die Ventrikelerweiterung ist, um so mehr muß daran gedacht werden, daß es auch zu einem Verlust von Hirnsubstanz gekommen ist, der das Auftreten von Spätfolgen begreiflich macht. Ohne jede Ausnahme sehr schlecht ist die funktionelle Prognose bei Blutungen des Schweregrads IV, bei dem die Blutung auch in die Hirnsubstanz eingedrungen ist. Wahrscheinlich handelt es sich hierbei nicht um ein einfaches Einwühlen einer Blutung, sondern vielmehr um die Durchtränkung bereits schwer geschädigter Hirnanteile mit Blut. Diese Schäden heilen stets unter Hinterlassung großer Defekte an Hirnsubstanz aus, falls sie überhaupt überlebt werden. Mit letzterem muß man allerdings unter den Bedingungen der modernen Intensivbehandlung durchaus rechnen. Hier stellt sich für uns immer wieder die Frage, ob die Fortsetzung einer Therapie noch sinnvoll oder überhaupt zu rechtfertigen ist.

Gehirnerweichungen (Malazien). Ein typisches Schädigungsmuster, das auch der Ultraschalldiagnostik gut zugänglich ist, ist eine Erweichung weißer Hirnsubstanz um die Hirnkammern herum (periventrikuläre Leukomalazie). Sie kann zusammen mit einer Blutung beobachtet werden (vgl. die oben erwähnte intraventrikuläre Blutung IV°), sie kann aber auch isoliert auftreten und ist nach heutiger Auffassung Folge einer zeitweisen Minderdurchblutung und O_2-Unterversorgung des

Gehirns. Auch hier entscheiden Ausdehnung und Lokalisation der periventrikulären Leukomalazie über die Spätprognose. Aus Untersuchungen der Kinderklinik des University College in London haben wir gelernt, daß Leukomalazien, die sich auf vordere Gehirnbereiche beschränken, weniger gravierend zu sein scheinen als solche, die mittlere und hintere Partien befallen. Ausgedehnte Substanzdefekte, evtl. auch Schrumpfungen des gesamten Gehirns, sind nicht selten die Folge. Im Augenblick wissen wir aber noch zu wenig, um aus diesen Kenntnissen Folgerungen abzuleiten, die so weit gehen, daß über Fortsetzung oder Abbruch einer Intensivtherapie zu entscheiden wäre.

Art und Häufigkeit von Spätschäden

Unter den Folgezuständen nach perinatalen Erkrankungen dominieren Spätschäden am zentralen Nervensystem. Lange Zeit standen spastische Lähmungen im Vordergrund des kinderärztlichen Interesses, die sog. Zerebralparesen (CP). Die klassischen spastischen Lähmungen sind im Laufe der letzten 2 Jahrzehnte stetig seltener geworden. Sie sind aber nicht die einzigen Störungen der Motorik. Vielmehr sehen wir auch Fehlfunktionen im Bewegungsentwurf oder in der Koordination von Einzelbewegungen. Bei sehr unreifen Frühgeborenen finden wir später oft nur eine Verzögerung der statomotorischen Entwicklung. Leichte bis mittelschwere Funktionsstörungen können vom heranwachsenden Gehirn oft teilweise, manchmal sogar weitgehend kompensiert werden, wobei eine konsequent durchgeführte Übungsbehandlung unterstützend mitwirkt. Schwere Defektzustände bleiben allerdings kaum beeinflußbar bestehen. Allerdings schreiten sie nicht fort, was für die Unterscheidung von anderen prozeßhaft fortschreitenden Krankheiten wichtig ist. Auch mentale und intellektuelle Defekte können resultieren. Diese sind für die spätere soziale Einordnung der betroffenen Patienten belastender als Störungen der Motorik. Ein aufgrund einer Hirnblutung entstandener innerer Wasserkopf (Hydrocephalus internus) muß hingegen keinerlei funktionelle Störungen mit sich bringen. Rechtzeitig durch eine ableitende Operation behandelt, führt diese Krankheit für sich selbst genommen nicht zu einer Beschädigung des Gehirns. Hier ist das Gehirn allenfalls durch Spätkomplikationen nach der Behandlung bedroht. Sehstörungen bis hin zur Erblindung (die sog. retrolentale Fibroplasie) sind für sehr unreife Frühgeborene charakteristisch. Sie stehen nicht unbedingt in Zusammenhang mit anderen Komplikationen der Perinatalperiode. Ihre Ursache ist nach heutigem Wissen weitaus komplexer, als man das früher glaubte.

Häufigkeit zerebraler Spätschäden

Untersuchungen von Drillien (1972) aus den 50er Jahren zeigten ein sehr pessimistisches Bild: Von Frühgeborenen mit einem Geburtsgewicht von 1500 g und weniger zeigten nur 30% eine normale neurologische Entwicklung. 70% der Überlebenden waren mehr oder weniger schwer geschädigt. Dies führte zu der Sorge, eine Neugeborenenintensivmedizin würde die Anzahl geschädigter Kinder in die

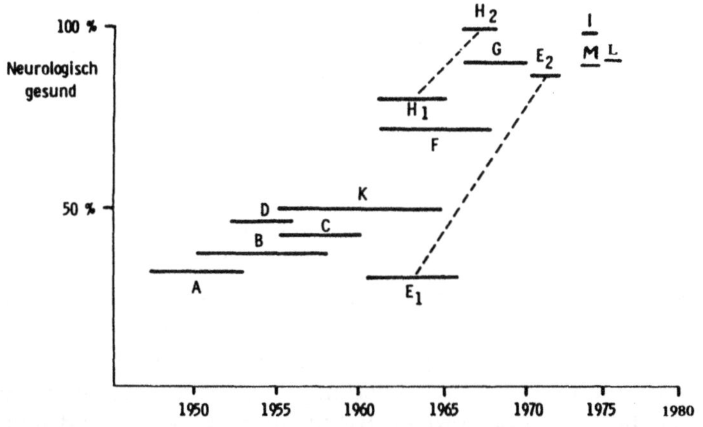

Abb. 1. Neurologische Spätergebnisse bei Frühgeborenen mit Geburtsgewichten zwischen 501 und 1500 g. *Ordinate:* Prozentsatz neurologisch gesund überlebender Kinder; *Abszisse:* Zeitraum, in dem Untersuchungen stattfanden; *Großbuchstaben:* Arbeitsgruppen. E_1 und E_2 bzw. H_1 und H_2 stammen jeweils aus derselben Institution, woraus sich besonders augenfällig die Verbesserung der Überlebensqualität zeigt, die innerhalb weniger Jahre erzielt werden konnte. (Mod. nach Bowes et al. 1977)

Höhe schnellen lassen. Man übersah dabei, daß die Erhebungen von Drillien (1972) aus einer Zeit stammten, in der eine Neugeborenenintensivmedizin genauso wenig existierte wie eine Intensivmedizin jedes anderen Fachgebietes. In der Tat haben die Verbesserungen in Geburtshilfe und Kinderheilkunde dazu geführt, daß die Rate zerebraler Spätschäden drastisch zurückging (Abb. 1).

Unser Interesse konzentriert sich derzeit auf die Kinder mit Geburtsgewichten unter 1000 g. Bereits seit Mitte der 70er Jahre wird auch bei diesen Kindern von deutlich besseren Spätresultaten berichtet, z. B. Rawlings et al. (1971); Stewart (1986); Stewart u. Reynolds (1974); Stewart et al. (1979). Allerdings muß mit um so mehr Spätschäden gerechnet werden, je unreifer die Kinder bei Geburt sind. Die Beurteilung der Prognose war anfangs dadurch erschwert, daß begreiflicherweise bei derart unreifen Kindern nur geringe Patientenzahlen untersucht werden konnten. Die anfangs pessimistische Beurteilung, z. B. von Britton et al. (1982), konnte sich nur auf wenige Verlaufsbeobachtungen stützen. Die in der 1. Hälfte der 80er Jahre publizierte Literatur zeigt jedoch auch hier ein sich wandelndes Bild, z. B. in den Arbeiten von Hoskins et al. (1983); Driscoll et al. (1982); Bennett et al. (1983); Hirata et al. (1983); Saigal et al. (1982) oder in den von Michaelis et al. aus Tübingen seit 1978 publizierten Zahlen. Bemerkenswert sind Rechnungen von Stewart, vorgetragen auf der FIGO-Konferenz 1986 in Heidelberg: In dem sehr großen und auch unter Heranziehung fremder Erhebungen durchgerechneten Material zeigte sich, daß bei extrem unreifen Frühgeborenen mit einem höheren Prozentsatz von Residualschäden gerechnet werden muß als bei reiferen Kindern, sofern man sich auf die Zahl der Überlebenden bezieht. Bezieht man sich hingegen auf die Zahl lebend geborener Kinder, dann finden sich keine oder keine wesentlichen Unterschiede hinsichtlich der Rate von Spätschäden mehr. Der wesentliche Unterschied liegt also hier nicht in der Rate der Spätschäden. Statt dessen wird aus der hier zitierten Literatur deutlich, daß die Qualität der perinatalmedizinischen Versorgung in die Spätergebnisse eingeht und mit weiteren Verbesserungen auch bei extrem unreifen Frühgeborenen gerechnet werden kann.

Prognostische Indizes

Statistische Aussagen nützen für die Beurteilung des individuellen Krankheitsfalls, lassen aber dennoch eine individuelle Prognose nicht ohne weiteres zu. Es stellt sich damit die Frage nach prognostischen Indizes, die im Einzelfall die näherungsweise Stellung einer Prognose erlauben. Brauchbare Prognosescores, wie sie beispielsweise für bösartige Erkrankungen existieren, sind für Frühgeborene bisher nicht erarbeitet worden. Allerdings darf nicht vergessen werden, daß jeder prognostische Score oder prognostische Index relativ ist und immer wieder aktualisiert werden muß bzw. müßte. In den vorausgegangenen Ausführungen konnte man erkennen, daß das Geburtsgewicht immer wieder zur Klassifizierung herangezogen wird. Dies beruht einfach darauf, daß es leicht und einigermaßen zweifelsfrei festgestellt werden kann. Dennoch ist das Geburtsgewicht selbst ein besonders schlechter Index, da es nicht nur vom Reifegrad des Kindes, sondern auch von der Plazentafunktion abhängt und außerdem einer großen individuellen Streuung unterliegt. Ein besserer Index ist das Gestationsalter, d. h. die Tragzeit. Die Bestimmung des Gestationsalters ist aber weitaus größeren Unsicherheiten unterworfen als die Feststellung des Gewichts. Die Menstruationsanamnese kann fehlleiten, rechtzeitig in der Frühschwangerschaft vorgenommene Ultraschallmessungen des Fetus stehen oft nicht zur Verfügung. Es existieren Untersuchungsscores, die anhand morphologischer und neurologischer Kriterien die ungefähre Bestimmung der Tragzeit beim geborenen Kind zulassen. Diese Schemata werden aber immer ungenauer, je unreifer das Kind ist.
Auch das Geburtsgewicht ist jedoch nicht so eindeutig festzustellen, wie dies auf den ersten Blick aussieht: Es gibt keine Standardisierung darüber, wie lang oder kurz die Nabelschnur abgeschnitten sein soll, was die Nabelklemme wiegt, ob die Harnblase voll oder entleert sein sollte. Darüber hinaus darf nicht vergessen werden, daß sämtliche Gewichtsgrenzen willkürliche Schnitte darstellen, die aus methodischen Gründen gewählt werden müssen, um überhaupt Berechnungen anstellen zu können. Wie der jeweilige Untersucher seine Klassengrenzen wählt, bleibt ihm allein überlassen. Aus Gründen der rechnerischen Bequemlichkeit wählt man glatte Zahlen des metrischen Systems. Aber weder das metrische System, noch die vom einzelnen Untersucher willkürlich ausgewählten Klassengrenzen stellen irgendwelche natürlichen Grenzen dar, sofern es solche überhaupt gibt. Beachtet man diese Tatbestände, dann hat sich die Frage nach einem Grenzgewicht, bei dessen Unterschreitung ein Kind nicht mehr behandelt werden sollte (vgl. Schechner 1980 oder Ewerbeck 1984) von allein erledigt. Die Frage kann nicht lauten „How small is too small?“ (Wie klein bzw. leicht ist zu klein?), sondern allenfalls „How sick is too sick? (Wie krank ist zu krank?).
Auch diese Frage ist sehr schwer zu beantworten, da zweifellos eine objektive Beantwortung, welche Defekte noch akzeptabel seien und welche nicht, nicht möglich sein wird. Ein praktikabler Denkansatz scheint aber der folgende zu sein:

Nicht die möglicherweise zu erwartende Schädigung kann ein Kriterium dafür sein, ob eine Fortsetzung lebenserhaltender Therapie sinnvoll ist oder nicht, sondern nur der objektivierbare, bereits eingetretene Schaden, dessen Spätfolgen bekannt sind. So ist z.B. gut gesichert, daß Hirnblutungen, die sich nicht auf die Hirnkammern beschränken, sondern große Teile des Hirngewebes mit einbezogen haben, mit schweren Funktionseinbußen des Gehirns belastet sind. Noch klarer ist die Frage nach der Berechtigung zur Fortsetzung einer Therapie dann zu beantworten, wenn uns unsere modernen bildgebenden Verfahren eine weitgehende Zerstörung des Großhirns zeigen, so daß die Fähigkeit zu sozialem Kontakt, d.h. zu irgendeiner Form der Kommunikation mit Mitmenschen und Umwelt, bei dem betroffenen Patienten nicht zu erwarten ist.

Ökonomische Gesichtspunkte

In den letzten Jahren erschienen in 2 renommierten amerikanischen Zeitschriften Studien, die sich mit dem ökonomischen Nutzen der Intensivtherapie sehr unreifer Frühgeborener befaßten (Boyle et al. 1983; Walker et al. 1984). Das Ergebnis beider Studien kann folgendermaßen zusammengefaßt werden:
Bei einem Geburtsgewicht von über 900 bzw. über 1000 g ist die Intensivtherapie Gewinn-, bei niedrigeren Geburtsgewichten ein Verlustgeschäft. Die Berechnungen orientierten sich daran, was für Folgekosten für die Pflege eines schwer geschädigten Patienten entstehen bzw. welches Bruttosozialprodukt ein gesundender Patient im Laufe seiner zu erwartenden Lebensspanne erwirtschaftet. Diese Untersuchungen sind interessant und zeigen deutlich, daß bei der großen Mehrheit auch unreifer Frühgeborener die Neonatologie einen volkswirtschaftlichen Gewinn erbringt. Selbstverständlich will niemand - auch nicht die Autoren dieser Studien - den Schluß ziehen, daß die Therapie bei kleineren Frühgeborenen aus wirtschaftlichen Gründen unterlassen werden sollte. Es sei auch angemerkt, daß man die heutigen Erfolge in der Neonatologie nie erzielt hätte, wenn man sich z.B. vor 30 Jahren an den damals ganz anders zu bewertenden wirtschaftlichen Folgen orientiert hätte.

Sind Neugeborene und Frühgeborene anders zu beurteilen als ältere Menschen?

Im Bewußtsein des Publikums werden Neugeborene und Frühgeborene überraschend häufig anders beurteilt als Menschen jenseits der Neugeborenenperiode. Neugeborene werden bis zu einem gewissen Grade für ersetzbar gehalten. Jedem, der sich länger mit Neugeborenen und Frühgeborenen beschäftigt, ist aber klar, daß nicht nur aufgrund theoretischer Überlegungen jedes Neugeborene ein unersetzbares und einzigartiges Individuum ist, sondern daß diese Kinder, auch sehr unreife Frühgeborene, kommunikationsfähige Mitmenschen sind, auch wenn die Signale, die diese Patienten aussenden, sehr diskret sind und ihr Verständnis Übung und Erfahrung erfordert. Weder unser Grundgesetz, noch die Ethik aller für unseren Lebensraum relevanten Religionen kennen einen Unterschied des Wertes eines individuellen Lebens in Abhängigkeit vom Alter. Nach meiner eige-

nen Auffassung muß man den Wert eines Neugeborenenlebens eher skrupelhafter betrachten als den eines Greisenlebens, das am Ende seiner Tage steht.
Bedauerlicherweise begegnen wir Neonatologen immer mehr einer Art von Reklamationsmentalität, auch wenn diese Mentalität glücklicherweise nur bei einer Minorität unserer Patienteneltern zu beobachten ist. Man lehnt ein Neugeborenes mit Defekten ab, so wie man eine defekte Ware innerhalb der Garantiezeit zurückweist. Nicht selten wird einem versichert, das Kind sei ein geplantes Wunschkind, aber man akzeptiere lieber den Verlust des Kindes als ein funktionell nicht perfektes Kind. Wenn uns auch solche Vorhaltungen nicht in unserem Tun bestimmen, so führen sie dennoch gelegentlich zu einer Verunsicherung des Therapeuten.

Die Bedeutung der Vorenthaltung einer lebenserhaltenden Therapie

Das Unterlassen oder Einstellen lebenserhaltender Maßnahmen fällt unter den Begriff der passiven Sterbehilfe. Die Unterscheidung dieser passiven Sterbehilfe von einer aktiven Sterbehilfe, die immer eine direkte Aggression gegen das Leben des Betroffenen bedeutet, ist juristisch zweckmäßig. Dennoch sollte und kann sich kein Therapeut im ethischen Sinne auf Passivität berufen und sein Gewissen damit salvieren. Auch der Entschluß, eine Behandlung zu unterlassen oder einzustellen, ist ein gedanklich aktiver Vorgang. Reine Passivität wäre es allenfalls, alles so weiterlaufen zu lassen, wie es läuft. Aber selbst dies setzt einen Entschluß hierzu voraus. Dies kann selbstverständlich nicht bedeuten, daß aktive Handlungen gegen das Leben eines Patienten genauso zu billigen seien wie die Einstellung einer als sinnlos erkannten Therapie. Diese Unterscheidung kann sich m. E. aber nur aus dem höheren Grad der Aggressivität bei der aktiven Sterbehilfe herleiten. Auch die passive Sterbehilfe bedeutet, daß eine Norm überschritten wird, die die Unantastbarkeit menschlichen Lebens beinhaltet. Die Legitimierung weiterer Grenzüberschreitungen müßte zwangsläufig zu einer immer weniger skrupelhaften Einstellung zum menschlichen Leben führen. Gerade um dies zu vermeiden, muß immer wieder darauf hingewiesen werden, daß auch passive Sterbehilfe im Grunde nichts so einfach Passives ist (v. Loewenich 1982, 1985).
Jeder Therapeut muß sich aber auch dessen bewußt sein, daß die Einstellung einer lebenserhaltenden Therapie nicht in jedem Falle notwendigerweise zum Tod des Patienten führen muß. Vielmehr kann ein Überleben, und dann in der Regel mit noch schwereren Schäden, die Folge sein. Das Vorenthalten einer lebenserhaltenden Therapie, z. B. einer Beatmung, kann außerdem dem Patienten vermehrte Beschwerden oder Qualen auferlegen. Diese müssen ohne Einschränkung vermieden werden, und sei es auch unter Inkaufnahme lebensverkürzender Nebenwirkungen.

Literatur

Bennet FC, Robinson NM, Sells CJ (1983) Growth and development of infants weighing less than 800 grams at birth. Pediatrics 71: 319

Bowes WA, Halgrimson M, Simon MA (1977) Results of the intensive perinatal management of very low birthweight infants (500-1500 g). In: Preterm Labour. Proceedings of the 6th study group of the Royal College of Obstetricians and Gynaecologists, Oct. 5th-6th, 1977 pp.331-335, London 1977

Boyle MH, Torrance GW, Sinclair JC, Horwood SP (1983) Economic evaluation of neonatal intensive care of very-low-birth-weight infants. N Engl J Med 308: 1330-1337

Britton SB, Fitzhardinge PM, Ashby S (1982) Is intensive care justified for infants weighing less than 801 g at birth. J Ped 99: 837-943

Drillien CM (1972) Abnormal neurologic signs in the first year of life in low-birthweight infants: Possible prognostic significance. Dev Med Child Neurol 14: 575

Driscoll JM, Driscoll YT, Steir ME, Stark RI, Dangman BC, Perez A, Wung JT, Kritz P (1982) Mortality and morbidity in infants less than 1001 grams birth weight. Pediatrics 69: 21-26

Ewerbeck H (1984) Intensivmedizinische Maßnahmen bei Neugeborenen und Kindern mit Mißbildungen. Dtsch Ärztebl 81: 2488-2489

Hirata T, Epcar JT, Walsh A, Mednick J, Harris M, McGinnis MS, Sehring S, Papedo G (1983) Survival and outcome of infants 501 to 750 gm: A six-year experience. J Pediatr 102: 741-748

Hoskins EM, Elliot E, Shennan AT, Skidmore MB, Keith E (1983) Outcome of very-low-birth-weight infants born at a perinatal center. Am J Obstet Gynecol 145: 135-140

Loewenich V von (1982) Grenzen der neonatologischen Intensivbehandlung. In: Müller H, Olbing H (Hrsg) Ethische Probleme in der Pädiatrie und ihren Grenzgebieten. Urban & Schwarzenberg, München Wien Baltimore, S 194-204

Loewenich V von (1985) Grenzen der ärztlichen Behandlungspflicht bei schwerstgeschädigten Neugeborenen aus ärztlicher Sicht. MedR 1: 30-33

Michaelis R, Stötter M, Buchwald M, Rohr M, Menzel H (1978) Ergebnisse der Intensivüberwachung und Intensivtherapie bei Neugeborenen mit sehr niedrigem Geburtsgewicht. Dtsch Med Wochenschr 103: 1404-1408

Michaelis R (1986) Gibt es eine zentrale Bewegungsstörung? Zur Differentialdiagnose motorischer Störungen (Vortrag 14. Herbst-Seminar-Kongreß des Berufsverbandes der Kinderärzte Deutschland, 13.-17.10.). Bad Orb

Rawlings GE, Reynolds OR, Stewart A, Strang LB (1971) Changing prognosis for infants of very low birth weight. Lancet 1: 516-519

Saigal S, Rosenbaum P, Stoskopf B, Milner R (1982) Follow-up of infants 501 to 1500 gm birth weight delivered to residents of a geographically defined region with perinatal intensive care facilities. J Pediatr 100: 606-613

Schechner S (1980) For the 1980s: How small is too small? Clinics in Perinatology 7: 135-143

Stewart AL, Reynolds EOR (1974) Improved prognosis for infants of very low birth weight. Pediatrics 54: 724

Stewart AL, Turcan DM, Rawlings G, Reynolds EOR (1977) Prognosis for infants weighing 1000 g or less at birth. Arch Dis Child 52: 97

Stewart AL (1986) Prediction of outcome: periventricular haemorrhage versus ischemia (International Workshop on Perinatal Events and Cerebral Handicap, Pathogenesis and Prevention, 13.-17. 06., FIGO, Heidelberg

Walker D-J, Feldmann A, Vohr BR, Oh W (1984) Cost-benefit analysis of neonatal intensive care for infants weighing less than 1000 grams at birth. Pediatrics 74: 20-25

Chirurgische intrauterine Interventionen und die Bewertung ihrer Folgen aus ärztlicher Sicht

A. M. Holschneider

Einführung

Bei Ultraschalluntersuchungen im 1. Trimenon findet man nach Holländer (1984) in ca. 40-50% aller Fälle eine intakte intrauterine Gravidität, in ca. 30% einen verhaltenen Abort, in 20-25% der Fälle eine Abortivfrucht und in 2-5% eine Blasenmole.

1,3-4,5% der Lebendgeborenen weisen angeborene Fehlbildungen auf, die von embryonalen und fetalen Fehlentwicklungen herrühren.

In der Bundesrepublik Deutschland beträgt die Fehlbildungsrate 2%. Das bedeutet, daß nur ein kleiner Teil fehlgebildeter Embryos die Fetalstadien späterer Trimester erreicht, und es zeigt, daß bereits natürlicherweise ein strenger Selektionsprozeß besteht, so daß nur wenige Kinder mit Fehlbildungen ausgetragen werden.

Es stellt sich daher die Frage, inwieweit der Mensch in einen solchen Differenzierungsprozeß eingreifen darf, entweder, indem er den drohenden Abort eines geschädigten Embryos verhindert, oder Neugeborene mit schwersten Fehlbildungen, die ohne weitere Eingriffe sterben würden, am Leben erhält, oder umgekehrt, indem er fehlgebildete oder gesunde Feten einer Schwangerschaftsunterbrechung unterwirft. Da von 92 bisher antenatal diagnostizierten fetalen Erkrankungen ca. 70 kinderchirurgischer Natur sind (Beardmore 1984), ist der Kinderchirurg in besonderem Maße aufgerufen, gemeinsam mit dem Geburtshelfer und Pädiater sowie besonders mit den Eltern zur Entscheidungshilfe beizutragen.

Dabei soll in der vorliegenden Arbeit geprüft werden, inwieweit intrauterine Eingriffe das nachgeburtliche Schicksal fehlgebildeter Neugeborener positiv beeinflussen können.

Da gegenwärtig nur bei etwa 6 Fehlbildungsformen intrauterine chirurgische Eingriffe im Sinne von Operationen vorgenommen worden sind, sollen diese Fehlbildungen im Vordergrund der folgenden Abhandlung stehen. Im wesentlichen handelt es sich dabei um den angeborenen Hydrozephalus, die Myelomeningozele, die bilaterale Hydronephrose, die Zwerchfellhernie und Zwerchfellücke sowie die Gastroschisis und Omphalozele.[1]

---

[1] Hydrozephalus: Wasserkopf; Myelomeningozele: Spaltbildung des Rückenmarks; Hydronephrose: Wasserniere; Gastroschisis: Bauchwandspalte; Omphalozele: Nabelschnurbruch.

Hydrozephalus

Die Inzidenzrate eines isolierten angeborenen Hydrozephalus beträgt 1:1000. Dazu kommen die Patienten mit einer Myelomeningozele, d.h. einer Rückenmarkspalte hinzu, so daß mit etwa 1–3 Hydrozephalusfällen pro 1000 Geburten zu rechnen ist.
Die Ursache der Erkrankung besteht in einer Störung der Zirkulation der Hirnflüssigkeit unterschiedlichster Genese mit Erweiterung oder Zerstörung der Hirninnenräume (Abb. 1).
Handelt es sich lediglich um eine Verlegung der Hirninnenräume im Bereich des 4. Ventrikels am Übergang zur Schädelbasis, so kommt es zu einer symmetrischen Erweiterung der Hirninnenräume, die durch Einlage einer Shuntverbindung zwischen Ventrikelsystem und rechtem Herzvorhof oder Bauchraum operativ erfolgreich behandelt werden kann (Abb. 2).
Liegen jedoch beispielsweise im Gefolge einer Hirnhautentzündung oder einer Hirnblutung schwere Defektheilungen mit Hirnschädigungen oder bei Gehirnfehlbildungen Ausfälle größerer Hirnareale vor, so ist mit einer schweren Hirnschädigung zu rechnen, die auch eine Liquorableitung nicht sanieren kann.
Um die Zunahme eines angeborenen Hydrozephalus zu verringern und mögliche Hirnschädigungen durch Drucksteigerungen in den Hirninnenräumen zu vermeiden, wurden insbesondere von Harrison et al. (1981), aber auch von Michejda et al. (1981, 1984) intrauterine Shuntverbindungen entwickelt. Dabei wurden von Michejda neugeborenen Rhesusaffen Schraubenkugelventile mittels eines Fetoskops im letzten Tragzeitdrittel implantiert. Durch den so geschaffenen ventrikuloamniotischen Shunt, d.h. der Shuntverbindung zwischen Hirninnenräumen und Amnionflüssigkeit des Kindes, überlebten 18 von 19 Versuchstieren und zeigten

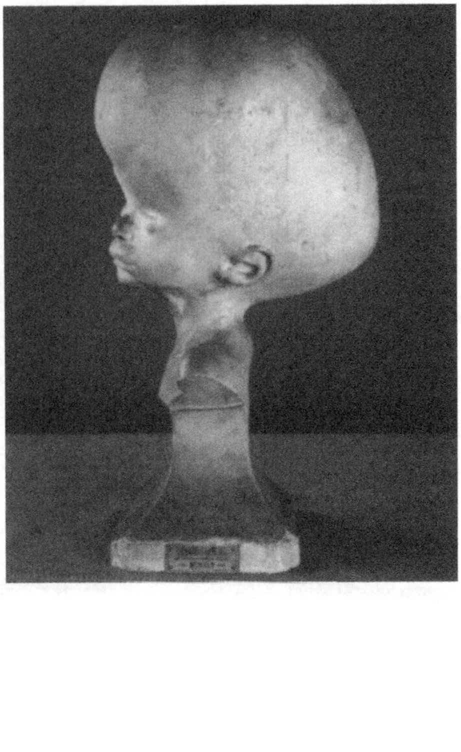

Abb. 1. Hydrozephalus mit ausgeprägter Symptomatik: vorgewölbte Stirn, kleine Schädelbasis, großer wassergefüllter Hirnschädel. (Frühere Moulagensammlung des Dr. von Haunerschen Kinderspitals der Universität München)

nach der Geburt eine signifikante Verbesserung ihrer motorischen Fähigkeiten und eine Gewichtszunahme.

Die Ventrikel bei den intrauterin geshunteten Tieren wiesen eine normale Größe auf, die weiße Hirnrinde war nicht verschmälert. Glick et al. (1984) führten die gleichen Versuche beim Lamm- und Affenfeten durch. Sie jedoch konnten histopathologisch zeigen, daß die pränatal geshunteten Tiere nur eine geringfügige Verbesserung der präoperativen anatomischen Situation aufwiesen.

Sowohl die Affen mit einer liquorableitenden Operation als auch die Kontrollgruppe zeigten ernste Entzündungen des Ventrikelsystems. Weitere Komplikationen bei Lämmern und Affen waren subdurale Ergüsse, Ventilinfektionen, Ventrikelinfektionen und Fehllagen des Shunts. Glick et al. schlossen aus ihren Ergebnissen, daß die intrauterine Entlastung eines Hydrozephalus zwar die Überlebensrate erhöhen kann, aber histopathologisch die Hirnschädigung nicht zu verbessern vermag und zudem mit einer signifikanten Komplikationshäufigkeit verbunden ist.

Aus diesem Grunde ist man bei der Anwendung eines intrauterinen Shunts beim Menschen nach anfänglichem Optimismus zurückhaltend geworden. Golbus et al. (1984) fanden unter 26 Schwangerschaften mit fetalem Hydrozephalus, welche einem exakten pränatalen Programm für eine eventuelle Eignung zur pränatalen Therapie unterzogen worden waren, nur 11 Kinder, die eine Ventrikelerweiterung ohne Begleitfehlbildungen aufwiesen und damit für einen Shunt in Betracht zu ziehen wären.

Bei 3 dieser Fälle lag jedoch eine Zwillingsschwangerschaft vor, bei der ein Eingriff nicht indiziert erschien, da sonst der gesunde Zwilling gefährdet wäre. Bei 10 Kindern lagen als unheilbar einzustufende Begleitfehlbildungen vor, so daß auch hier ein Eingriff nicht in Frage kam.

Nur bei 10 Patienten bestand eine isolierte Ventrikelerweiterung, jedoch hier fand sich bei mehrfachen Ultraschallkontrollen keine Progredienz des Hydrozephalus. Nur bei einem Fetus wurde zwischen der 33. und 37. SSW eine Zunahme der Ven-

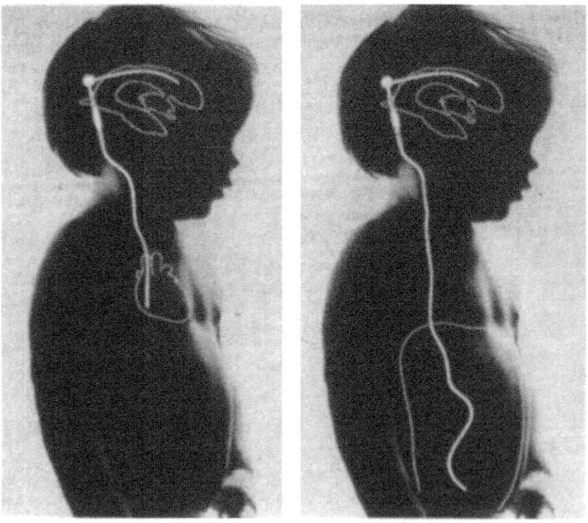

Abb. 2. Schematische Darstellung einer ventrikulo-atrialen und ventrikulo-peritonealen Shuntverbindung (liquorableitendes Ventilsystem zwischen Hirninnenräumen und Herzvorhof einerseits oder Hirninnenräumen und Bauchhöhle andererseits)

trikelweite beobachtet, aber ausgerechnet dieser Knabe benötigte bis zum Alter von 2 Jahren kein Ventil und entwickelte sich unauffällig.
Das zeigt, daß ein pränatal diagnostizierter Hydrozephalus in seiner Entwicklung völlig unterschiedlich und unvorhergesehen verlaufen kann. Zweifelsfrei gibt es Fälle mit einem etwa ab der 27. SSW zunehmendem Hydrozephalus, die eine vorzeitige Entbindung ggf. per Kaiserschnitt erforderlich machen. Da jedoch bis heute keine Klarheit darüber besteht, ob in diesen Fällen eine intrauterine Shuntanlage tatsächlich zu einer günstigeren Entwicklung der Hirnsubstanz führen würde, kann über den Nutzen einer solchen Maßnahme zum gegenwärtigen Zeitpunkt noch nichts ausgesagt werden.

Myelomeningozele

Die Häufigkeit einer Myelomeningozele liegt in der Bundesrepublik bei 0,6–1%. Dabei umfaßt das Krankheitsbild der Rückenmarkspalte in 20,4% Patienten, bei denen lediglich ein gespaltener Wirbelbogen vorliegt, der meist symptomlos verbleibt oder geringfügige Blasenentleerungsstörungen nach sich zieht (Abb. 3).
In 23% der Fälle bestehen Meningozelen, d. h. Spaltbildungen des Rückens ohne Beteiligung des Rückenmarks, so daß hier nach Verschluß der Rückenmarkhäute eine komplette Heilung erzielt werden kann.
Bei den Spaltbildungen des Rückenmarks ist neben den Hirnhäuten und Wirbelkörpern auch das Rückenmark gespalten und in eine Platte umgewandelt. Die

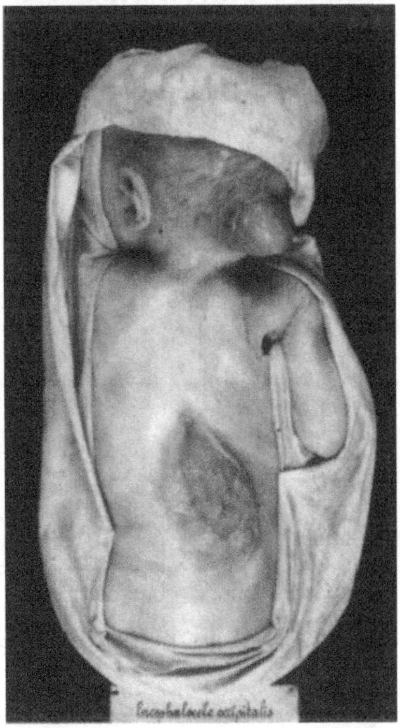

Abb. 3. Okzipitale Enzephalozele und thorakolumbale Myelomeningozele: geschlossene Spaltbildung mit Vorwölbung des Gehirns und der Hirnhäute im Bereich des Hinterkopfs und offene Spaltbildung mit freiliegender Rückenmarkplatte im Bereich der Brust- und Lendenwirbelsäule. (Naturgetreue Darstellung der ehemaligen Moulagensammlung des Dr. von Haunerschen Kinderspitals der Universität München)

Auswirkung der Fehlbildung ähnelt einem Schrotschuß in eine Telefonzentrale. Ein Teil der die Zentrale (Gehirn) mit der Peripherie (Blase, Mastdarm, Extremitäten) verbindenden Bahnen ist vollständig geschädigt, ein Teil bleibt erhalten, ein Teil ist teilweise ausgefallen und kann evtl. später Funktionen anderer ausgefallener Bahnen übernehmen. Es kommt zu Klumpfußbildungen, Kniegelenkkontraktionen, Hüftgelenkluxationen als Folge des entstehenden muskulären Ungleichgewichts zwischen Agonisten und Antagonisten an den Gelenken. Des weiteren finden sich Blasen- und Mastdarmlähmungen, neurologische und sensorische Ausfälle an den unteren Extremitäten, Schädigungen im Bereich der oberen Harnwege sowie meist aufgrund einer Fehlbildung des Gehirns ein Hydrozephalus.

Aufgrund einer großen Literaturübersicht, die wir 1976 durchgeführt haben, beträgt die Mortalität nichtoperierter Patienten im 1. Lebensjahr 90,3% (Holschneider 1976). Nach 3 Jahren leben noch 9,7%, nach 5 Jahren 7,9% (Tabelle 1).

Im Falle eines Defektverschlusses beträgt die Mortalität im ersten Lebensjahr 30,7%. Nach 3 Jahren leben noch 69,3%, nach 5 Jahren 63,5%, nach 8 Jahren 47,5% (Tabelle 2). Das heißt, eine postpartale Operation führt zu einem deutlich längeren Überleben der Kinder, allerdings behalten sie ein schweres Handicap. Aus diesem Grunde sind vor 1959, d.h. vor Einführung der liquorableitenden Shuntsysteme noch ⅔ aller Patienten verstorben, nur ⅓ überlebte.

Heute ist die Situation umgekehrt. Wird jedoch ein operativer Eingriff bei diesen schwerstgeschädigten Kindern nicht durchgeführt, so nimmt man einen langsam wachsenden Wasserkopf in Kauf, der zu zusätzlichen weiteren Schädigungen führt.

Dies kann sogar so weit gehen, daß das Kind nicht in der Lage ist, die Kopfkontrolle zu beherrschen, so daß schließlich rein aus pflegerischen Gründen ein Ventil eingelegt werden muß.

Auf der anderen Seite ist jedoch der Entschluß zu einer Operation bei Patienten mit einer besonders hochsitzenden thorakalen Myelomeningozele sehr schwer, da insgesamt 72,4% der Patienten einen Hydrozephalus entwickeln, 77,6% unter

Tabelle 1. Angaben verschiedener Autoren zu den Überlebenszeiten (in Monaten) bzw. den Anteilen (in %) von überlebenden Patienten *ohne* operativen Verschluß der Myelomeningozele (n = 10030). (Aus Holschneider 1976, S. 1070)

Autoren	n	Überlebendenanteil (in %) je Überlebenszeit (Monate)					
		1	3	6	12	24	60
Laurence 1966	315					22,7	21,2
Rickham u. Mawdsley 1966	57					8,7	3,5
Laurence u. Tew 1971	274						13,5
General Register (Lorber 1971)	9143	27		11			
Hide et al. 1972	99	58,6	36,4	21,3	7,1	6,1	2,1
Stark u. Drummond 1973	63		19	15	12	10	6
Smith u. Smith 1973	79	53	30	16	10	6	1,2
Gesamt	10030	46,2	28,5	15,6	9,7	10,7	7,9

Tabelle 2. Angaben verschiedener Autoren zu den Überlebenszeiten (in Monaten) bzw. den Anteilen (in %) überlebender Patienten *mit* operativem Verschluß der Myelomeningezele (n = 1417). (Aus Holschneider 1976, S. 1070)

Autoren	n	Überlebendenanteil (in %) je Überlebenszeit (Monate)					
		1	6	12	24	60	96
Smith 1965	111				74,8	57,6	41,4
Lorber 1971	524	83		62	57	42	41
Heiming 1973	172	93,6	82	77,1	76,8	75,6	
Ames u. Schut 1972	171	93,6	88,9	84,5	84,5	80,6	
Smith u. Smith 1973	159	83,7		62,4	60,5	56	
Stark u. Drummond 1973	78		80	77	76	71	
Lister 1975	202					62	60
Gesamt	1417	88,5	83,6	72,6	71,6	63,5	47,5

Tabelle 3. Zusammenfassung der wichtigsten günstigen und ungünstigen Ergebnisse verschiedener Autoren bei der Behandlung von Patienten mit Myelomeningozele (Spaltrücken); *links:* günstige Ergebnisse; *rechts:* ungünstige Ergebnisse der Literaturübersicht. (Aus Holschneider 1976, S. 1074)

Ergebnis	[%]	Ergebnis	[%]
Kein Hydrozephalus	27,6	Shuntbedürftiger Hydrozephalus	59,3
Normale oder nur gering eingeschränkte Gehfähigkeit	22,4	Schwere Bewegungseinschränkung	34,8
		IQ < 65	6,5
IQ > 80	66	Sonderschule und/oder unerziehbar	10,5
Normalschule	44,5	Schule für Körperbehinderte	45,1
Weitgehend urinkontinent	23,5	Urininkontinent	30,9
Stuhlkontinent	71,6	Trocken nur mit Hilfsmitteln	45,7
		Stuhlinkontinent	28,6

Bewegungseinschränkungen leiden, wobei fast die Hälfte Beinschienen, Krücken oder sogar einen Rollstuhl benutzen muß (Tabelle 3).

30,9% der Kinder sind vollständig urininkontinent, 45,7% sind nur mit Hilfsmitteln wie Urinalen, Pampers, Ausdrücken der Blase oder intermittierendem Katheterisieren der Harnblase trocken. Hinzu kommen erhebliche Erziehungs- und Familienprobleme. Das Eheleben von 50 Familien, die von Tew et al. (1974) nachuntersucht wurden, war nach 9 Jahren nur noch in knapp der Hälfte zufriedenstellend. Es kommen Probleme für die Geschwister der Spina-bifida-Kinder hinzu und ganz besonders für das Spina-bifida-Kind selbst, wo Lorber u. Schloß (1973) insbesondere beim jugendlichen Patienten eine erhebliche Vereinsamung, Ablehnung durch die Gesellschaft und Integrationsprobleme feststellen mußten.

Dies wiegt besonders schwer, da das Myelomeningozelen-Kind normal intelligent ist. Die sozialen Probleme sind gerade deshalb so deprimierend, weil unsere Gesellschaft die Isolation der Kinder häufig verschärft.

Diese erschütternden Zahlen sind auch der Grund, warum heute bei vielen Feten mit einer hochsitzenden Myelomeningozele ein Schwangerschaftsabbruch vorgenommen wird. Interessant sind jedoch in diesem Zusammenhang Untersuchungen von Michejda et al. (1981, 1984), die an dem von Hodgen entwickelten Primatenmodell eine Myelomeningozele erzeugten, wobei die Rhesusäffchen die gleichen neurologischen Veränderungen zeigten wie Säuglinge mit Myelomeningozele. Wurden jedoch die Knochendefekte der Wirbelsäule beim Affenfetus durch eine allogene Knochenpaste verschlossen, so zeigten die so behandelten neugeborenen Äffchen keine Lähmung oder nur wesentlich geringfügigere neurologische Ausfälle der unteren Extremitäten, der Blase und des Mastdarms. Eine solche komplexe Therapie ist jedoch beim Menschen bisher nicht durchgeführt worden und z.Z. auch nicht durchführbar.

Das bedeutet, daß die intrauterine Diagnostik es zwar heute erlaubt, eine Myelomeningozele pränatal zu diagnostizieren, jedoch derzeit nicht zu therapieren. Man muß sich jedoch darüber klarwerden, daß man durch einen Schwangerschaftsabbruch das Problem der Selektion, wie es Lorber 1971 gefordert hat, nicht aus der Welt schafft, sondern nur in das Dunkle des Mutterleibs zurückverlagert. Gerade bei der schweren, hochsitzenden Myelomeningozele mit ihrer Summation von Fehlbildungen fällt jedoch die Entscheidung zum Schwangerschaftsabbruch um so leichter, je stärker fehlgebildet der Fetus ist, je jünger die Eltern sind, je geringer der Kinderwunsch und je größer die Chance für die Mutter ist, weitere gesunde Kinder zu bekommen.

Kongenitale Hydronephrose

Intrauterine Operationen werden heute auch bei schweren Fehlbildungen des Urogenitaltrakts, insbesondere bei beidseitigen Wassernieren, durchgeführt. Bei der kongenitalen Hydronephrose handelt es sich um eine Erweiterung des Nierenbeckens und seiner Kelchsysteme, die zustande kommt, wenn der Druck im Nierenbecken 20 cm Wassersäule übersteigt. Die fortschreitende Dilatation führt schließlich zur Zerstörung des Nierenparenchyms. Die Folge ist ein Oligo- oder Hydramnion, d.h. es wird zu wenig Fruchtwasser gebildet, wodurch die Atembewegungen des Kindes nicht mehr möglich sind und eine Lungenentwicklung unterbleibt. Es kommt zur Lungenhypoplasie.

Die Hydronephrose beruht entweder auf einem Abflußhindernis in Höhe des Nierenbeckens oder in Höhe der Einmündung des Harnleiters in die Blase oder auf einer Obstruktion der Harnröhre (Abb. 4).

Bei einseitigen Hydronephrosen kann die gesunde Niere die eingeschränkte Nierenfunktion der erkrankten Seite kompensieren. Bei schweren doppelseitigen angeborenen Wassernieren kann jedoch die Nierenfunktion bereits intrauterin so weit geschädigt sein, daß es zum Fruchttod kommt.

Aus diesem Grunde wurde von Harrison et al. (1981, 1983) ein Tiermodell entwikkelt, wobei es durch Unterbindung der Harnröhre und des Urachus zur Erweiterung der Blase, der Harnleiter und der Nieren mit signifikanter Lungenhypoplasie bei 17 Lammfeten kam. Nach 2–4 Wochen wurden die Fehlbildungen durch Anlegen einer Blasenfistel korrigiert. Von den 4 nichtbehandelten Lämmern starben 3 trotz Beatmung, während die 7 behandelten überlebten.

Die intrauterine Entlastung der Hydronephrose ermöglichte somit eine Rückbildung der Hydronephrose und ein normales Lungenwachstum. Ähnliche Ergebnisse wurden auch von anderen Autoren berichtet. Die Anwendung beim Menschen hingegen, entweder durch von mehrfache Blasenpunktionen oder auch

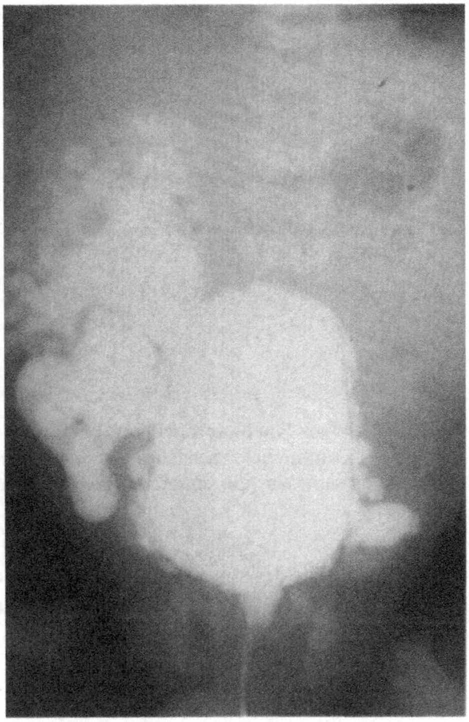

Abb. 4. Erhebliche stauungsbedingte Hydronephrose bei einem Neugeborenen: Wasserniere und Wasserharnleiter bei gleichzeitiger Blasenvergrößerung

durch Implantation eines Dauerkatheters mit Ableitung durch die Bauchdecken nach außen, sowie die später durchgeführten Shuntverbindungen zwischen kindlichem Nierenbecken und Amnionflüssigkeit oder kindlicher Blase und Amnionhöhle versprechen jedoch wenig.
Technische Schwierigkeiten, wie Verstopfen und Dislokation der Katheter, waren nicht selten (Holschneider 1986).
Von 11 der überlebenden Kinder mit intrauterinen Shuntverbindungen hatten 5 eine beidseits erhaltene Nierenfunktion, 4 starben an Lungenhypoplasie, 3 an assoziierten Fehlbildungen und 1 aus unbekannter Ursache.
Diese Ergebnisse deuten an, daß viele der schwer betroffenen Feten nicht gerettet werden können, da die früh eingetretenen und lang bestehenden Lungen- und Nierenveränderungen irreversibel sind. Deshalb ist zum jetzigen Zeitpunkt auch hier eine Operationsindikation nicht gegeben:
Nur bei bilateralen progredienten Läsionen mit sich verstärkendem Oligohydramnion vor dem letzten Schwangerschaftsdrittel und wenn der Fetus zur sofortigen Entbindung und sofortigen postnatalen Dekompression zu unreif ist, könnte eventuell einmal ein intrauteriner Eingriff gerechtfertigt sein, da die vorhersehbare eintretende Lungenhypoplasie und Nierenschädigung mit dem postpartalen Leben unvereinbar sind.
In allen anderen Fällen kann jedoch die postpartale Operation mit evtl. zeitlich gestaffelten verschiedenen operativen Eingriffen die Nierenfunktion in den mei-

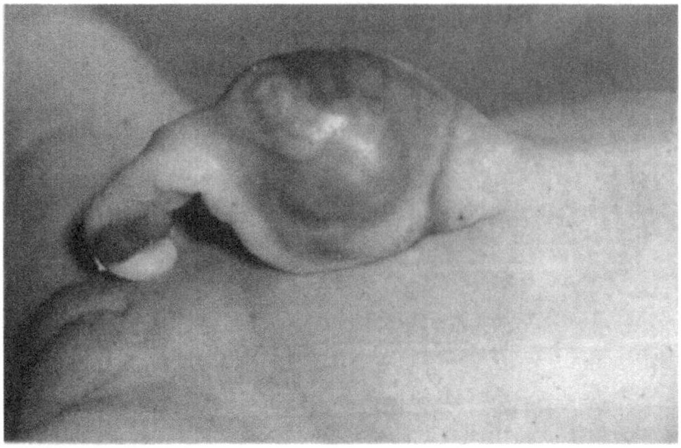

Abb. 5. Kleiner Nabelschnurbruch (Omphalozele); bei einer solchen Fehlbildung können allerdings auch sämtliche Darmschlingen sowie Leber, Milz und Magen in den Nabelschnurbruch vorgefallen sein, was die operative Wiederherstellung der Bauchwand erheblich erschwert

sten Fällen wiederherstellen. Lediglich beim Potter-Syndrom mit so weit fehlgebildeten Nieren, daß eine Nierenfunktion nach menschlichem Ermessen ausgeschlossen ist, sind Therapieversuche von vornherein zum Scheitern verurteilt.

Omphalozele und Gastroschisis

Abschließend sei noch auf das Krankheitsbild der Omphalozele und Gastroschisis hingewiesen. Bei der Omphalozele besteht eine Vorverlagerung von Eingeweiden in das persistierende extraembryonale Zölum der Nabelschnur (Abb. 5).
Die Gastroschisis wird in der Literatur kontrovers als rupturierte Omphalozele oder Bauchwandspalte diskutiert (Abb. 6).
Die Mißbildung kommt in etwa 1 bis 4 Fällen bei 6000 Geburten vor. Während bei der Omphalozele Begleitfehlbildungen in 50-60% der Fälle beobachtet werden, wie Darmverschlüsse, Darmstenosen, Herzfehler u.a. und größtenteils schwerwiegender Natur sind, kommt es bei der Gastroschisis nur bei etwa 6-10% der Feten zu Begleitfehlbildungen, die zudem die Prognose wesentlich weniger beeinträchtigen, da es sich vorwiegend um gut zu korrigierende sekundäre Veränderungen handelt. So liegt die Mortalität bei der Gastroschisis im eigenen Krankengut heute bei Fällen ohne Begleitfehlbildungen unter 5%, bei Fällen mit Begleitfehlbildungen unter 20%. Bei der Omphalozele hingegen bei 50-60%.
Hinzu kommt, daß bei der Omphalozele gehäuft Mißbildungssyndrome mit kombinierten schwerwiegenden Fehlbildungskomplexen anderer Organsysteme vorliegen.
Pränatale chirurgische Konsequenzen ergeben sich auch bei der Gastroschisis und Omphalozele nicht, zumindest nicht im Sinne eines operativen Eingriffs, da die schweren Begleitfehlbildungen der limitierende Faktor sind und durch einen intrauterinen Eingriff nicht beeinflußt werden können.
Aus diesem Grunde haben auch Haller et al. (1974) sowie Sherman et al. (1973),

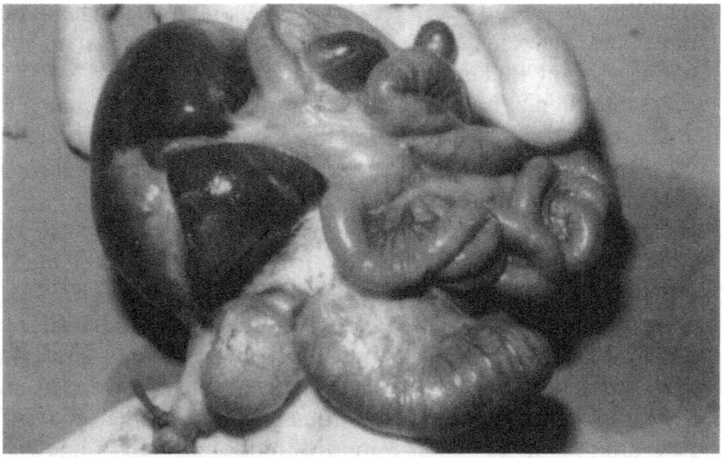

Abb. 6. Bauchwandspalte (Gastroschisis): Vorfall von Leber, Darm, Magen und Blase durch eine Bauchwandspalte; das Kind hat überlebt

obwohl sie bereits vor über 10 Jahren am Schaf die Pathophysiologie der Gastroschisis studierten und Bauchwandverschlüsse intrauterin durchführten, bisher keine Notwendigkeit gesehen, ihre Erfahrungen beim Menschen anzuwenden. Dies gilt insbesondere auch deshalb, weil sowohl Omphalozelen mit vorgefallener Leber wie Gastroschisen postpartal, wenn auch gelegentlich in mehrfachen Sitzungen und nicht immer problemlos, verschlossen werden können.
Die Risiken einer postpartalen Operation sind jedoch mit Sicherheit geringer als die eines intrauterinen Eingriffs.

Zwerchfellücke, Zwerchfellhernie

Das gleiche gilt für die angeborene Zwerchfellhernie und Zwerchfellücke, bei der das Zwerchfell nicht zu einer den Bauchraum gegen den Thoraxraum abgrenzenden Platte verschmolzen ist, sondern ein mehr oder weniger großer Defekt bestehen bleibt. Dies kommt in einer Häufigkeit von 1:2000 Lebendgeborenen vor.
Organe des Bauchraums dringen dabei in den Brustraum vor, wodurch die Entwicklung der Lunge behindert und ein Beharren auf dem fetalen Durchblutungsmuster der Lunge mit schweren Rechts-links-Shunts induziert wird. Die Mortalität dieser Erkrankung ist deshalb außerordentlich hoch, insbesondere wenn die Krankheitssymptome bereits innerhalb der ersten Lebensstunden eintreten.
Die schweren Begleitfehlbildungen in Form des persistierenden Rechts-links-Shunts und des fetalen Lungenperfusionsmusters erschweren auch hier die postoperativen Bemühungen. Inwieweit diese Erscheinungen durch einen intrauterinen Eingriff positiv beeinflußt werden könnten, ist bis heute nicht bewiesen. Erfahrungen von Haller et al. (1976) sowie später von Harrison et al. (1980) und Hardy et al. (1982) beim Tier waren nicht ungünstig.
Trotzdem können die Ergebnisse dieser Tierversuche nicht auf den Menschen übertragen werden, da sie zum einen nicht die Art und das Ausmaß der Begleit-

fehlbildungen, zum anderen – und das ist das Entscheidende – nicht den Zeitpunkt des Entstehens der Zwerchfellücke und damit das Ausmaß der Lungenhypoplasie in ihr Behandlungskonzept miteinbeziehen.
Folgt man den zahlreichen Beobachtungen der kindlichen Zwerchfellhernien und -defekte, so müßte der Zwerchfellverschluß intrauterin nach sicherem Ausschluß von Begleitfehlbildungen möglichst früh erfolgen, um eine adäquate Lungenentwicklung zu ermöglichen.
Dies ist jedoch, wie in den Tierversuchen deutlich wird, mit einer erheblichen Abortrate verbunden. Wird der Eingriff jedoch zu einem späteren Zeitpunkt durchgeführt, ist er möglicherweise nicht mehr wirksam. Zudem ist nicht ausgeschlossen, daß Zwerchfelldefekt und Lungenhypoplasie auf ein gemeinsames multifaktorielles Fehlbildungsgeschehen zurückzuführen sind. Als Konsequenz muß daher angenommen werden, daß Feten mit schwerer Lungenhypoplasie und Begleitfehlbildungen auch durch einen intrauterinen Eingriff zu einem früheren Zeitpunkt kaum zu retten wären, wohingegen Feten ohne zusätzliche Begleitfehlbildungen und mit geringer Lungendysplasie auch postpartum chirurgisch behandelt werden könnten, wobei die Prognose ausgezeichnet ist.

Schlußfolgerungen

Aus den bisher vorliegenden Ergebnissen der Tierversuche ergibt sich, daß auch durch intrauterine operative Eingriffe die Prognose des angeborenen Leidens nicht mit Sicherheit verbessert werden kann. Der nachgeburtliche operative Eingriff zeigt zum gegenwärtigen Zeitpunkt noch das geringere Risiko und die größeren Erfolgsaussichten. Grenzen einer kinderchirurgischen Therapie sind allerdings bei schweren angeborenen Fehlbildungen des Gehirns mit deutlichen Defektbildungen gegeben sowie bei schweren Fehlbildungen des Rückenmarks, insbesondere bei hohen thorakolumbalen oder thorakalen Myelomeningozelen mit mehreren Begleitfehlbildungen anderer Organsysteme.
Hierbei ist jedoch zu berücksichtigen, daß die Kinder bei Unterlassen einer postnatalen Therapie in etwa 8–10% der Fälle überleben würden und durch das Unterlassen der Therapie bei den Überlebenden weitere Schäden eintreten würden.
Mit größter Zurückhaltung müssen operative Eingriffe bei Krankheitsbildern mit infauster Prognose, wie dem Patau-Syndrom, dem Edwards-Syndrom, der Osteogenesis imperfecta congenita Typ Vrolik, dem Anenzephalus und einigen anderen betrachtet werden.
Hier können operative Eingriffe höchstens symptomatisch, jedoch nicht lebensverlängernd und schon gar nicht heilend sein.
Schwere, komplexe angeborene Fehlbildungsformen stellen den Kinderchirurgen immer wieder vor schwierige Entscheidungen, da eine Heilung durch seine therapeutischen Maßnahmen nicht möglich ist, und die Patienten mit einer schweren Behinderung überleben.
Dies berechtigt jedoch auch bei diesen glücklicherweise seltenen Mißbildungen nicht zum Nihilismus. Es muß immer wieder neu für jeden Patienten eine individuelle Entscheidung gemeinsam mit den Eltern getroffen werden. Die dabei entstehenden Probleme können nicht nur rationell beantwortet werden, „... denn die

menschliche Vernunft hat das besondere Schicksal einer Gattung, daß sie durch Fragen belästigt wird, die sie nicht abweisen kann, denn sie sind ihr durch die Natur der Vernunft selbst aufgegeben, die sie aber auch nicht beantworten kann, denn sie übersteigen alles Vermögen der menschlichen Vernunft" (Immanuel Kant).

Literatur

Beardmore HE (1984) Controversies in pediatric surgery. Brooks/University of Texas Press, Austin, p 226-227

Glick PL, Harrison NR, Halks-Miller H, Adzick NS, Nakayama DK et al. (1984) Correction of congenital hydrocephalus in utero II: Efficacy of in utero shunting. J Pediatr Surg 19: 870-881

Golbus MS, Holzgreve W, Harrison MR (1984) Intrauterine Direktbehandlung des Feten. Gynäkologie 17: 62-68

Haller JA, Kehrer DH, Shaker IJ, Shermeta DW, Wylli RG (1974) Studies in the pathophysiology of gastroschisis in fetal sheep. J Pediatr Surg 9: 627-632

Haller JA, Signer RD, Golladay ES, Inon AE, Harrington DP, Shermeta DW (1976) Pulmonary and ductal hemodynamics in studies of simulated diaphragmatic hernia of fetal and newborn lambs. J Pediatr Surg 11: 676-680

Hardy KJ, Auldist AW, Shulkes A (1982) Congenital diaphragmatic hernia. Intrauterine repair in fetal sheep. Med J Aust 61: 223-225

Harrison MR, Jester JA, Ross MA (1980 a) Correction of congenital diaphragmatic hernia in utero, I. The model: Intrathoracic balloon produces fetal pulmonary hypoplasia. Surgery 88: 174-182

Harrison MR, Bressack MA, Chung AM, Lorimier AA de (1980 b) Correction of congenital diaphragmatic hernia in utero, II: Simulated correction permits fetal lung growth with survival at birth. Surgery 88: 260-268

Harrison MR, Golbus MS, Filly RA (1981) Management of the fetus with correctable congenital defect. JAMA 246: 747-777

Harrison MR, Ross NA, Noall R, Lorimier AA de (1983) Correction of congenital hydronephrosis in utero, I. The model: Fetal uretral obstruction produces hydronephrosis and pulmonary hypoplasia in fetal lambs. J Pediatr Surg 18: 247-256

Holländer HJ (1984) Die Ultraschalldiagnostik in der Schwangerschaft. Urban & Schwarzenberg, München Wien Baltimore, p 137 ff.

Holschneider AM (1976) Myelomeningocele - eine Herausforderung an Arzt und Gesellschaft? Klinische, juristische, moraltheologische und gesellschaftspolitische Gesichtspunkte zur Frage einer Selektion. Der Kinderarzt 7: 1068-1080

Holschneider AM, Baumgartner M, Mascott C (1986) Consequences of antenatal diagnosis for pediatric surgery. Prog Pediatr Surg 19: 184-196

Lorber J (1971) Results of treatment of myelomeningocele. An analysis of 525 unselected cases with special references to possible selection for treatment. Dev Med Child Neurol 13: 279-282

Lorber J, Schloss AL (1973) The adolescent with myelomeningocele. Dev Med Child Neurol 15 (suppl 29): 113-116

Michejda M (1984) Intrauterine treatment of spina bifida: Primate model. Z Kinderchir 39: 259-264

Michejda M, Hodgen DD (1981) In utero diagnosis and treatment of non-human primate fetal sceletal anomalies. I: Hydrocephalus. JAMA 256: 1093-1097

Michejda M, Bacher J, Kuwabara T, Hodgen GD (1981) In utero allogenic bone transplantation in primates. Transplantation 32: 96-100

Michejda M, Patronas N, Dichiro G, Hodgen GD (1984) Fetal hydrocephalus II. Amelioration of fetal porencephaly by in utero therapy in non-human primates. JAMA 251: 2548-2552

Sherman NJ, Asch MJ, Isaacs H, Rosenkrantz JG (1973) Experimental gastroschisis in the fetal rabbit. J Pediatr Surg 8: 165-169

Tew DJ, Bayne H, Laurence KM (1974) Must a family with an handicapped child be a handicapped family? Dev Med Child Neurol 16 (suppl 32): 95-98

Diskussion zu den Referaten v. Loewenich und Holschneider

HIERSCHE: Ich glaube, wir müssen einige Dinge noch etwas vertiefen. Zum ersten die Kriterien zum Therapieabbruch. Wir müssen uns hierbei fragen: Wie ist das mit dem zweizeitigen Vorgehen, nämlich zunächst intensivmedizinische Maßnahmen, um später zu klären, ob weitere internistische oder chirurgische Maßnahmen gerechtfertigt sind?
Wir müssen uns aber auch fragen - das klang bei Ihnen, Herr v. Loewenich an -: Wieviel Schädigung ist tolerabel und wem ist diese Schädigung zuzumuten?
Zu Ihrem speziellen Fall, Herr Holschneider: Wir müssen uns kritisch fragen, ob das genannte Mädchen diese ärztlichen Maßnahmen annimmt. Das Mädchen hat ja m. E. keine Chance mehr zu sagen: „Ich nehme das Krankheitsbild nicht an." Sie muß es durch Sie annehmen, weil es sonst nicht überleben kann.
Wir müssen uns außerdem die Frage stellen: Kommen wir in die Problematik der Organtransplantation bei Neugeborenen?
Ich wäre Ihnen dankbar, wenn wir nun die Diskussion über die Frage der Therapiemöglichkeiten, der Therapienotwendigkeiten und des Therapieabbruchs aus rein ärztlicher Sicht führen könnten. Ich bitte alle, sich dabei nicht in dem durch das Recht umgrenzten Raum zu bewegen, sondern etwas aus ihrer freien Entscheidung heraus zu sagen. Natürlich kann kein Arzt eine Entscheidung ohne eine ethische Einbindung treffen. Wir sollten versuchen, obwohl die ärztliche Heilkunde *keine* Naturwissenschaft ist, bei dem jetzigen Diskussionspunkt soweit wie möglich naturwissenschaftlich zu argumentieren.

ZANDER: Ich habe eine Frage zu den Definitionen dieses Symposions überhaupt. Das Hauptthema lautet: „Sterbehilfe bei schwergeschädigten Neugeborenen". Das, worüber wir bereits diskutiert haben, ist aber eigentlich gar nicht die Sterbehilfe, sondern es ist etwas ganz anderes. Wir sprechen hier über das, was im angloamerikanischen Schrifttum als „selective non-treatment of the handicapped newborn" bezeichnet wird. Das ist eine, wie ich finde, hervorragende pragmatische Definition.
Ich möchte fragen, ob man nicht auch in der weiteren Diskussion den Begriff der Sterbehilfe besser ganz herausnimmt und sich statt dessen mehr an diese pragmatische Definition hält, weil man damit, wie ich glaube, sehr viel weiter in das Zentrum der Problematik gelangt.

HIERSCHE: Herr Zander, ich habe einleitend gesagt, daß wir *nicht* über Sterbehilfe sprechen, und zwar aus 2 Gründen: 1. weil Sterbehilfe kein ärztliches Anliegen ist - wenn man es genau analysiert, betreiben wir nämlich Leidhilfe - und 2. weil ich es für gefährlich halte, von „Sterbehilfe" zu sprechen, nachdem die Ausuferung so

weit geht, daß man jetzt schon über Sterbehilfe nicht nur *im* Sterben, sondern *zum* Sterben spricht.
Ich möchte Ihnen nochmals versichern: Wir sprechen nicht über Sterbehilfe. Ich finde Ihren Einwand sehr gut und möchte alle bitten, daß sie dies bei ihren Fragen mit berücksichtigen.

LOCH: Herr Holschneider, mit unseren Mainzer Kinderchirurgen bzw. Neurochirurgen haben wir uns geeinigt, daß eine Operation nach der Entbindung stattfindet, wenn beim Hydrozephalus der Hirnmantel noch 2 cm dick ist. Sonst wäre eine Therapie nicht möglich, weil die Funktionen der Kinder sehr gestört sind.

v. LOEWENICH: Die Angabe von 2 cm ist sicher sehr rigoros. Wir wissen von größeren Patienten, daß es beim progressiven Hydrozephalus zu einer Dekompensation kommt, wenn eine Hirnmanteldicke von 1 cm *unter*schritten wird. Wir haben reihenweise Frühgeborene, die kleinere Köpfe haben, bei denen manche Stellen des Hirnmantels 5 mm dick sind, andere sind weiter. Man muß also schon sehr genau sagen, wo der Hirnmantel so dick sein soll. Bei 2 cm bleibt wenig übrig, was dann noch einer Therapie zugänglich wäre.

LOCH: Vielen Dank. Bei dem, was ich bisher gesehen habe, habe ich mir gesagt: Das hätte man lieber nicht operieren sollen.

v. LOEWENICH: Man darf nicht bloß auf den Hydrozephalus schauen, sondern man muß sehen, weswegen das Kind überhaupt einen Hydrozephalus bekommen hat. Es kann ja sein, daß eine tiefgreifende Schädigung dahintersteckt. Dann sieht die Sache ganz anders aus. Es ist nur die Frage, ob man das vorher herausbekommt.

HOLSCHNEIDER: Ihre Neurochirurgen sind da nicht genau informiert. Es gibt große Untersuchungen von Herrn Hemmer, die zeigen, daß es keine Relation zwischen der Hirnrindendicke und der Intelligenz gibt. Man kann nach einem gut drainierten Hydrozephalus auch Hirnrindendicken von etwa 0,5 cm wieder wachsen sehen, gerade beim kleinen Kind. Das ist also kein Kriterium.
Einem Schwangerschaftsabbruch würde ich bei schweren Hirnblutungen zustimmen, bei denen das Gehirn teilweise zugrunde geht. Bei schweren Hirndefekten - auch nach Meningitiden - würde ich, irgendwann nicht mehr behandeln, wenn ein Atemstillstand oder eine Infektion auftritt.

HIERSCHE: Vergessen wir doch nicht, daß der von Herrn Holschneider zitierte preußische Philosoph Kant auch einen Hydrozephalus hatte.

ULSENHEIMER: Im juristischen Schrifttum findet man das, was Sie hier an Gewichtsklasseneinteilung angegeben haben, auch. Man hat eine Untergrenze von etwa 500 g Geburtsgewicht gesetzt. Sie haben gesagt, das sei relativ willkürlich. Meinen Sie, daß nach unten irgendein Punkt kommt, an dem nicht mehr reanimiert werden sollte?

v. LOEWENICH: Man muß die Frage anders stellen. Es ist selbstverständlich, daß es irgendwo unreife Kinder gibt, die sich jeder Behandlung entziehen. Da können

wir machen oder lassen, was wir wollen – wir werden an dem Verlauf nichts ändern. Aber es ist sicher aus naturwissenschaftlich-medizinischer Sicht nicht berechtigt, irgendeine solche Linie zu ziehen; denn es gibt immer einmal Kinder, die noch kleiner sind. Gerade das Gewicht ist da ein schlechter Parameter. Er ist nur verführerisch, weil er sich relativ leicht bestimmen läßt.
Aber ich hatte ja auch schon klarzumachen versucht, daß selbst das nicht so leicht ist und nicht so genau zu definieren ist. Es gehört mit zu dieser Fluchtreaktion, die ich angesprochen hatte: beim 1. Wiegen zu entscheiden, was ist.
Im übrigen ist es so: Wenn Sie ein Kind haben, das schwer asphyktisch ist, und Sie fangen erst an, das Kind zu wiegen, dann können Sie gleich jede weitere Reanimation unterlassen. Dann hat man nämlich den 2. Schritt vor dem 1. getan. Es muß erst einmal die Vitalfunktion in Gang gebracht werden. Dann fängt man an, differenziert zu überlegen.
Das *Gewicht* ist sicher eine relativ unwichtige Größe. Bei Fragen bezüglich der Reife könnte man sich beispielsweise darauf verständigen: Sind die Augen noch total verschlossen? Das wäre zwar kein Funktionshindernis, aber ein Indikator, der etwas über eine extreme Unreife aussagt. Aber es sind auch schon 350-g-Kinder großgeworden – und zwar zu Zeiten, als noch kein Mensch eine Intensivpflege durchführte –, weil das extrem mangelgeborene Kinder waren, die reifer waren. Das zeigt schon, daß das Gewicht sicher ein ganz schlechter Indikator ist. Wir brauchen es nur zum Rechnen.

HIERSCHE: Es gibt aber doch eine Tragzeitgrenze (z. B. die 24 SSW), *vor* der die Lungen so unreif sein sollen, daß man selbst bei Intubation und Beatmung die Pneumozyten 2 nicht zur Ausreifung bekommt.

V. LOEWENICH: Das ist im Prinzip richtig, aber im Einzelfall durchaus nicht notwendigerweise; denn es gibt da – wie überhaupt in der Biologie – natürlich nach beiden Seiten eine Streuung.
Wir hatten ein sehr lehrreiches Beispiel: Ich erinnere mich an kinderpathologische Aussagen, daß die Lunge, auch wenn sie funktionell unreif ist, vielleicht ihre Funktion aufnehmen kann; aber es wirkt sich limitierend aus, wenn sie histologisch noch nicht aussieht wie eine reife Lunge, sondern wie eine fetale Lunge. Wir hatten vor einiger Zeit ein Zwillingspaar. Das 2. Zwillingskind ist kurz nach der Geburt an einer ganz massiven Hirnblutung verstorben. Der 1. Zwilling hat überlebt. Er ist auch später nach einigen Problemen gesund geworden. Er ist *auch* lungengesund geworden. Wir haben bei dem *verstorbenen* Kind eine Obduktion gemacht. Wir haben die Lungenpräparate gesehen. Sie sahen aus, wie wir es früher im histologischen Kurs als „fetale Lungen“ präsentiert bekamen. Das Ganze sah aus wie eine Drüse und nicht wie eine Lunge. Der andere Zwilling hatte schätzungsweise die gleiche Lunge; er hat überlebt.

HIERSCHE: Da muß ich noch einmal nachhaken. Wenn sich Zwillinge unterschiedlich entwickeln, dann sind das wohl chronische Störungen der Plazentafunktion. Ich meine, es muß doch irgendwo eine Zäsur der Unreife geben, so daß man sagen kann: Unterhalb dieser Tragzeit ist die Unreife noch so stark persistent, daß man mit einer intensivmedizinischen Maßnahme nichts erreichen kann.

v. LOEWENICH: Das wird man dann sehen, wenn man es macht. „Zäsur" heißt ja wörtlich „Schnitt". Es ist eben kein Schnitt, sondern es ist ein „Bereich". Wo sich das Individuum in diesem Bereich aufhält, weiß ich erst hinterher. Deswegen sollte ich nicht vorneweg ein Urteil über einen Sachverhalt fällen, den ich ja gar nicht kennen kann. Damit sind wir bei der von Ihnen erwähnten Frage nach der ein- oder zweizeitigen Entscheidung.

HIERSCHE: War nicht einmal aus neonatologischer Sicht die 24-Wochen-Tragzeitgrenze genannt worden, was die Lunge anbelangt?

v. LOEWENICH: Ja, aber nur im Sinne einer Daumenregel. Das könnte beispielsweise der Medianwert dieses Bereichs sein, es kann auch mehr dessen untere Grenze sein. Es ist sozusagen die Größenordnung beschrieben.

HIERSCHE: Für die Juristen unter uns ist es sehr wichtig, daß selbst diese Zeitgrenze nicht absolut zu sehen ist.

v. LOEWENICH: Man könnte andersherum fragen: Hätte man bei einem solchen Kind etwas machen müssen? Das hängt natürlich auch von den lokalen Möglichkeiten und vom lokalen Können ab. Wenn ich ein solches Kind lange transportieren muß, wird die Chance, etwas zu erreichen, geringer, als wenn ich optimale Bedingungen habe.

EWERBECK: Ich glaube, es ist wichtig, da Juristen hier sind, daß wir nicht von „Grenzen bei der Beatmung" sprechen. Bei den Kindern zwischen 500 und 700 g, die Herr v. Loewenich geschildert hat, befinden wir uns, was die Erfolgschancen angeht, mit Sicherheit noch im *Experimentierstadium*.
Wir sind sehr glücklich, wenn wir Kinder sehen, die nachher „etwas geworden sind". Wir sind aber sehr unglücklich, später schwerstgeschädigten Kindern ggf. begegnen zu müssen, deren Überleben wir zu verantworten haben, weil wir sie beatmet haben. Das muß man ganz nüchtern sehen.
Herr v. Loewenich hat zu Anfang gesagt, daß man sich in der Versuchung befindet zu sagen: „Hände weg und Augen zu!" Es gibt auch die umgekehrte Fluchtreaktion: „Gedanken ausschalten und handeln, nicht daran denken, was daraus wird, sich nicht darüber im klaren sein, daß dieses ein Mensch ist, der für unsere Handlungen ein ganzes Leben lang zu bezahlen hat."
Ich meine, wir sollten in der Diskussion, gerade weil die Juristen hier sind und sehr auf alle Zeichen achten, mit welcher inneren Einstellung wir unsere Probleme lösen, doch noch einmal sehr deutlich aussprechen, daß es uns nicht vor allem um die Kinder mit mehr oder minder schweren körperlichen Mißbildungen geht, die man natürlich korrigieren kann, auch wenn es lange Wege sind, sondern daß wir unsere Probleme mit all den Kindern haben, die entweder schon intrauterin erkennbar oder bei bzw. nach der Geburt erkennbar ein zerstörtes und nicht gebrauchsfähiges Nervensystem haben. Hier müssen wir handeln oder nicht handeln. Beim Nichthandeln können wir uns im Auge *mancher* Juristen schuldig machen – ich will nicht sagen: *aller* Juristen –, und beim Handeln, ob mit oder gegen die Entscheidung der Eltern, können wir uns schuldig machen, indem wir ein unglaubliches Leid für dieses Individuum heraufbeschwören. Ob es nun 2 oder 4 oder 10 oder 20 Jahre sind – es ist ein Leben, zu dem man einen Menschen

verurteilt; ein „Leben", zu dem man ihn als Jurist wegen einer Straftat mit Sicherheit nicht verurteilen würde. Wir verurteilen ihn, ohne daß er irgendwie straffällig geworden wäre.
Bezüglich der Mitentscheidung der Eltern hat Herr Zander schon darauf hingewiesen, und ich möchte es hier unterstreichen: Es ist zwar eine juristische und für viele von uns Ärzten eine menschliche Erleichterung, wenn wir sagen: „Ich habe das in stundenlangen Gesprächen mit den Eltern besprochen, die Eltern haben es akzeptiert, die Eltern wollen es", aber es ist so, wie Herr Zander es sagte, nämlich daß wir die Eltern gerade in einer solchen Situation führen. Die Mutter, die merkt, daß in ihrem Leib ein mißgebildetes Kind wächst, ist *nicht* entscheidungsfähig. Auch Eltern, die kurz nach der Geburt eines mißgebildeten Kindes vor eine solche Entscheidung gestellt werden, sind *nicht* entscheidungsfähig. Sie müssen juristisch die Entscheidung mittragen, aber es ist eine Scheinentscheidung. Wir müssen m. E. ehrlicherweise zugeben, daß in Wirklichkeit wir als Ärzte die Entscheidung bei den Eltern hervorrufen, und zwar durch den Weg der Aufklärung, durch unsere innere Haltung.
Man muß davon ausgehen, daß die meisten Ärzte ihren Beruf mit einer angeborenen oder erworbenen Hilfsbereitschaft angetreten haben. Wir wollen ja helfen, wir wollen auch erfolgreich helfen, wir wollen vor allem jetzt erfolgreich helfen. Viele Erfolge sehen wir nach 2 oder 5 Jahren nicht mehr, weil die Patienten dann in den Händen anderer Ärzte oder der Fürsorge sind.
Dies alles sollte mit in die Diskussion eingebracht werden. Das hat in meinen Augen überhaupt nichts mit Ethik zu tun, sondern es ist eine ganz normale menschliche Haltung: Sind wir bereit zuzugeben, daß *wir* die Entscheidung treffen, auch wenn wir die Eltern, aber nur zum Schein, miteinbeziehen?

v. Loewenich: Herr Ewerbeck, Sie haben gerade gesagt, wir befänden uns im experimentellen Bereich. Wir verstehen natürlich, wie das gemeint ist. Aber vielleicht darf ich dazu erklären, daß nicht die Anwendung experimenteller Methoden gemeint ist, sondern die etablierter Methoden. Es ist vielleicht eher ein Herausschieben von Bereichen unserer Möglichkeiten. Aber es ist *nicht ein Experimentieren am Patienten.* Ich möchte nicht, daß das falsch verstanden wird. Es sind etablierte Methoden.
Eine andere Frage ist: Welche Ansprüche stellen wir an das, was wir erreichen wollen? Jeden von uns drückt es: Herr Ewerbeck hat es sehr gut gesagt: Es gibt Patienten, bei denen wir uns am liebsten davonmachen würden, wenn wir sie sehen. Die wollen wir nicht so gern sehen, weil sie für uns ein lebender Vorwurf sind. Die Frage ist natürlich, in welchem Ausmaß man als Therapeut immer damit leben muß.
Erinnern Sie sich bitte an das, was in den 50er Jahren war, als 70–80% dieser Kinder schwergeschädigt waren. Da hätte man eigentlich verbieten müssen, sich Kindern unter 1500 g überhaupt zuzuwenden. Ich habe bereits gesagt: Heute sind das für uns *große* Kinder. Wir erwarten, daß sie alle quantitativ – von Vorschädigungen einmal abgesehen – ohne Schäden überleben.
Manchmal kommt mir auch der Gedanke: Sind wir vielleicht nicht auch sehr unbescheiden geworden, wenn wir sagen: „Diese ganz kleinen Kinder haben in 20% der Fälle Schäden"? Das ist für den Betroffenen natürlich ein fürchterliches

Unglück; es ist für die Familie ein fürchterliches Unglück. Aber die andere Frage lautet natürlich auch: Was erwarten wir eigentlich noch von unserer Therapie? Trotzdem ist dieser Stachel im Fleisch für uns alle notwendig, damit wir weitermachen und uns Gedanken darüber machen, wie weit wir im Einzelfall gehen dürfen. Dieser Stachel im Fleisch dient natürlich auch dazu, daß wir uns bemühen, besser zu werden.

ZANDER: In Ergänzung zu Herrn Ewerbeck möchte ich sagen: Ich finde, es hat sich heute morgen in den Vorträgen sehr eindrucksvoll gezeigt, daß das Nichtstun u. U. die Situation dieses Menschen noch verschlimmern kann. Es ist ja nicht so, daß er immer stirbt, sondern u. U. kommt er in eine noch schlimmere Situation. Im Entscheidungsprozeß muß die Frage des Nichtstuns auch von dieser Richtung her gesehen werden.
Herr v. Loewenich, es hört sich sehr schön an, wenn wir so tun, als führten wir kein Experiment durch. Aber es ist eines. Wir können diese Problematik nur lösen, wenn wir sie ganz klar unter dem Gesichtspunkt des Experiments anordnen und so fortfahren. Ich finde, wir geben uns einer Illusion hin, wenn wir das anders zu formulieren versuchen. Wir müssen dieses Experiment am Menschen machen; sonst kommen wir nicht weiter. Da sollten wir ehrlich sein. Nur dann, wenn es so angeordnet ist, kommen wir zu greifbaren Resultaten, sonst nie.

V. LOEWENICH: Da würde ich voll zustimmen. Ich wollte nur den Ausdruck „Experiment" nicht im Raum stehenlassen im Sinne eines „Tierversuchs am Menschen". So falsch sollte es nicht verstanden werden. Aber ich bin mit Ihnen, Herr Zander, voll d'accord.

HIERSCHE: Es kommt jetzt ein Zungenschlag in die Diskussion, den ich ärztlich nachvollziehen kann, der aber eine ganz große juristische Lawine nach sich zieht. Sie experimentieren nicht l'art pour l'art, Sie experimentieren nicht um des Experiments willen. Es ist vielmehr die letzte Chance eines Heilversuchs. Ich möchte es den Juristen verdeutlichen, daß hier nicht experimentiert wird.

ZANDER: Es wird wohl experimentiert, aber das Ziel ist ein ganz bestimmtes. Wir müssen nach den Kriterien des Experiments vorgehen, sonst erfahren wir nie die Wahrheit.

HIERSCHE: Richtig. Aber es ist ein Heilversuch!

HOLSCHNEIDER: Ich gebe Herrn Ewerbeck völlig recht, aber ich glaube, man muß ein bißchen relativieren. Wenn man heute einer Mutter pränatal sagt, daß diese oder jene Mißbildung vorliegt, dann wird sie sich das anhören, wird schockiert sein und dann nach Hause gehen. Dann fragt sie ihre Verwandten. Eventuell hat sie einen Arzt in der Familie. Sie ruft am Ende sogar Herrn Köhnlechner an oder schreibt an Eltern. Sie wird von vielen, vielen Seiten „beraten", wird viele Meinungen hören. Dann kommt sie wieder zur nächsten pränatalen Behandlung.
Wenn sie der Geburtshelfer behutsam führt, kann er alle diese verschiedenen Meinungen doch zu einer Meinung zusammenführen. Insofern hat er schon einen gewissen Einfluß. Aber die Frau hat nicht mehr eine einsame Entscheidung getroffen, sondern sie kann sich sehr gut absichern und mit dem Problem viel besser fertig werden.

Ich darf gerade die Münchener an die Studien von Herrn Martinius erinnern, der das ja sehr schön gezeigt hat.

KERN: Mir kommt es so vor, als sprächen wir jetzt über verschiedene Dinge. Ich habe eine vielleicht etwas ketzerische Frage an Herrn von Loewenich. Diese ganz kleinen Kinder sind ja nicht schwerstbehindert, sondern es besteht die Gefahr, daß ein gewisser Prozentsatz schwerbehindert wird. Das ist doch deutlich von den Fällen abzugrenzen, bei denen man von vornherein sagt: Die sind schwerstbehindert. Die eine Fallgruppe kann juristisch sehr viel leichter beurteilt werden als die andere. Wir sollten das für die Diskussion doch auseinanderhalten. Vielleicht gehört die eine Fallgruppe gar nicht mehr unter unseren jetzt revidierten Titel.

HIERSCHE: Der heutige Arbeitstitel ist nicht revidiert worden, sondern es ist eine Klarstellung erfolgt. Man hatte fälschlicherweise das Wort „Sterbehilfe" verwendet und es naturgemäß etwas großzügig interpretiert; es ist kein gutes Schlagwort. Denken Sie an den Juristentag. Dort spricht man leider auch von Sterbehilfe.

KERN: Da meint man es auch!

HIERSCHE: Ich hoffe nicht!

V. LOEWENICH: Ich kann dem nichts hinzufügen. Es ist völlig richtig.

SPANN: Zu Herrn Ewerbeck und Herrn Holschneider möchte ich sagen, was die Einbindung der Eltern in die Entscheidung betrifft: Wir werden zwischen der pränatalen Diagnose, bei der die Mutter reichlich Zeit hat, sich zu informieren, und den Ad-hoc-Entscheidungen bei der Geburt unterscheiden müssen. Vor dem Landgericht Traunstein wurde folgender Fall verhandelt:
Bei der Geburt entscheidet sich die Mutter mit dem Arzt - so angeblich die Situation -, das Kind wegzulegen und nichts zu unternehmen. Vier Wochen später kommt sie auf die Idee, aus welchen Gründen auch immer, sie hätte das Kind gern gehabt und aufgezogen.
Es kam in der Tat zur Anklage. Ich glaube, es kam zu einem Freispruch; aber ich weiß das nicht mehr ganz genau. Ich werde versuchen, den Fall herauszuziehen.

HOLSCHNEIDER: Es wurde vorab gebeten, man möge die Vorträge nach einem bestimmten Konzept aufbauen. Sie hatten um eine Gliederung der Schweregrade der Fehlbildungen gebeten. Ich habe 2 Dias mit einem solchen Konzept, die Ihnen als Diskussionsgrundlage dienen können.

LOCH: Wir sind ja bei den Grenzfällen. Ich möchte die Sache einmal umkehren. Ich meine, wir sollten auch einmal an die Eltern denken. Wir stehen ja auch vor folgender Situation, daß pränatal etwas diagnostiziert wurde und die Eltern dem Arzt gegenüberstehen, der diese und jene Zweifel vorbringt, der sagt, welche Möglichkeiten bestehen, und die Eltern dann erklären: Diese Entscheidung möchten wir nicht mittragen, wir möchten, daß diese Schwangerschaft beendet wird.
Bisher haben wir immer nur den Weg betrachtet, daß das Kind zur Welt kommt. Ich meine, wir müssen auch den umgekehrten Fall sehen.

HIERSCHE: Lieber Herr Loch, wir kommen dann ins Schwimmen.

HOLSCHNEIDER: Wir können bei den angeborenen Fehlbildungen verschiedene Gruppen unterscheiden.
Die 1. Gruppe sind diejenigen Patienten, die ein „ganz normales" Leben führen können mit einer normalen Lebenserwartung. Sie haben Fehlbildungen, die man behandeln kann. Hierzu gehören Fehlbildungen wie die Oesophagusatresie, also der Speiseröhrenverschluß, von einem bestimmten Typ oder Verschlüsse des Darms, oder auch eine Trichterbrust oder verklebte Finger, Fehlbildungen der Harnröhre, der Lippen-Kiefer-Gaumenspalten.
Bei der 2. Gruppe kann Leiden verbessert, aber nicht geheilt werden. Diese Kinder überleben mit einem gewissen Handicap.
Sie haben Probleme, aber sie haben eine normale Lebenserwartung. Wenn ein Kind einen Wasserkopf hat, der symmetrisch ist und rechtzeitig vor der 6. Lebenswoche abgeleitet wird, dann kann das Kind normal leben. Es kann Medizin und sicher auch Jura studieren. Es muß nicht unbedingt ein krankes Kind sein.
Wenn der Enddarm nicht angelegt ist, dann kann dieser Enddarm auf den Damm ausgepflanzt werden. Das Kind wird ein Handicap haben, weil es immer Stuhlentleerungsprobleme haben wird. Aber es kann damit leben und normal alt werden.
Wenn es eine Spalthand hat, bei der ein Daumen fehlt und nur 2 Finger wie eine Zange vorhanden sind, kann es damit auch leben, wenn es auch behindert ist.
Bei der dritten Gruppe ist nur eine verringerte Überlebenszeit und schwere Defektheilung möglich. Man kann nur die Symptome der Erkrankung behandeln und dadurch das Leiden des Kindes verringern.
Diese Kinder haben aber ein schweres Handicap, und sie haben eine verringerte Lebenserwartung. Ein Beispiel sind die bereits besprochenen Myelomeningozelen, die Rückenmarksspalten.
Die 4. Gruppe ist m. E. die entscheidende Gruppe, über die wir uns hier unterhalten müssen. Das sind diejenigen Kinder, bei denen wir lediglich den Tod hinauszögern können, bei denen wir eine mehr oder minder lange Lebensspanne gewinnen, obwohl die Prognosen infaust sind. Das sind die Chromosomenanomalien, die schweren Chromosomenfehlbildungen. Das betrifft das Kind mit der Glasknochenkrankheit, das kaum Überlebenschancen hat. Aber das sind nur Einzelfälle und die Dauer der Überlebensspanne ist unsicher.
Die Gallengangsatresie hat eine Überlebensspanne von Jahren. Beim M. Down leben die Kinder durch unsere Intensivtherapie, jetzt wesentlich länger; früher starben 50% im 1. Lebensjahr, und nur 10% wurden älter als 10 Jahre. Das war vor etwa 30 Jahren so. Heute erreichen 28% das 30., 8% das 40. und 3% sogar das 50. Lebensjahr. Ich würde mich nicht trauen, die Lebensspanne irgendwie bewerten zu wollen.

HIERSCHE: Können wir uns darauf einigen, daß wir 3 Punkte noch ganz kurz klären müssen: 1) Ist eine Organtransplantation aus ärztlicher Sicht bei Neugeborenen z. B. mit einem unheilbaren Herzfehler vertretbar? Oder gehen wir sogar so weit, daß wir Lebertransplantationen, Nierentransplantationen prinzipiell machen? Zumindest sollten wir darüber nachdenken.

SPANN: Als Spender oder als Empfänger?

HIERSCHE: Richtig; auch das wäre zu klären. Es gibt Überlegungen, einen Anenzephalus groß werden zu lassen, damit er als Transplantationsmaterial zur Verfügung steht. Darüber müssen wir am Ende der Tagung sprechen. 2) Wir müssen auch klären: Gibt es Kriterien zum Therapieabbruch? 3) Wir müssen klären: Wieviel Schädigung ist zu tolerieren und von wem ist sie zu tolerieren?
Das sind 3 Punkte, die wir am Ende dieser Tagung beantworten müssen.

Grenzen der ärztlichen Behandlungspflicht bei schwerstgeschädigten Neugeborenen aus theologisch-ethischer Sicht

J. GRÜNDEL

Die stürmische Entwicklung der modernen Medizin hat heute Möglichkeiten eröffnet, Leben, das in früheren Zeiten überhaupt nicht geboren oder unmittelbar nach der Geburt gestorben wäre, zu erhalten. So verstarben früher die meisten durch Rückenmarkspalten hochgradig geschädigten Kinder wenige Wochen oder Monate nach der Geburt an einer Hirnhautentzündung. Heute können solche Kinder längere Zeit am Leben erhalten werden - allerdings oft nur zum hohen Preis bleibender schwerer gesundheitlicher Schäden und einer starken Belastung der Angehörigen. Zugleich besteht gesellschaftlich eine gewisse Tendenz, behindertes Leben gar nicht erst zur Welt kommen zu lassen; Möglichkeiten pränataler Diagnose mit der bei vorliegender Schädigung vorgenommenen straffreien Abtreibung einer Schwangerschaft fördern solches Denken. Damit erhebt sich verschärft die Frage, ob und inwieweit Eltern bei Vorliegen einer schweren Schädigung des Neugeborenen zu lebensrettenden Maßnahmen unter allen Umständen verpflichtet sind, oder ob derartige Maßnahmen und Eingriffe unterlassen werden dürfen. Für eine konkrete sittliche Bewertung ist es wichtig, den hier bezogenen Standpunkt und die allgemeinen Grundsätze zur sittlichen Bewertung aufzuzeigen, um schließlich konkrete Folgerungen für die ärztliche Behandlungspflicht schwergeschädigter Neugeborener zu ziehen.

Allgemeine Grundsätze zur sittlichen Bewertung

1) Es ist christliche Überzeugung, daß uns Gottes Wille im Anspruch der konkreten Wirklichkeit begegnet. Es bleibt Aufgabe der Vernunft, einen solchen Anspruch „zu vernehmen"; seine Verbindlichkeit wird über das Gewissen erfahren. Insofern vermittelt christlicher Glaube keine „Sondermoral", sondern setzt zunächst bei allgemeinen humanen Überlegungen an, vermittelt jedoch eine vertiefte Begründung der einzelnen sittlichen Verpflichtungen und Zielsetzungen. Zu den unabdinglichen Prinzipien einer für die Gesellschaft relevanten Ethik zählt die Achtung und der Schutz der Würde einer jeden menschlichen Person. Menschliches Leben ist darum - unabhängig von seiner Gesundheit und Leistungsfähigkeit - zu schützen und zu fördern. Eine qualitative Bewertung von Leben im Sinne von „lebensunwert" bleibt uns untersagt. Wo immer solches Leben vorhanden ist: soweit es das individuelle Leben einer Person ist, hat es Anspruch auf einen solchen Schutz und auf Förderung. Der christliche Glaube sieht in einem so bestehenden Leben auch ein endgültiges „Ja" Gottes zu diesem

Wesen, das über den Tod hinaus zu einer Erfüllung und zu einem Leben in Gott berufen ist.

2) Aus christlichem Verständnis kommt dem irdisch-leiblichen Leben des Menschen nur ein relativer Wert zu. Innerhalb der Gemeinschaft besitzt dieses Leben jedoch fundamentalen Charakter. Über menschliches Leben darf nicht willkürlich verfügt werden; doch können Eingriffe in die Natur und auch in die körperliche Integrität des einzelnen zum Wohle des Ganzen dieser Person durchaus verantwortet werden. Insofern gibt es ein relatives (positives) Verfügungsrecht des Menschen über Leben. Grundsätzlich müßte man sagen: menschliches Leben ist so lange zu erhalten, als es noch ein Mindestmaß von Interaktion und Wahrnehmung ermöglicht. Dabei ist auch die Wahrnehmung einer bloßen Pflege durchaus noch Ausdruck von Interaktion. Es gibt jedoch keine absolute Pflicht zur Erhaltung des Lebens „bis zum letzten Atemzug". Eine künstliche Verlängerung eines bloßen Dahinvegetierens erscheint dann sinnlos, wenn mit einem Wiederaufleben des Bewußtseins überhaupt nicht zu rechnen ist.

3) Grundsätzlich ist zunächst auch daran festzuhalten, daß zwischen dem Unterlassen einer lebenserhaltenden oder lebensverlängernden Maßnahme und der aktiven Herbeiführung des Todes für die sittliche Bewertung der Handlung ein wesentlicher Unterschied besteht, selbst wenn der Ausgang in beiden Fällen gleich ist. Dabei kann es Grenzsituationen geben, in denen dieser Unterschied zwischen aktiv und passiv ineinander überzugehen scheint. Man mag darüber streiten, ob die Abschaltung einer inzwischen sinnlos gewordenen Intensivbehandlung als aktives Tun - jedenfalls nach einer rein äußeren Bewertung - oder als „Sterbenlassen" - hinsichtlich der sittlichen Bewertung - bezeichnet wird. Entscheidend für die sittliche Bewertung bleiben die Grundentscheidung und Zielsetzung des Handelnden, die Zielrichtung des konkreten Tuns, die für die Erreichung des Zieles erforderlichen Mittel und die zur Konkurrenz stehenden Güter. Im Rahmen der Euthanasiediskussion wurde unter den theologischen Ethikern darin Übereinstimmung erreicht, daß eine Sterbehilfe in Form der reinen Euthanasie als „Hilfe beim Sterben" dem Menschen aufgegeben bleibt, daß eine vorausberechnete Unterlassung oder der Abbruch einer Behandlungsmethode im Sinne einer passiven Euthanasie dann verantwortbar erscheint, wenn eine weitere Behandlung nur den Sterbeprozeß verlängern würde und daß schließlich im Rahmen einer anderweitig notwendig erscheinenden Maßnahme - etwa zur Milderung von Schmerzen - u. U. die Beschleunigung des Todeseintritts als Nebeneffekt in Form einer indirekten Euthanasie in Kauf genommen werden darf. Doch die direkte Tötung oder Beschleunigung des Sterbens - selbst wenn dies dem Wunsch des Patienten oder seines Vormunds entspräche - erscheint unverantwortbar. Ein solches Vorgehen müßte innerhalb der Gesellschaft konsequenterweise zu einem noch größeren Verfügen über menschliches Leben führen. In unserem Zusammenhang aber stellt sich darüber hinaus die Frage, ob und inwieweit Eltern angesichts des schwergeschädigten Neugeborenen zu bestimmten Maßnahmen verpflichtet sind oder verpflichtet werden können, um solches Leben zu retten. Für die Beantwortung dieser Frage ist bereits der Ansatz der theologischen Ethik, der zugrundegelegt wird, von entscheidender Bedeutung.

4) Wir begegnen heute in der Gesellschaft durchaus einem überzogenen Sicherheitsstreben, das sich auch im Bereich der Theologie und Ethik niederschlägt. Angesichts der Gefährdungen von Leben - man denke an die Atomenergie, an Gentechnologie, an Umweltschutz und an die Gefahr der Übervölkerung der Erde - sucht man nach klaren eindeutigen Aussagen. Man möchte den sichersten Weg gehen, ohne Wenn und Aber. Im Bereich der Ethik schlägt sich eine solche Tendenz in den Vertretern der sog. deontologischen Richtung nieder. Sie gehen davon aus, daß sittliches Handeln ohne Rücksicht auf die konkreten Folgen des jeweiligen Verhaltens von bestehenden Werten und Normen hinreichend bestimmt wird und daß im Zusammenhang mit Leben jede Form einer Abwägung der zur Konkurrenz stehenden Güter untersagt bleibt. So könne eine direkte Tötung unschuldigen Lebens selbst dann nicht sittlich bejaht werden, wenn nur auf diese Weise - etwa im Falle einer Gefährdung des Lebens der Mutter oder gar des Lebens von Mutter und Kind - ein Leben gerettet wird.

Eine solche deontologische Argumentation stellt eine Verabsolutierung bestimmter Werte dar, die jedoch nicht hinreichend begründet erscheint, sondern oft an der Wirklichkeit, die ja auch Maßstab für unser Handeln ist, vorbeiläuft. Natürlich erscheint eine solche eindeutige Aussage als klare Position, die in der konkreten Situation des Handelns keine Abwägung und Entscheidung mehr notwendig macht. Besonders für verängstigte Menschen bietet ein derartiger ethischer Ansatz eine entsprechende Stütze. Wir begegnen solchen fundamentalistischen Positionen nicht nur im katholischen und im evangelischen Bereich, sondern quer durch alle Weltanschauungen und Religionen. Wer diese Position vertritt, wird sich mit einzelnen kasuistischen Fragen bezüglich der Lebenserhaltung überhaupt nicht auseinandersetzen. Hier gilt einfach die Forderung, alles nur Mögliche zur Rettung des Lebens zu tun - unabhängig von den Erfolgschancen.

Demgegenüber jedoch geht eine teleologische ethische Argumentation davon aus, daß für die sittliche Bewertung und Verpflichtung in entscheidender Weise die näheren und die weiteren voraussehbaren Folgen des Handelns ausschlaggebend bleiben. So kann ein Eingriff in die Integrität des menschlichen Lebens nur dann sittlich richtig bewertet werden, wenn man auch die Erfolgschancen eines solchen Eingriffs in die Entscheidung bzw. Güterabwägung mit einbezieht.

Gerade bei der Beurteilung neuer technischer Möglichkeiten, die bisweilen mit einem Universalanspruch auftreten und Konsequenzen für alle Lebensbereiche des Menschen nach sich ziehen, ist eine sachgemäße Argumentation erschwert. Es werden sofort Bekenntnisse erwartet und abverlangt. Eine solche Proklamation von Bekenntnissen - etwa „für das Leben“ - wird noch dadurch gefördert, daß dieser Bereich oft in der Auseinandersetzung eine geradezu religiöse Ersatzfunktion erhält. Nur so erscheint es erklärlich, daß bei den verschiedenen Protestaktionen - gegen Atomkraft, für das Leben usw. - eine Auseinandersetzung mit rationalen Argumenten gänzlich erfolglos bleibt. Dennoch werden wir der Realität des Lebens in einer noch unheilen und immer wieder gefährdeten Welt nur dadurch hinreichend gerecht, daß wir immer wieder neu die vorhandenen Möglichkeiten prüfen, den Gefahren wehren und in unseren Urteilen korrekturoffen bleiben. Nur wer keine fundamentalistische Position bezieht, kann der Diskussion um die Grenzen der ärztlichen Behandlungspflicht bei schwergeschädigten Neugeborenen aus ethischer Sicht nähertreten.

5) Für den Christen stellt sich grundsätzlich die Frage: darf der Mensch über sein eigenes Leben und auch über das Leben anderer verfügen, wenn er Gott als Schöpfer und Erhalter allen Lebens anerkennt? Die Theologie begründete in der Vergangenheit das Verbot, sich selbst oder einen unschuldigen Menschen zu töten, mit dem Hinweis auf Gott als dem Herrn über Leben und Tod; insofern komme dem Menschen auch kein Verfügungsrecht über Leben zu. Dennoch wurde innerhalb der Geschichte des christlichen Abendlands dieses Verfügungsrecht auch von der Kirche im Rahmen der Verhängung einer Todesstrafe für schwere Verbrechen durchaus in Anspruch genommen. Ähnliches gilt bei der Bejahung der Notwehr und bei der Diskussion um einen sog. gerechten Krieg.

Heute jedoch wird ein offener theologisch-ethischer Ansatz auch hier anders argumentieren: aus der Geschöpflichkeit des Menschen folgt zunächst nur, daß sich der Mensch in seiner Existenz nicht nur den Eltern, sondern letztlich auch dem „Ja Gottes" verdankt. Er hat sein Leben in Dankbarkeit und Gehorsam gegenüber dem Willen Gottes zu leben. Dies schließt keineswegs ein gewisses Herrschafts- und Verfügungsrecht aus – entsprechend dem Willen Gottes bzw. dem, was lebensfördernd und vernünftig erscheint. Bereits im 13. Jahrhundert umschrieb Thomas von Aquin († 1274) die Aufgabe des Menschen und seiner Vernunft dahingehend, daß er gewissermaßen für sich selbst und für den Nächsten auch Vorsehung spielen müsse (sibi ipsi et aliis providens). Wenn Gott ein Gott des Lebens ist, dann entspricht es auch seinem Willen, Leben zu erhalten. Doch ist „Wille Gottes" zunächst eine leere Formel, die inhaltlich gefüllt werden will. Wenn Gottes Wille uns vornehmlich im berechtigten Anspruch der Wirklichkeit begegnet, bleibt es Sache der (vom Glauben erleuchteten) Vernunft, also eines rationalen und sinnvernehmenden Denkens, das zu erfassen und zu tun, was richtig und lebensfördernd ist. Das Sittliche ist also auf ein optimales Glücken menschlichen Lebens und Zusammenlebens ausgerichtet. Ethische Werte und Normen wollen diesem Ziel dienen und die Verbindlichkeit konkretisieren. Sie gründen in einer reflektierten Erfahrung, vermitteln aber noch keineswegs für alle Situationen eine letztgültige Entscheidung.

Im folgenden geht es nicht so sehr um rechtliche Grenzen oder mit Sanktionen versehene strafrechtliche Normen, sondern um jene sittliche Verantwortung, die letztlich nur in Freiheit wahrgenommen werden kann.

6) Der Arzt darf sich auch nicht vor fragwürdige gesellschaftliche Tendenzen spannen lassen. Er ist nicht bloß Ausführer des Wunsches eines Patienten oder dessen Angehöriger. Er muß sich gegen ein Bewußtsein stellen, das aus falschem Mitleid einem körperlich oder geistig erheblich mißgebildeten Kind ein qualvolles Leben ersparen möchte und für ein Sterbenlassen plädiert. Es gibt heute eine utopisch anmutende gesellschaftliche Tendenz zu leidfreiem menschlichem Leben. Auf vielfältige Weise versucht man, jede auch zumutbare Belastung durch Leiden abzuschieben. Doch Krankheit und Mißbildung als solche dürfen nicht Maßstab für eine Entscheidung des Arztes sein, ob er eine Behandlung unterlassen soll oder nicht. Er nimmt ja gegenüber dem geschädigten Neugeborenen eine Garantenstellung ein. Selbst wenn er als Arzt bei einem Sterbenden nicht verpflichtet ist, alle medizinisch-technischen Möglichkeiten einzusetzen, um den Prozeß des Sterbens noch zu verlängern, so gilt dies keineswegs in gleicher Weise beim Neugeborenen;

handelt es sich doch hier um ein Leben, das möglicherweise noch zu retten ist. Mag bei der Sterbehilfe der Verzicht auf eine Behandlung dort gerechtfertigt sein, wo zwischen Aufwand und potentiellem Erfolg keine Verhältnismäßigkeit mehr besteht, so dürften doch bei einem mißgebildeten Neugeborenen pflegeökonomische Gründe keine Rolle spielen. Auch behindertes Leben besitzt das gleiche Lebensrecht wie gesundes menschliches Leben.

Bei der konkreten sittlichen Beurteilung von Tun oder Unterlassen ist sehr wohl zu unterscheiden zwischen dem Phänomen einer Handlung oder Unterlassung und der Bedeutung, die einer solchen Handlung zukommt. So mag das Abstellen des Reanimators oder der Abbruch einer Intensivbehandlung dem Phänomen nach als aktives Tun zu werten sein, in der sittlichen Bedeutung wird es in dem Augenblick als passives Verhalten oder Unterlassen gelten, wo der weitere Einsatz technischer Mittel zur Lebensverlängerung sinnlos erscheint bzw. keinerlei Erfolgschancen mehr hat (Kaufmann 1982).

Im übrigen lassen sich für die sittliche Beurteilung eines Tuns in den meisten Fällen keine „zwingenden Beweise“, sondern nur „Plausibilitätsgründe“ im Sinne eines Konvergenzbeweises vorbringen - also Gründe, die im einzelnen, für sich genommen, ein bestimmtes Handeln oder Unterlassen noch nicht hinreichend rechtfertigen, jedoch zusammengenommen eine entsprechende Tragkraft für eine Begründung bilden.

Aus diesem theologischem Ansatz sollen nun einige konkrete Folgerungen für die Behandlungspflicht schwergeschädigter Neugeborener gezogen werden. Dabei scheidet von vornherein eine aktive Tötungshandlung an Neugeborenen aus. Sie bleibt unter allen Umständen sittlich unerlaubt, selbst wenn Eltern oder Arzt aus Mitleid handeln, um einem Kind ein beschwerliches und freudloses Leben zu ersparen.

Konkrete Folgerungen für die ärztliche Behandlungspflicht

1) In der Geschichte der Ethik und des ärztlichen Ethos gibt es durchaus Phasen, in denen man - gewissermaßen parallel zum *Selektionsprozeß* der Natur - schwergeschädigtem Leben nicht die notwendige Aufmerksamkeit geschenkt hat, sondern es sterben ließ oder gar getötet hat. Sowohl Platon wie Seneca setzten sich für eine physisch gesunde Auslese ein und waren der Meinung, was nicht *gerade* gewachsen oder *ganz* in der Ordnung sei, sollte man ausscheiden. Auch in der 2000jährigen Geschichte des christlichen Abendlands gibt es Berichte davon, daß Ärzte und Hebammen ein schwerbehindertes Kind bei der Geburt sterben ließen oder töteten und der Mutter nur eine Totgeburt bescheinigten. Im übrigen sah man oftmals in Monstren oder geistig schwergeschädigten Menschen nur eine Verkörperung des personifizierten Bösen, des Teufels.

In unserer Gesellschaft jedoch hat sich als christliches Ethos mehr und mehr durchgesetzt, daß jede direkte Tötung Neugeborener, selbst wenn diese schwerbehindert sind, in jedem Fall gegen die Würde der menschlichen Person verstößt. Heute gibt es einerseits eine zunehmende Bereitschaft, behindertes Leben zu integrieren; zugleich begegnen wir einem Trend, angesichts einer verbesserten pränatalen Diagnostik behindertes Leben überhaupt nicht mehr anzunehmen. Gerade die Möglichkeiten eines straffreien Abbruchs der Schwangerschaft aufgrund genetischer Indikation kann einen entsprechenden sozialen Druck ausüben, dem sich der Arzt nicht beugen darf. Der Ablehnung behinderten Lebens liegt oft eine archaische Furcht des Menschen vor seiner eigenen Mißgestalt zugrunde.

2) Die Grenzen der Pflicht zur Erhaltung menschlichen Lebens liegen bei Neugeborenen ähnlich wie bei Sterbenden im Rahmen der passiven Euthanasie. Wo die Lebenschancen nahezu minimal sind und der Aufwand gegenüber dem potentiellen Erfolg unverhältnismäßig groß ist, kann es zu Grenzsituationen kommen. Doch dürfen nicht pflegeökonomische Überlegungen den Ausschlag geben. Entscheidend ist die Chance der Rettung menschlichen Lebens. Dabei bleibt es uns in jedem Falle untersagt, von „lebensunwertem Leben" zu sprechen.
Bei der Berücksichtigung der Schwere der Schädigung und der damit zusammenhängenden Lebenschance ist zu bedenken:

a) ob es sich um eine gänzliche Mißformung des Fötus *ohne Überlebenschance* handelt, etwa bei einem nicht behebbaren Herzfehler oder schwersten Entwicklungsstörungen beim Verschluß embryonaler Verwachsungslinien (schwere Dysraphie); das Kind stirbt kurz nach der Geburt;
b) ob ein *schwerer, nicht behebbarer Schaden* vorliegt, der für *kurze* Zeit - einige Tage oder Wochen - eine *Überlebenschance* gewährleistet, allerdings nur unter Inanspruchnahme von besonderen Intensivmaßnahmen, ohne daß jedoch das Kind jemals die Fähigkeit zu einer Kommunikation mit der Umwelt erlangt, etwa bei schwersten Hirnschädigungen oder schwerer Mikrozephalie;
c) ob es sich um einen *schweren, nicht behebbaren Schaden* des Kindes handelt, wo eine *Überlebenschance* in dem Fall besteht, daß intensive medizinische Maßnahmen auf Dauer eingesetzt werden müssen, etwa bei schwersten Störungen der Ventilation oder der Nierenfunktion ohne Heilungsaussicht;
d) ob es sich um *schwere Schäden* handelt, die *zum Teil behebbar* sind, dennoch aber entsprechende operative Maßnahmen erforderlich machen;
e) ob *leichtere Behinderungen* körperlicher oder geistiger Art vorliegen, die das Leben des Kindes später durchaus stark beeinträchtigen.
   Es mag zunächst dahingestellt bleiben, ob und inwieweit diese 5fache Unterscheidung in der Realität so klar getroffen werden kann, vor allem, ob sich hinsichtlich der Überlebenschance und der Erfolgsaussichten eindeutige Prognosen vornehmen lassen oder nicht. Doch mag diese Unterscheidung hier hypothetisch als Grundlage für den Versuch einer kasuistisch-sittlichen Bewertung dienen.

Für die unter a) genannten Fälle, in denen aufgrund bisheriger Erfahrungen mit moralischer Sicherheit keine Überlebenschance gegeben ist und mit dem Einsatz intensiver medizinischer Maßnahmen gewissermaßen nur ein Sterbeprozeß hinausgezögert wird, wird man nicht von einer sittlichen Verpflichtung des Arztes zum Einsatz solcher Maßnahmen sprechen können. Hier dürfte ein „Sterbenlassen" verantwortbar erscheinen, wobei selbstverständlich eine elementare Grundversorgung mit Sauerstoff und Flüssigkeit noch beizubehalten wäre.
Unproblematisch erscheinen auch die unter d) und e) genannten Fälle. Hier besteht eindeutig eine Pflicht, alle Möglichkeiten zur wenigstens teilweisen Behe-

bung der Schäden auszuschöpfen und jede Form einer Abstufung dieses menschlichen Lebens unter dem Gesichtspunkt der Schädigung oder der Nützlichkeit zurückzuweisen; eine solche gestufte Wertung würde der personalen Würde eines jeden Menschen, die ja auch im Grundgesetz rechtlich verankert ist, widersprechen.

Schwieriger wird die Beurteilung in den unter b) und c) genannten Fällen. Hier dürfte sich eine konkrete sittliche Bewertung und darüber hinaus eine rechtliche Regelung für alle möglichen Fälle nicht erstellen lassen. Der Arzt ist nicht zu unbegrenzter Hilfeleistung verpflichtet. Eine Lebenserhaltung „um jeden Preis", selbst wenn nur die Vitalfunktionen des Neugeborenen durch intensive Maßnahmen aufrechterhalten werden können, kann nicht als sittliche Pflicht deklariert werden. Es wird Fälle geben, in denen man der Natur „ihren Lauf" läßt und keine künstliche Lebensverlängerung vornimmt, die nur begrenzt bliebe (Fall b).

Für die unter c) genannten Formen einer Schädigung sollte ein entsprechender Freiraum für das verantwortungsbewußte Handeln der Ärzte bleiben, der zugleich der persönlichen Willkür entzogen werden muß, indem ein Ärzteteam - ggf. zusammen mit einer Ethikkommission - Kriterien für ein personen- und sachgerechtes Verhalten erstellt und im Einzelfall die Entscheidung der Ärzte begleitet. Wo ein Neugeborenes *nie* bewußt am Leben teilnehmen können wird und wo mit moralischer Sicherheit auch *in keiner Weise* die Fähigkeit einer Interaktion, eines Mitlebens und Miterlebens bzw. ein gewisses Bewußtsein erlangt wird, könnte die Unterlassung von Intensivmaßnahmen zur Lebenserhaltung oder zur Reanimation u. U. verantwortbar erscheinen. Selbst wenn es im strafrechtlichen Schrifttum umstritten bleibt, „ob dem schlichten Nichtbehandeln, dem Absehen von einer Reanimation, das vorzeitige Abbrechen einer eingeleiteten Reanimation, im Regelfall das Abstellen des Reanimators gleichsteht, d. h. ebenfalls als Unterlassen und nicht als Tun zu qualifizieren ist" (Kaufmann 1982, S. 484), für die sittliche Bewertung kann bei einer vom Erfolg her sinnlos erscheinenden Behandlung u. U. das Abbrechen einer solchen durchaus dem schlichten Nichtbehandeln gleichkommen. Dabei darf *nicht* auf die *Sinnlosigkeit des Lebens* eines Patienten, sondern *nur* auf die *Sinnlosigkeit* einer *weiteren ärztlichen Behandlung* abgestellt werden, wenn eine solche nicht aufgenommen oder abgebrochen wird; dann endet nämlich auch der Heilauftrag des Arztes. Im übrigen ist der Hinweis auf die „Natürlichkeit des Todes" bei vorliegender Schädigung kein hinreichender Grund, von einer lebensverlängernden oder lebenserhaltenden Maßnahme abzusehen. Dennoch sollte eben ein Ermessensspielraum für das verantwortliche Handeln der Ärzte bleiben.

3) Schließlich bleibt noch zu klären, wem bei einem Entscheidungsprozeß über eine Behandlungsmöglichkeit der Vorrang eingeräumt wird, wenn die Meinung der Eltern oder Sorgeberechtigten mit der der behandelnden Ärzte nicht übereinstimmt. Es ist etwas anderes, ob eine Konkurrenz vorliegt zwischen der Meinung eines behandelnden Arztes und der eines Patienten, der eigenverantwortlich und entscheidungsfähig ist und eine Heilbehandlung ablehnt oder ob - wie bei Neugeborenen - die Meinung der Eltern bzw. der Sorgeberechtigten des Patienten mit der ärztlichen Meinung nicht übereinstimmt. Die Stellvertretung der Eltern oder des Vormunds für das schwergeschädigte Neugeborene hat nicht den gleichen

Wert wie die Stellungnahme eines erwachsenen mündigen Patienten. Es geht hier nicht darum, auf den mutmaßlichen Willen des Patienten - in diesem Fall des Kindes - zu schließen, falls dieses später zu einer Lebensäußerung in der Lage wäre. Hier muß man von einem grundsätzlichen *Willen zum Leben* eines jeden Menschen und von einem *Recht auf Leben* ausgehen. Aus Erfahrung wissen wir, daß auch Schwerbehinderte selbst noch einen großen Willen zum Leben haben, und daß Außenstehende diesen Menschen eher aus Selbstmitleid ein solches Lebensrecht absprechen wollen. Zudem bleibt zu bedenken, daß handfeste Interessen Dritter, der Angehörigen, der Gesellschaft oder finanzielle bzw. pflegeökonomische Überlegungen dort eine Rolle spielen können, wo man notwendig und sinnvoll erscheinende ärztliche Maßnahmen verhindern will. Dem Arzt obliegt aufgrund seines Ethos die Verpflichtung, sich in den Dienst der Erhaltung des Lebens zu stellen und ggf. auch in einer solchen Konfliktsituation *gegen* den *Willen der Angehörigen* gebotene Maßnahmen vorzunehmen. Er wird sich dabei allerdings - sofern es notwendig und möglich erscheint - durch eine entsprechende Entscheidung des Vormundschaftsgerichts abdecken. In Notfällen jedoch mag er auch ohne eine solche die erforderlichen lebensrettenden Maßnahmen durchführen, will er nicht gegen die ihm zugewiesene Garantenstellung verstoßen. Gerade ein solcher Konflikt zeigt allerdings auch, wie wichtig es ist, mit den Angehörigen in eine ausführliche Erörterung, Beratung und Information einzutreten, um solche Schwierigkeiten möglichst zu vermeiden.

Je größer das Verantwortungsbewußtsein aller Beteiligten in der Gesellschaft, d.h. des Arztes und der Eltern von schwergeschädigten Neugeborenen, um so eher kann für die Grenzfälle ein entsprechender Freiraum rechtlich offengehalten werden. Eine strafrechtliche Freigabe der direkten Tötung von schwergeschädigten Neugeborenen, wie sie von einigen Kreisen unserer Gesellschaft, auch unter Hinweis auf eine Neuregelung der Euthanasie im StGB § 216 erfolgen soll, käme jedoch einer Mißachtung behinderten Lebens gleich. Damit würde eine schiefe Ebene betreten, die gesellschaftspolitisch und auch hinsichtlich des ethischen Bewußtseins weiter Kreise der Bevölkerung verhängnisvolle Folgen nach sich ziehen dürfte.

Literatur

Kaufmann A (1982) Zur ethischen und strafrechtlichen Beurteilung der sog. Früheuthanasie. JZ 37: 481-487

Diskussion zum Referat Gründel

Seidler: Ich möchte von dem Punkt ausgehen, von dem Herr Ewerbeck heute morgen meinte, das habe mit Ethik nichts zu tun. Womit hat es denn zu tun? Sie haben gesagt: Vernunft. Ethik ist im klinischen Alltag leider vielfach ein Reizwort. Ich habe kürzlich einen sehr fröhlichen rheinischen Chefarzt gesprochen, der sagte: „Was heißt hier Ethik? Das mache ich seit 30 Jahren, und es hat sich noch keiner beschwert!"

Es ist schade: Wenn man die Studenten semesterlang sensibel zu machen versucht hat, sind die Dinge vielfach wieder weg, wenn sie in den klinischen Alltag kommen. Gerade wenn wir Empfehlungen aussprechen, müssen wir uns daher überlegen: Wie bauen wir sorgfältige Sensibilitäten auf? Da man bei den medizinischen Kollegen sehr schwer Teleologen und Deontologen ausmachen kann, möchte ich einen Aspekt hinzufügen, der mir in der Zwischenzeit wichtig geworden ist. Es handelt sich dabei um den Herausforderungscharakter von Ethik in der Medizin. Wir sind schlicht und einfach auf zweierlei Art und Weise herausgefordert, uns sowohl sachlich als auch sittlich zu rechtfertigen, nämlich einmal durch das überantwortete Leben in jeder Gestalt - geboren/ungeboren, defekt/nicht defekt -, und zum anderen durch das, was ich die Sozialmoral nenne, d.h. durch die jeweils geltende, teilweise durch uns selbst produzierte Einstellung gegenüber dem Kind, gegenüber dem Leben und gegenüber dem Sterben.

Die Einstellungen gegenüber dem Kind sind dabei, sich drastisch zu verändern. Das entscheidet sich z.T. schon auf den Spielplätzen, wo die eine Frau zu der anderen sagt: „So ein Kind brauchst Du heute nicht mehr zu bekommen." Es gibt Qualitätsansprüche der Art: „Wir wollen 2 Kinder, einen Buben und ein Mädchen, beide natürlich gesund."

Das sind Dinge, die uns herausfordern, wenn wir uns sachlich durch die Qualität unserer Ausbildung rechtfertigen müssen, und sittlich auch im Hinblick auf die Erwartungen derer, die uns beschädigtes Leben anvertrauen.

Ich will das nicht dagegensetzen, Herr Gründel, sondern erweiternd fragen, ob Ethik in der Medizin überhaupt normativen Charakter tragen kann, oder ob man sich nicht eher bemühen muß, Prinzipien zu formulieren, an denen dann der Einzelfall zu messen ist. Wir hatten heute früh die Tendenz zur Individualisierung und zur Konkretisierung am Einzelfall in allen Beiträgen gespürt.

Wir haben einmal den Versuch gemacht, alle zur Verfügung stehenden Texte ethischer Art in der Medizin zu analysieren, die uns über Jahrhunderte überliefert sind. Wir haben nicht geprüft, was sich gewandelt hat, sondern was dort immer steht. Einige ganz wenige Dinge sind immer enthalten, zum Beispiel „Leben schützen", „mehr nutzen als schaden", „die Würde des anderen achten" – ich formuliere jetzt zeitgemäß –, „das Wohl des anderen im Auge behalten".

Daran erkenne ich grundsätzlich ethische Herausforderungen, die in der Situation liegen und die dann eben auch formulierbar sind. Wer formuliert z. B. das Kindeswohl? Wer bestimmt das Wohl dieses uns anvertrauten und jetzt in irgendeiner Weise zu behandelnden mißgebildeten Neugeborenen? Sind es die Kriterien der Wissenschaft? Sind es die Kriterien des Hirnmantels? Sind es die Kriterien der Zumutbarkeit für die Gesellschaft?

Alles das fließt mit ein. Das heißt, es sind Mittel und Wege zu finden, sensibel zu machen, gewissensfähig auch da zu machen, wo keine Normen zu setzen sind.

Wenn es zu Empfehlungen kommt, würde ich mich freuen, wenn wir eine Formulierung finden könnten, daß auf allen Gebieten, in allen beteiligten Fächern und in allen Stadien der Aus-, Weiter- und Fortbildung der beteiligten Disziplinen die Grenzprobleme erfahrbar gemacht werden sollen, damit man dort in der Lage ist, argumentationsfähig und auch bekenntnisfähig zu sein; denn jedes sittlich begründete Handeln bleibt letzten Endes – das ist Ihr Punkt, Herr Ewerbeck – ein Bekenntnis, nämlich zu dem, wo ich stehe.

HIERSCHE: Das war ein Statement, das uns sicher weiter bringt. Ich hätte das vorhergehende von Herrn Ewerbeck nicht mitgetragen: Es wäre kein *ethisches* Denken, sondern ein *selbstverständliches* Denken. Deswegen wollten Sie es nicht zum ethischen Denken überhöht haben. Ich glaube, für uns alle ist es selbstverständlich, daß ärztliches Handeln ohne ethische Eingebundenheit nicht möglich ist und auch nicht möglich werden darf.

Ich bin aber nicht ganz Ihrer Meinung, Herr Seidler, wenn Sie glauben, daß wir uns primär auf das Einzelschicksal konzentrieren *wollen*. Wir haben ganz klare ethische Normen, die nicht nur in unserem Standesgesetz festgeschrieben sind, sondern auch in den Ansätzen der, leider Gottes, mit „Sterbehilfe" umschriebenen Richtlinien der Bundesärztekammer.

Wir haben also gewisse Leitlinien. Was uns fehlt, ist die jüngere Generation, die das mitträgt. Die heutige jüngere Generation ist nicht dazu erzogen worden. Wir haben heutzutage in sehr vielen Bereichen, insbesondere im Bereich der Intensivmedizin, die wir ja auch mitbetreiben, keine entsprechende ethische Kodierung, sondern nur die Technik. Insofern gebe ich Ihnen recht.

GRÜNDEL: Wir haben eigentlich genügend Leitlinien. Es wird sich am Grenzfall zeigen, ob und inwieweit ein Arzt die entsprechende Verantwortung wahrnimmt.

Ich möchte allerdings folgenden Akzent hinzufügen, nämlich daß heute der in der Vergangenheit sicherlich nicht hinreichend gewürdigte gesellschaftliche Bezug als Folge weitaus stärker mitbedacht werden muß, d. h. zum einen die Erwartung, und zum anderen die Frage, welche Konsequenzen das eigene Tun auf einer breiten Ebene hat.

Ich glaube, daß es notwendig erscheint, gegen den Strom der zunehmenden Verrechtlichung und des ständigen Sich-absichern-Wollens – wir sind ja alle Kinder unserer Zeit – zu schwimmen, weil mit einer zunehmenden Verrechtlichung der eigentliche Entscheidungsraum geradezu abgeblockt und dann nur noch sozusagen per Computer etwas abgerufen wird. Das wäre ein Verlust an Humanität. Unter diesem Gesichtspunkt ist der Trend, der in allen Bereichen festzustellen ist, etwas ganz abzusichern - auch innerhalb der Ethik -, und der Ruf „Sagt uns genau, was wir tun sollen!“, nicht etwas, dem man einfach Folge leisten soll, sondern man sollte den Freiheitsraum der Entscheidung beachten.

HOLSCHNEIDER: Für mich ist Ihr Punkt 4 im 2. Teil nicht einfach nachzuvollziehen. Ich habe versucht, den Begriff der Ethik etwas mehr zu durchdenken. Man kann da ja wohl unterscheiden zwischen der Erfolgsethik und der Gesinnungsethik. Bei der Erfolgsethik steht die erzeugte Wirkung im Vordergrund. Das würde für mich als Chirurgen zutreffen, weil man meine Wirkung beurteilt. Das ist ähnlich wie bei einem Seilmacher oder einem Brückenkonstrukteur.
Umfassender ist sicherlich die Gesinnungsethik. Bei ihr steht die Behandlung im Vordergrund. Wenn aber die Behandlung des Patienten im Vordergrund steht, entwickelt sich die Ethik zu einem Dialog mit dem Patienten. Dieser Dialog fußt eigentlich entweder auf Grundprinzipien, die angeboren sind, oder auf Grundprinzipien, die erworben wurden.
Lege ich Grundprinzipien, die erworben wurden, zugrunde - Lust, Hedonismus, Volksgesundheit, womit ich beim Sozialdarwinismus bin -, dann komme ich in sehr verfängliche Rubriken.
Lege ich aber das Angeborene zugrunde, das Naturrecht, aus dem sich ja letztlich über den Eid des Hippokrates die Moraltheologie entwickelt hat, bis hin zum kategorischen Imperativ von Kant, dann muß ich eigentlich dieses angeborene Grundgerüst besonders hochschätzen. Ich fühle mich an Nietzsche erinnert, an seine Formulierung, daß jede Gesundheit ein Schritt auf dem Weg zur Krankheit ist und jede Krankheit ein Schritt auf dem Weg zur Gesundheit. Dann muß ich mich wie ein Gärtner in diese Schöpfung gestellt sehen und muß sagen, daß Blumen, die welken, nicht unbedingt gedüngt werden müssen. Dann muß ich eigentlich auch den ethischen Mut haben, Hilfe nicht mehr zu geben. Das kommt für mich in diesem 4. Abschnitt nicht so ganz heraus.

GRÜNDEL: Herr Holschneider, ich würde nicht wie Max Weber Gesinnungsethik und Erfolgsethik so gegenüberstellen, sondern ich würde sagen: Eine reine Gesinnungsethik sähe u. U. verhängnisvoll aus, weil sie die Wirklichkeit nicht ernst nimmt. Wir sprechen heute gern von der Verantwortungsethik, die die Basis wohl in der Gesinnung sieht, dann aber auch den Erfolg mit einbezieht, und zwar nicht bloß im Sinne dessen, was herauskommt, sondern im Sinne des Bedenkens der ganzen Konsequenzen und der Zielsetzung.
In diesem Sinne würde ich Ihrem Anliegen folgen. Ich möchte meinen Ansatz der Verantwortungsethik nicht als Erfolgsethik mißverstanden sehen.
Angriffe gegen die teleologische Argumentation kamen zuletzt im Frühjahr bei einem internationalen Moraltheologen-Kongreß in Rom, zu dem kein einziger deutscher Moraltheologe eingeladen war, auf dem der Papst ausdrücklich gegen die Teleologie Stellung bezogen hat. Man hat zu dem teleologischen Ansatz gesagt: Das ist eine utilitaristische Ethik. Genau das aber ist sie nicht. Die Ethik eines Thomas von Aquin oder eines Aristoteles geht vom telos, also vom Ziel, aus.

Sie ist also ganz und gar teleologisch und nimmt die gesellschaftliche Verantwortung ernst.
Was Sie, Herr Holschneider, sagten, bedeutet im Grunde genommen: Uns fehlt auch in der Theologie eine Schöpfungstheologie. Wir sind immer sofort in die Christologie hineingesprungen. Die Schöpfungstheologie begegnet uns unter dem Gesichtspunkt des Rechts der Natur oder der Erhaltung der Natur. Nur ist diese Natur auch uns in die Hand gegeben. Eingriffe in die Natur, die Förderung der Natur, die Erhaltung der Natur bleiben uns aufgegeben. Thomas von Aquin hat gesagt: natura mutabilis est. Das bedeutet, daß ich nicht etwas Fertiges und fest Angeborenes habe, sondern daß ich mich ständig neu fragen muß: Was dient noch der Humanität des Menschen?
Die Grenzfälle von Schwerstgeschädigten, die heute vormittag gezeigt wurden, führen zunächst dahin, daß man sagt: Das kann doch nicht mehr Gottes Wille sein, solches Leben zu erhalten. Trotzdem muß man sofort die Konsequenz bedenken. Wir müssen fragen: Welche Konsequenzen hätte es, wenn wir einfach sagen würden „Also lassen wir solches Leben ohne weiteres sterben!"?
Ich könnte zwar manche Schritte im individualethischen Bereich abdecken, aber im Bedenken der Konsequenzen müßte ich sagen: Stop, erst nach einer infausten Diagnose und nachdem alles Mögliche versucht wurde. Sonst nehmen wir - auch bei nur 10% Mißerfolg - menschliches Leben nicht hinreichend ernst.

DEUTSCH: Herr Gründel, ich möchte mich auf Ihr Papier beziehen und einige Fragen und Bitten aussprechen. Im 1. Punkt des 2. Teils sprechen Sie von der archaischen Furcht vor der eigenen Mißgestalt. Könnten Sie das noch etwas erläutern? Ist es nur die Erfahrung von sich selbst? Ist es die soziobiologische Beziehung? Oder ist es gar der Kampf ums Überleben, der dabei eine Rolle spielt?
Im 2. Abschnitt des 2. Teils sagen Sie: „Eine bloße Verlängerung von Leiden wie auch eine direkte Tötung Neugeborener" - insbesondere darauf beziehe ich mich - „erscheint in jedem Fall unverantwortlich."
Vielleicht sollte man hier einmal auch die historische Dimension aufgreifen. Ich glaube, es ist gar nicht so lange her, daß es diese direkte Tötung gab, wenn sie auch wenig anerkannt war. Ich glaube, sie wurde in vielen Ländern der Welt praktiziert.

SPANN: Zum Teil noch heute!

DEUTSCH: Ich darf noch kurz auf Punkt 1 des 2. Teils zurückkommen. Sie haben sich dort mit Recht mit der pränatalen Diagnose, insbesondere in der Gentechnologie, auseinandergesetzt. In der Enquetekommission des Deutschen Bundestags, in der ich auch sitze, befassen wir uns ebenfalls damit. Sie haben - wie ich glaube - mit Recht hervorgehoben, daß die Genomanalyse, insbesondere die pränatale Genomanalyse, die Möglichkeit einer verfeinerten Stellungnahme gibt, die jedenfalls auf dem Hintergrund des bisherigen Vorgehens zumindest den statistischen Vorteil bringt, daß weniger abgetrieben wird.
Im 8. Abschnitt des 2. Teils sprechen Sie mit Recht davon, daß die strafrechtliche Freigabe der Tötung einer Mißachtung des behinderten Lebens gleichkäme. Ich weiß nicht, ob Sie den Alternativentwurf zur Sterbehilfe gesehen haben. Dort wird

unser Thema ganz kurz aufgegriffen. Wenn ich es recht gesehen habe, taucht dort die Mitwirkung der Eltern nicht auf. Vielleicht habe ich es übersehen. Mich hat das gewundert. Sie haben es ganz kurz angesprochen. Vielleicht können Sie darauf noch eingehen.
In Amerika geht man mehr und mehr dazu über, diese Problematik den dort „Ethikkommissionen" genannten Kommissionen zu übertragen. Inwieweit besteht hier die Möglichkeit, diesen Ermessensspielraum, diese Grauzone, überhaupt die Rechtsfindung in diesem Zwischenbereich vom Verfahren her zu legitimieren und damit eine Verlagerung des Verfahrens auf mehrere Personen zu erreichen?

GRÜNDEL: Zunächst zu dem Hinweis auf die archaische Furcht vor der eigenen Mißgestalt: Wir haben das Phänomen, daß wir auch von den Medien her heute gewisse Klischees vorgestellt bekommen. Wir haben keine Behinderten, keine Buckligen als Sprecher. Wir bekommen durch die Werbeindustrie und dergleichen etwas vorgegaukelt. Wir sehen nur den jungen Menschen. Darin sehe ich so etwas wie eine immer noch vorhandene Tabuisierung des Alterns, des Mißgestalteten.
Vom Geschichtlichen her möchte ich auf die Reaktion im Hinblick auf bestimmte Behinderungen verweisen. Ich erwähne auch das, was früher in den ganzen Hexenprozessen zum Vorschein kam, nämlich den Glauben an die Verkörperung des Teufels in den Frauen. Ich glaube, daß es so etwas wie ein archetypisches Verhalten des Menschen gibt, das auch im Sinne einer Selektion wirkt und insoweit durchaus positiven Charakter hat. Es wird aber ganz und gar gefährlich, wenn wir nicht mehr an der Gleichwertigkeit des behinderten Lebens festhalten.
Das, was heute vormittag im Zusammenhang mit der Genetik diskutiert wurde, was Herr Zander sagte, nämlich daß die Mißgestaltung mit ins Spiel gebracht wird, ist bei der ganzen Strafrechtsdiskussion immer nur mit Blick auf die Zumutbarkeit für die Mutter gesehen worden. Würden wir auf das Kind als solches mit Mitleid abstellen, wäre das ein Verstoß gegen die Gleichwertigkeit der Menschen.
Zur pränatalen Diagnostik habe ich sehr vorsichtig formuliert.

HIERSCHE: Ich möchte nicht, daß wir dies vertiefen.

GRÜNDEL: Zur direkten Tötung Neugeborener erinnere ich an das entsprechende Vorgehen von Hebammen im „christlichen Abendland". Wir hatten selbst im katholischen Bereich die Situation, daß die Exkommunikation für den Abort der Schwangerschaft für eine bestimmte Zeit festgelegt war. Dabei stellte man auf die Beseelung ab. Man sprach von einer Sukzessivbeseelung: beim Mädchen in der 8. Woche, beim Jungen in der 4. Woche. Bis dahin trat keine Exkommunikation ein.
Hier gab es sicherlich eine ganze Reihe von Schichtungen und Abwertungen. Wir hatten etwa bei der Argumentation um den „gerechten Krieg" inkonsequenterweise immer Ausnahmen von Tötungsverbot gemacht. Das ist historisch sicher so gewesen. Wegen der Kürze der Zeit bin ich darauf nicht eingegangen.
Ich persönlich meine, es ist wirklich nicht verantwortbar, die Eltern bei der Entscheidung auszuschalten. Aber wenn jemand eine Entscheidung trifft, dann muß er ein Mindestmaß an Kompetenz haben. Sind die Eltern aber nicht weithin über-

fordert? Im Grunde genommen wird die Entscheidung der Eltern - das sagte Herr Zander bereits - weithin vom Arzt geführt. Man sollte die Eltern mit einbinden, aber der Arzt muß sich darüber im klaren bleiben, daß er durch seine Sachinformation bei denen, die zu einem solchen Entscheid gar nicht in der Lage sind oder aus einer ganz bestimmten Notsituation heraus sich einer Aufgabe gar nicht stellen können, im Dialog, im Gespräch jene Basis schafft, die ihn auch davor bewahrt, belangt zu werden, wenn tatsächlich behindertes Leben weiterlebt. Ich glaube, dann wäre ein Raum für den Entscheid der Eltern geschaffen. Gleichzeitig muß man beachten, daß sie oft nicht in der Lage sind, einen Entscheid zu fällen.

ZANDER: Herr Gründel, Sie haben in Ihren ersten Zusatzbemerkungen besonders auf die Probleme der Ethik im gesamten gesellschaftlichen Bezug hingewiesen. Ich habe in der praktischen Tätigkeit manchmal den Eindruck, daß wir auf verlorenem Posten stehen; denn die gesamte Gesellschaft hat doch eher eine gewisse Tendenz zu dem, was heute morgen als „Reklamierungsmentalität" bezeichnet wurde, nämlich die unbedingte Abwehr des Behinderten.
Ich muß wieder auf das Gesetz zurückkommen, weil es bei der Argumentation hilft. Wenn die Zumutbarkeit des Leidens eines anderen als Indikationsstellung in einem Gesetz festgelegt ist, dann wird das von daher noch gestützt. Krankheit kann ja ganz generell, genauso wie eine Behinderung, nur überwunden werden, wenn sie angenommen wird. Deswegen habe ich heute morgen bei der Schilderung unseres Falles letztlich die Annahme der gegebenen Situation durch die Eltern als die eigentliche Therapie bezeichnet.
Vieles, was in unserer Gesellschaft geschieht - in der Gesetzgebung, in den Reden in der Öffentlichkeit -, geht immer wieder dahin, das Anrecht des Menschen auf Unversehrtheit, auf Nichtleid, in den Vordergrund zu stellen. Unter diesen Bedingungen steht der Arzt oft auf verlorenem Posten. Ich könnte hier eine Fülle von Situationen darstellen, z.B. bei einer XO-Konfiguration, bei der man sehr, sehr überlegen muß, ob dieses Leid zumutbar wäre oder nicht. Von den Eltern wird nicht selten empört abgelehnt, daß ich überhaupt noch einmal den Versuch mache, diese Problematik zu diskutieren. Die Eltern sagen dann: Was fällt Ihnen überhaupt ein? Das ist mein Recht, und ich habe überhaupt kein Interesse, mit Ihnen noch einmal darüber zu sprechen!
So sieht es in der Praxis aus.

HIERSCHE: Das war für alle, die nicht mit diesem Problem der Beratung zu tun haben, sehr hilfreich. Es ist einfach so, daß wir durch § 218 StGB, den ich jetzt gar nicht vertiefen will, oder durch eine stellenweise angestrebte, aber doch wohl umstrittene zukünftige Verrechtlichung im Sinne der §§ 214, 214 a A.E. (Alternativentwurf) unter Druck geraten. Der Arzt, der nicht den Forderungen der anderen entgegenkommt, ist plötzlich der „inhumane" Arzt. Das ist ein gewisser Streitpunkt, der wiederum zwischen Jurisprudenz und Medizin entsteht, wenn die Tendenz besteht, alles zu verrechtlichen. Hier in diesem Raum wird es von den Juristen wohl nicht gefordert.

EWERBECK: Herr Gründel, ich bin Ihnen sehr dankbar für die zusätzliche Erweiterung um den 6. Punkt im 1. Teil, daß die theologische Ethik Mut zur Entscheidung

machen soll. Ich glaube, deutlich gemacht zu haben, daß es uns Kinderärzten nicht um körperliche Mißbildungen geht, sondern um die Funktionsfähigkeit des Gehirns und des menschlichen Geistes.
Sie haben ein Beispiel gebracht; in diesem Zusammenhang möchte ich Sie zu einer neuen Definition bringen. Sie sagten im Zusammenhang mit Erwachsenen in der Intensivpflege: Interaktion muß noch möglich sein.

GRÜNDEL: Ein Mindestmaß an Interaktion.

EWERBECK: Sie haben auch Thomas von Aquin zitiert. Ich verweise auf die Situation, in der wir Kinderärzte uns befinden, wenn wir von unseren Geburtshelfern ein Kind mit einem schwer gestörten Gehirn bekommen oder so etwas vor unseren Augen entstehen sehen; trotz oder vielleicht auch mit unserer Tätigkeit. Wo ist diese Grenze für die Aussage „Interaktion muß noch möglich sein"? Ich meinte heute morgen, daß der menschliche Geist das Recht hat, jedenfalls soviel Instrumentarium im Gehirn vorzufinden, daß er zumindest das Sprechen beherrscht, daß er eine Interaktion mit der Umgebung aufnehmen kann, daß er sprechen und hören kann und im Sinne von Seneca sich seiner biologischen Funktionen selbst bedienen kann. Das ist die Grenze, an der wir so große Schwierigkeiten haben. Ich glaube, da gibt es keine Rechtsnormen. Das habe ich heute morgen schon gesagt. Das ist das Feld, in dem wir schwimmen.

HIERSCHE: Herr Ewerbeck, ich würde nicht sagen „in dem wir schwimmen", sondern „in dem wir uns frei bewegen". Ich würde das nicht als Schwimmen hinstellen. Wir haben eine ärztliche Ethik.

EWERBECK: Das ist richtig. Aber wir haben nicht das, was wir normalerweise als Mediziner gewohnt sind: So ist der pH-Wert, so sind die Elektrolyte, so ist der Blutverlust, also muß folgendermaßen gehandelt werden. Das ist die normale Situation unserer jungen Ärzte.

HIERSCHE: Das ist das falsche, rein naturwissenschaftliche Denken innerhalb der Medizin.

EWERBECK: Das ist das Problem, das wir immer wieder haben.

HIERSCHE: Das wird aber auch nicht gelehrt.

SEIDLER: Ein Befund, Herr Deutsch, zur archaischen Furcht: Wenn man die Angst der Frauen in Beratungsstellen analysiert, wovor sie Angst haben, dann kommt in der Tat der ganze Kulturschutt hoch, nämlich die eingewurzelte Angst vor dem Bösen. Die Korrelation zwischen Mißgestalt und Bösem ist alltagsethisch im Menschen: Der Teufel hinkt, die Hexe ist bucklig, der Blöde schielt. Gehen Sie in die Horrorfilme, die unsere Kinder auf Videokassetten konsumieren. Gehen Sie auf der anderen Seite zu Old Shatterhand und zu den „guten Königen". Das sind uralte Figuren, die im Zeitgewand hochkommen.
Das 2. wichtige Element ist, daß wir, wie ich glaube, heute auf dem Weg zu einer neuen Art von Alltagsethik sind. Herr Zander hat es eben angesprochen. Heute haben wir erstmalig in der Medizingeschichte Macht über Konzeption und Kontrazeption. Mit Sicherheit greift die Menschheit begierig danach. Der „neue

Mensch" ist eine alte Menschheitsutopie, die seltsamerweise immer am Ende eines Jahrhunderts zu verzeichnen ist. Schon Nietzsche hat gesagt: Nicht fort sollst du dich pflanzen, sondern hinauf. Jetzt scheinen wir es zu können. Die Ansprüche an die Medizin, dieses auch zu tun, wachsen. Ich glaube, das sollten wir wahrnehmen. Der Eid des Hippokrates ist schwach dagegen und auch schwach dafür, in dieser Situation zu bestehen. Es muß ethisch neu gedacht werden.
Ich möchte noch folgenden Aspekt aufzeigen. Da ich im Kuratorium einer Schwerstbehindertenanstalt sitze, führe ich regelmäßig Studenten durch diese Anstalt. Sie lernen ja nur den anamnestischen, den ätiologischen Bereich. Sie sehen aber nie, was später mit einem solchen Geschöpf passiert.
Die Reaktionen der Studenten, wenn sie durch die Anstalt gehen, reichen vom weinenden Zusammenbruch bis zur Feststellung „Vergasen!".
Wenn Sie das Erlebte mit den Studenten aufarbeiten, kommen Sie wieder an diesen Punkt: Das sind uralte Mechanismen, die bei der alten Hebamme im Kreißsaal mitgeschwungen haben, die früher ein solches Kind, ein Gebet sprechend, in den Eimer getan hat. Wir können die Dinge nicht im Anekdotischen belassen; sie sind real.

GRÜNDEL: Ich möchte noch etwas zur Angst sagen. Wenn ich jemandem Schuldgefühle zuspreche oder aufspreche, kann ich ihn manipulieren. Wenn ich jemandem Angst mache, manipuliere ich auch. Früher hat man in Gefahrensituationen eine Prozession gemacht. Man hatte einen religiösen Bereich. Dieser religiöse Bereich fällt heute weithin flach. Durch den Ausfall des Religiösen entsteht eine Leere. Es ereignet sich eine ganz eigenartige Offenheit für Ängste. Ich sehe auch in dem, was heute durch die Medien geschieht, eine ganz massive Manipulation, daß mit Ängsten - ob es nun um Tschernobyl oder um etwas anderes geht - soviel besetzt wird, daß man nicht mehr mit rationalen Argumenten arbeiten kann. Dort hört so etwas auf. Ich bin auf einer ganz anderen Ebene. Erst dann, wenn ich die Angst binden kann, kann ich überhaupt den Schritt vorwärts tun.
Durch diese Situation stehen wir vor der Frage, ob das, was lautstark gefordert wird, nämlich die Eigenverantwortung, durch solche Ängste, die heute durch die Medien oder durch manche archaischen Vorstellungen verstärkt werden, geradezu verunmöglicht wird.

SEIDLER: Oder durch neue Rituale.

SCHLAUDRAFF: Herr Ewerbeck, Sie sagen, der junge Mediziner sei es gewohnt - nicht nur der junge Mediziner -, seine pH-Werte zu haben und daraufhin seine Entscheidungen zu fällen. Das sind diese Wenn/Dann-Entscheidungen: Wenn etwas so oder so ist, dann muß ich dieses oder jenes tun. Ich denke, es muß Routinen geben. Das hat seine gute Ordnung. Aber es darf keinen Behandlungsautomatismus geben, auch keinen Automatismus beim Behandlungsabbruch oder beim Nichtingangsetzen einer Behandlung.
Es gilt, immer darauf zu achten, ob es ein Fall ist, der mit Routine, mit dem allgemeinen Einverständnis der meisten zu behandeln ist, oder ob der Moment gekommen ist, in dem ich fragen muß „Was jetzt?".
Dann beginnt ganz sicher der Bereich, in dem nicht eindeutige Entscheidungen fallen, sondern in dem Entscheidungen sowohl in der einen als auch in der ande-

ren Richtung fallen können. Es liegt mir nahe, an das berühmte Wort Luthers „pecca fortiter" zu erinnern. Das haben Sie übersetzt mit „Mut machen zu Entscheidungen".

Herr Ewerbeck, Sie haben das heute morgen sehr genau beschrieben: Sie hätten anders entschieden, aber die Entscheidung des jungen Arztes haben Sie auch respektiert.

Der Routinewechsel hat heute ein solches Ausmaß erreicht - das hat Herr Seidler eben angesprochen -, daß wir wahrscheinlich noch eine ziemlich lange Zeit dieser Ungewißheit und dieser Unsicherheit aushalten müssen. Wenn wir das positiv aufnehmen könnten und wenn die Verständigung mit den Juristen dazu diente, diesen Freiraum möglichst lange freizuhalten, damit neue Erfahrungen gewonnen werden können, sähe ich unsere Sache auf einem guten Weg.

Routinen müssen sein. Wir können nicht jeden Tag sozusagen auf dem Reichstag zu Worms stehen und uns immer fundamental entscheiden. Aber Kommunikation darüber ist erforderlich, welches die Ausnahmefälle sind, und dann muß Freiheit gelassen werden, um sowohl so als auch anders entscheiden zu können.

Herr Gründel hat von einem Mindestmaß an Interaktion gesprochen. Ich denke, man muß sich bewußt machen, daß es sich dabei nicht nur um sprachliche Interaktion handelt. Herr Holschneider hat es beschrieben: Wenn man gelernt hat, die Reaktion beispielsweise von Schwerstbehinderten oder von Frühgeborenen zu beobachten, dann kann das sehr sprechend sein. Ich persönlich habe außerordentliche Schwierigkeiten mit Patienten - sowohl mit kleinen Kindern als auch mit Sterbenden -, deren nichtverbale Reaktionen ich nicht interpretieren kann. Wenn ich zu einem Sterbenden gerufen werde, mit dem ich überhaupt keine Vorgeschichte habe, dessen Mimik erlahmt ist, stehe ich wie vor einer Leiche. Ich muß mir mit dem Kopf bewußt klarmachen, daß dieser Mensch nicht gestorben ist. Aber wenn ich auf irgendwelche Formen beispielsweise von Berührung - nicht nur von verbaler Kontaktaufnahme - keinerlei Reaktionen empfinden kann, dann ist dieser Mensch für mich tot. Ich kann nicht in Verbindung mit ihm treten.

Deswegen liegt mir daran, zu sagen, daß es nicht nur um sprachliche Interaktion geht. Wenn sie so gering ist, daß die ausgesandten Signale bei allen, die mit diesem Menschen zu tun haben, keinerlei Gegenreaktion mehr hervorrufen, dann ist dieser Mensch praktisch sozial gestorben, weil niemand mit ihm in Aktion treten kann. Das ist eine sehr schwierige Grenze, aber für mich eine, bei der ich sage: Wenn in einem Team niemand mehr ist, der dafür kämpft, weil wirklich keinerlei Reaktion mehr da ist, dann kann ich nicht helfen, dann müssen wir dazu ja sagen.

HIERSCHE: Das ist sehr schwierig.

EWERBECK: Sie haben das Beispiel des sterbenden Menschen gebracht. Wir haben ein Wesen vor uns, das gerade auf die Welt gekommen und so zerstört oder im Gehirn so mißgebildet ist, daß dieser Zustand, den Sie vielleicht 10 Stunden, vielleicht Tage, vielleicht 1 Monat bei einem Sterbenden erleben, für immer gegeben ist.

Bei uns ist die Situation, daß wir handeln und wissen: Wenn wir nicht ganz effektiv handeln, ist es auch eine Frage von 10 Stunden, 10 Tagen oder 1 Monat. Wenn wir aber sehr effektiv handeln, dann wissen wir und fürchten wir - diese Wesen begegnen uns dann wieder, und wir fragen uns, ob wir richtig gehandelt haben -,

daß die Familie 4 Jahre mit diesem Wesen zusammen ist, und zwar ohne eine andere Interaktion als das körperliche Saubermachen usw.
So ist die Realität. Da soll es Ärzte geben - ich bekenne mich dazu -, die dann ein schlechtes Gewissen haben, wenn sie das sehen.

SCHLAUDRAFF: Es täte mir leid, wenn Sie ein schlechtes Gewissen hätten. Wenn Sie ein belastetes Gewissen haben, dann brauchen Sie jemanden, der Ihnen beisteht. Das ist aber etwas anderes. Ein schlechtes Gewissen haben wir, wenn wir wußten, daß etwas nicht richtig war. Aber ein belastetes Gewissen gibt es auch nach wohlerwogenen Entscheidungen. Ich kann Ihnen nur sagen: Damit sollen Sie nicht allein sein müssen, und Sie sollen nicht noch unter Bedrohung - etwa strafrechtlicher Art - leben müssen. Die Last kann Ihnen niemand abnehmen. Aber ein schlechtes Gewissen sollen Sie nicht haben müssen.

GRÜNDEL: Es gibt Situationen, aus denen ich nicht mit einem guten Gefühl herauskomme, gleichgültig, wie ich entscheide. Ich glaube, daß man auch in dem anderen Fall ein belastetes Gewissen hätte.

JÄHNKE: Mir scheint, daß ein wesentliches Problem bei dieser Kontroverse auch die Frage der Definition ist. Interaktion wurde dargestellt als Beziehung, offenbar verstanden als Austauschbeziehung. Der andere Inhalt - ich glaube, Sie, Herr Ewerbeck, vertreten ihn - ist jener des fehlenden Bewußtseins. Dazwischen liegt viel. Im Laufe der Zeit kann sich in diesem Bereich auch sehr viel ändern.
Ich meine nicht, daß man, wie Sie es sagten, Herr Schlaudraff, im Zusammenhang mit dem Behandlungsverzicht auf die Frage des Austausches abstellen kann; denn der Austausch kann sich ändern. Es kann bei verschiedenen anderen Krankheiten ähnliches passieren, z.B. beim Schlaganfall, bei der Katatonie, einer psychischen Krankheit, bei der keine Reaktion möglich ist. All das würde doch wohl nicht zu einem Behandlungsverzicht oder zur Einschätzung als einem sozialen Tod berechtigen. Wenn man auf den Bewußtseinsverlust oder die mangelnde Aussicht, daß das Kind jemals zu einem Bewußtsein gelangen wird, abstellen könnte, könnte man sich sicherlich verständigen. Aber alle Stadien davor geraten schon in Zonen, die mir bedenklich erscheinen.

v. LOEWENICH: Ich möchte 2 Gesichtspunkte ansprechen. Ich glaube, der Begriff des belasteten Gewissens ist ausgezeichnet. Wir werden häufig ein solches belastetes Gewissen haben. Wir müssen aber folgendes realisieren: Wenn wir, wie Herr Ewerbeck gesagt hat, nichts oder nicht alles tun und der Patient dann wirklich stirbt, haben wir in der Regel kein belastetes Gewissen. Wir vergessen den Patienten. Wenn er uns geschädigt wieder begegnet, haben wir ein belastetes Gewissen. Wir haben es nur nicht, wenn er uns gesund begegnet.
Dieses „Aus-den-Augen-aus-dem-Sinn", das vom Sterben des Patienten kommt, ist eine ganz große Gefahr, weil wir uns ohne jede Möglichkeit einer Kritik dem Glauben hingeben, wir hätten richtig gehandelt. Aber das wissen wir gar nicht. Wir haben kein Kriterium dafür. Der Patient hätte ja vielleicht auch gut überleben können.
Wir kennen alle solche Patienten, bei denen das so ist. Das ist durch die Unsicherheit unserer Prognosen bedingt, die nicht beliebig verbessert werden kann. Ich

glaube, das sollte man immer im Gedächtnis haben. Wir als Therapeuten wissen das.
Aber jemand, der nicht selbst in diesen Entscheidungsprozessen steht und auch nicht die Katamnesen dieser Patienten kennt, denkt vielleicht: Wenn man nichts macht, dann hat man keinen Fehler gemacht. Da kann man genauso falsch gehandelt haben.
Herr Gründel, ich möchte zu Ihrem Punkt 3 im 1. Teil etwas sagen. Ich habe nach wie vor Schwierigkeiten, den moralischen Unterschied zwischen einer unterlassenen Handlung, die retten würde, und einer direkten Aggression zu sehen. Natürlich ist mir auch bewußt, daß das rein gefühlsmäßig ein Unterschied ist, ob man ein Leben mit der Waffe oder mit einer Spritze mit Kaliumchlorid attackiert oder ob man bloß nichts macht.
Ich sehe aber, wenn ich es durchdenke, in dem Nichtstun einen Versuch der Salvierung des eigenen Gewissens. Wenn ich einen Respirator zur Verfügung habe, mit ihm umgehen kann und auch nicht sagen kann, das ginge über die Remedia ordinaria hinaus, denn es ist für mich ein Remedium ordinarium - ich habe jeden Tag 9 Stück parallel laufen -, und ich setze den Respirator nicht ein, dann habe ich ja die Intention, der Patient möge sterben, genauso wie im Falle des direkten Attackierens.
Das Ergebnis ist in den meisten Fällen dasselbe, vielleicht mit einem ganz winzigen Unterschied: daß es mir zu meinem lähmenden Entsetzen passieren kann, daß der Patient nicht stirbt, sondern erheblich schwerer geschädigt überlebt. Aber lassen wir das einmal beiseite und bleiben wir bei der prinzipiellen Diskussion. Wo ist da eigentlich der Unterschied?
Ich bin in einem ähnlichen Kreis einmal so sehr mißverstanden worden, daß ich gar nicht begriffen habe, was der Diskussionspartner wollte. Es war ein Jurist, der meinte, ich plädierte dafür, eine aktive Attackierung menschlichen Lebens sei genauso zu rechtfertigen wie das Unterlassen. Genau das Gegenteil wollte ich damit klarmachen, nämlich daß für mich im Grunde kein Unterschied besteht, ob ich aktiv attackiere oder nur etwas nicht mache, was das Leben erhielte, obwohl ich das mitunter tue und sicher auch wieder tun werde.

HIERSCHE: Ich glaube, auch hier liegt jetzt wieder ein Mißverständnis vor. Herr Gründel hat von der aktiven Herbeiführung des Todes gesprochen. Das ist *niemals* die ärztliche Intention: Die aktive Herbeiführung des Todes ist kein ärztlicher Auftrag.

v. LOEWENICH: Wenn Sie nicht wollen, daß der Patient überlebt und die lebenserhaltende Therapie absetzen, dann haben Sie mindestens einen aktiven Denkvorgang vollzogen, mit der Intention, dieses Leben zu beendigen.

ZANDER: Ich finde es sehr gut, daß dieses Thema jetzt diskutiert wird. Sie haben heute morgen in Ihrer Darstellung sehr drastisch einen Fall gebracht, bei dem Sie die Beatmung abgesetzt haben, damit der Patient erstickt. Das haben Sie wörtlich gesagt. Sie haben dann gesagt: Wir haben dann etwas getan, um ihn zu sedieren, damit er das nicht so spürt. Das ist wohl das, was Sie meinen. Da ist die Absicht dahinter gewesen, ihn durch den Entzug der Beatmung zu töten.

WEISSAUER: Das Recht macht zwischen Tun und Unterlassen einen erheblichen Unterschied. Es kommt darauf an, ob eine Rechtspflicht zum Handeln besteht. Nur dann ist das Unterlassen strafbar. Über diese Brücke kommen wir zu all dem, was wir als „passive Euthanasie" bezeichnen.
Ich meine, es besteht aber doch ein erheblicher faktischer Unterschied: Beim Unterlassen lasse ich dem Schicksal seinen Lauf. Die Lunge des Kindes ist nicht genug entwickelt, es kann ohne künstliche Beatmung nicht leben. Ich greife nicht in das Schicksal ein.
Bei der aktiven Tötung, wenn ich dem Kind eine tödliche Spritze gäbe, würde ich das Leben des Kindes, obwohl es schicksalsmäßig weiterliefe, abkürzen.
Es besteht also doch, meine ich, schon von den Grundfakten her ein wesentlicher Unterschied zwischen „nicht verlängern" und „abkürzen". Wir kommen dort, wo wir eine Intensivbehandlung, eine Beatmung beenden, an die Grenzgebiete heran. Hier muß man den sozialen Hintergrund des Handelns sehen, nicht das rein Technische, nicht das Mechanistische. Das Abschalten des Respirators ist auch nichts anderes als die Beendigung einer Aktivität, mit der man eingegriffen hat, um ein Leben zu verlängern. Man verlängert das Leben nicht weiter. Das ist die richtige soziale Wertung.
Ich habe darüber einen langen Streit - auch literarisch - mit Bockelmann geführt. Ich glaube, es hat sich doch die Auffassung durchgesetzt, daß man das nicht rein mechanistisch beurteilen darf.

JÄHNKE: Ich bin etwas unglücklich über die dauernde Unterscheidung zwischen Tun und Unterlassen, die in jeder arztrechtlichen Diskussion wieder auftaucht. Nehmen Sie bitte das Beispiel des Respirators. Ob das Ausschalten Tun oder Unterlassen ist, ist in der Jurisprudenz hoch streitig. Schon aus diesem Tatbestand sollte man ersehen, daß es auf diese Unterscheidung im Ergebnis nicht ankommen kann. Entscheidend ist, ob die Behandlungspflicht besteht oder ob sie nicht mehr besteht. Alles andere ist juristische Technik, mit der man auf dem einen Weg etwas leichter begründen kann, auf dem anderen Weg etwas schwerer begründen kann. Aber für die Frage, um die es hier geht, sollte man, glaube ich, diese Unterscheidung vergessen.

WEISSAUER: Vor allem den aktiv wiederkehrenden Denkvorgang. Ich glaube, da kommen wir auf eine ganz falsche Ebene. Es kommt immer auf das Handeln an.

ZANDER: Wir sprechen doch über Fragen der Ethik, nicht über das juristische Problem.

JÄHNKE: Es ist doch eingebunden.

ZANDER: Das finde ich nicht.

GRÜNDEL: Was Herr Weißauer über die rechtliche Unterscheidung gesagt hat, ist einleuchtend. Die Ethik hat sich in der Vergangenheit auch immer darauf gestützt, wobei wir daran denken müssen, daß Ethik und Recht - zumindest Kirchenrecht - in einer Liaison waren, in einer Mischehe, die erst vor 50 Jahren zum Wohle beider Partner geschieden wurde. Ethik in der Selbstbesinnung nimmt andere Akzente heraus.

Was Herr von Loewenich gesagt hat, ist im Grunde genommen ethisch durchaus plausibel. Ich habe sehr wohl die Unterscheidung mit aufgegriffen. Ich werde Ihnen gleich sagen, weshalb ich diese Unterscheidung gebracht habe.
Ihre Absicht, Ihre Intention „Ich will durchaus, daß dieses Kind stirbt" ist ethisch in der von Ihnen genannten Situation verantwortbar und damit keine böse Absicht, es sei denn, Sie sind Deontologe. Dann sagen Sie: „Ich darf eine solche Absicht nicht haben." In dieser geschilderten Situation wäre der Tod des Kindes als Absicht nicht unverantwortlich, sondern sogar sinnvoll.
Jetzt ist die Frage, ob es Situationen geben kann, in denen tatsächlich der Unterschied zwischen Unterlassen, also der Natur ihren Lauf lassen, und dem aktiven Beschleunigen des Todes derartig minimal ist, daß ich sagen würde: Es schiene mir ethisch sogar verantwortbar, wenn ich teleologisch argumentiere, aktiv tätig zu werden, weil hier sowieso jemand dem Ende geweiht ist. Wenn ich dies - obwohl es sicher Grenzsituationen gibt - trotzdem nicht bejahe, dann deswegen, weil aufgrund der gesellschaftlichen Auswirkungen in dem Augenblick, da ich aktiv tätig wäre, wirklich der Eindruck, daß ich Leben zu schützen habe, verwischt würde.
Bei dem, was Herr Hackethal getan hat, könnte man sogar noch fragen, wenn es in ganz individueller Rücksprache geschehen wäre, ob das ein ethischer Grenzfall war. Die Art und Weise, wie es publiziert wurde, und die Tatsache, daß ein Recht auf aktive Euthanasie gefordert wurde, veranlaßt uns zu sagen: Bitte keine aktive Herbeiführung des Todes.
Ich möchte nochmals betonen: Vom Ethischen her gehen u. U. die Grenzen von aktiv und passiv ineinander über, wenn die Absicht, daß jemand sterben soll, auch sittlich verantwortbar ist.

v. Loewenich: Ich verstehe sehr gut, was Sie sagen. Ich bin fast genau Ihrer Meinung. Mir ging es eigentlich um ein didaktisches Prinzip, um klarzumachen, daß man, wenn man Leben tangiert - auf welche Weise auch immer das geschieht -, irgendwelche uns gesetzten Normen, mindestens des apodiktischen Rechts, überschreitet. Dessen soll man sich bewußt sein. Ich halte die Unterscheidung zwischen Unterlassen und aktivem Vorgehen für durchaus zweckmäßig, bloß nicht für logisch. Ich halte sie gerade auch juristisch für zweckmäßig. Ich bin sogar sehr froh, daß dies so ist; sonst erginge es mir vielleicht schlecht, vielleicht auch nicht. Ich stimme Ihnen voll zu, daß man das im Grunde gar nicht weit in der Öffentlichkeit sagen sollte, weil sonst weitere Grenzen eingerissen werden. Dann sind wir nachher wirklich beim Versand von Zyankali.

Ulsenheimer: Herr Gründel, Sie sagen in Punkt 2 des 2. Teils, daß eine direkte Tötung Neugeborener in jedem Fall unverantwortlich erscheint. Wenn ich den Fall betrachte, den Herr von Loewenich geschildert hat, muß ich sagen, daß aus dieser Intention heraus die direkte Tötung die Folge war. Ich stoße mich an dem Wort „direkte". Wenn Sie damit die aktive Tötung meinen, ist es mir klarer. Aber „direkt" kann in diesem Sinne jedenfalls auch eine Tötung durch Unterlassung sein, indem ich bewußt lebensverlängernde Maßnahmen nicht ergreife. Darin sehe ich einen gewissen Widerspruch. Sie sagen, in diesem Fall sei ethisch verantwortlich gehandelt worden. Trotzdem war Ihnen klar - das war vom Arzt so gewollt -, daß der Tod die direkte möglichst baldige Folge war. Es wurden nur einige schmerzstillende Mittel gegeben.

GRÜNDEL: Ich will Ihnen sagen, warum ich es so formuliert habe. Ich habe das Papier auch erstellt, weil ich alle zwei bis drei Monate mit Anzeigen im kirchlichen Bereich rechne. Der Begriff „direkte“ ist in moraltheologischer Hinsicht zu verstehen. Da sind einige Formulierungen enthalten, die eine gewisse Absicherung darstellen.

JÄHNKE: Bei der Frage nach einer Beendigung der Behandlung scheint mir das Abstellen des Respirators eigentlich die Kernhandlung zu sein. Es ist also die Frage, ob es sich nur um einige Grenzbereiche handelt, oder ob man die Unterscheidung zwischen Tun und Unterlassen nicht gerade hier exemplifizieren muß, wenn man sauber arbeiten will.
Deshalb auch die Frage vom Ethischen her: Wodurch würden Sie Tun und Unterlassen unterscheiden, wenn Sie daran - von Ausnahmen abgesehen - grundsätzlich unterschiedliche ethische Forderungen knüpfen?

GRÜNDEL: Nicht nur das Abstellen, sondern überhaupt das Anstellen des Respirators kann gefordert sein. In diesem Augenblick stehe ich vor der gleichen Frage. Ich muß mich der Frage stellen, ob ein Tun oder ein Unterlassen - das ist jetzt sogar gleich - sinnvoll und erfolgversprechend für das ist, was ich tun will. Der Arzt will ja eine Heilbehandlung, eine Therapie. Er will Leiden mindern, er will u. U. Schmerzen lindern. Wenn das nicht mehr zu erreichen ist, dann ist es gleichgültig, ob ein Unterlassen oder ein Nichteinstellen erfolgt. Damit entfällt die Unterscheidung wieder.

STEINBERGER: Herr Gründel, ich würde Ihren Thesen weitgehend folgen, würde aber gern an einem Punkt etwas nachfragen, an dem, wenn ich es recht sehe, auch Herr Deutsch schon etwas nachgefragt hat, weil wir uns dort einem Grenzgebiet zwischen Jurisprudenz und Ethik nähern und für die Juristen daraus u. U. weittragende Folgerungen resultieren.
Es geht um die Verantwortung des Arztes im Verhältnis zur Verantwortung der Eltern/Erziehungsberechtigten/Vormundschaftsrichter/Pfleger, wer auch immer es sozusagen nach Privatrecht im konkreten Fall wäre. Er stünde in einem gewissen Verhältnis zum Arzt, selbstverständlich unter der Voraussetzung, daß er in der zur Verfügung stehenden Zeit noch einbezogen werden kann und auch andere Gründe nicht dagegenstehen. Das alles setze ich voraus.
Ich frage mich, ob Sie die Position - ich konkretisiere jetzt einmal - der Eltern nicht etwas zu schwach veranschlagt haben. Sie sagen: „Die Eltern sind ja gar nicht fähig.“ Herr Zander hat uns, glaube ich, sehr richtig gesagt, was hier an psychologischer Führung vorhanden ist; dies sei alles zugestanden.
Wenn ich die Diskussionsbeiträge und die Referate richtig überschaue, kann es Situationen geben, die selbst für den Arzt in der rein medizinischen Beurteilung zweifelhaft sind. Wenn ich von Herrn Loch höre, daß bei der Ultraschalluntersuchung bis zu 50% Fehlinterpretationen vorgekommen sind, dann stellt sich doch zusätzlich zur rein medizinischen Beurteilung, die mit erheblichen Unsicherheitsgraden belastet sein kann, die Frage, ob die Entscheidung, die letzten Endes herauskommt, einen höheren Grad an ethischer Legitimation hat, wenn die Eltern eingeschaltet wären.

Wenn ich eine weitere Dimension hinzufügen darf: Es wäre verfassungsrechtlich nicht ganz einfach, ein Normengefüge abzusegnen, in dem Sie etwa dem Arzt, falls er sich im Widerspruch zu den Eltern befände, einen Vorrang in der Entscheidung einräumen wollten. Selbstverständlich ist der Arzt nie gehalten, Entscheidungen der Eltern gegen die Lex artis, gegen strafrechtliche Verbote zu vollstrekken. Wenn die Eltern das Kind nicht annehmen wollen, ist der Arzt nicht verpflichtet, es verhungern zu lassen. Das können wir gleich beiseite lassen. Ich weiß nicht, ob Sie die Verantwortung der Eltern stark genug verankert haben.

GRÜNDEL: Ich habe nie die Eltern grundsätzlich ausschalten wollen, sondern ich habe nur aufgrund der immer wieder zu hörenden Bemerkung „Aber die Eltern wollen es gar nicht!“ deutlich gemacht, daß wir die Eltern zwar mit einbeziehen, aber damit rechnen müssen, daß sie in dieser Konfliktsituation zu einem sachgerechten Entscheid oft schwerlich in der Lage sind.
Herr Zander hat vorhin auf die Ethikkommissionen hingewiesen. Eine Ethikkommission wäre so etwas wie eine gewisse Orientierung oder Abklärung des Arztes mit anderen Gruppierungen; eine Art stellvertretende Öffentlichkeit. Das ist auch schon ein Hinweis darauf, daß der Arzt den Entscheid nicht allein vornimmt, sondern sich die möglichen Zweifel auch noch einmal bewußt macht.
Ich würde also auf alle Fälle die Eltern einbeziehen. Wenn der Arzt den Eindruck hat, daß die Eltern ihn für etwas belangen wollen, was lege artis ist, was sogar dem Grundrecht auf Leben entspricht, muß er sich diesem Vorwurf stellen. Er kann ja nicht bloß Handlanger der Eltern sein.
Eine gesetzliche Regelung, die nur den Eltern die volle Verantwortung gäbe, würde ja auch nicht bejaht.
Ich würde also die Einbeziehung der Eltern voll bejahen, aber gleichzeitig doch zu bedenken geben, daß man bei dieser Entscheidung auch die Betroffenheit und die eingeschränkte Fähigkeit der Eltern zu einer solchen Entscheidung mitbedenken sollte.

ZANDER: Selbstverständlich muß der Arzt alles versuchen, zuerst einmal mit den Eltern eine Lösung zu finden. Das ist ganz klar. Nur: Es gibt Situationen, in denen das einfach nicht möglich ist, in denen der Arzt in eine eigene Entscheidungsnot und Gewissensnot gerät, wodurch er nicht in der Lage ist, einen Konsens mit den Eltern herzustellen.

DEUTSCH: Es ist so, wie Herr Steinberger gesagt hat: Hier berühren sich Ethik und Jurisprudenz. Mir persönlich wäre wegen der doch relativ seltenen Fälle, in denen das Urteil der Eltern nicht bindend sein sollte - was wir auch sonst haben, denn wir sind es ja gewöhnt, gelegentlich von den Kliniken her an das Vormundschaftsgericht heranzutreten und im Interesse der Kinder die elterliche Sorge einschränken zu lassen -, daran gelegen, daß man das nach wie vor als Ausnahme ansieht.
Ich sollte fragen: Stimmt es wirklich, daß die Eltern nur eine eingeschränkte Fähigkeit haben, das zu beurteilen? Ich hoffe, mir nicht den Zorn unseres Vorsitzenden zuzuziehen, wenn ich ganz kurz ein ähnlich gelagertes Problem anspreche. Wir stehen in der Medizinischen Hochschule Hannover vor der Frage, ob wir Knochenmarktransplantationen vornehmen lassen und als Spender Kinder bis

herunter zum Alter von 2 Jahren nehmen sollen, denen das Knochenmark in einer Operation unter Totalanästhesie entnommen wird. Die große Frage ist, ob die Eltern überhaupt erlauben können, daß das gemacht wird. Die Tübinger haben das Problem dadurch gelöst, daß sie das Vormundschaftsgericht entscheiden lassen. Das Vormundschaftsgericht setzt einen Pfleger ein, und dieser entscheidet merkwürdigerweise für die beiden Kinder, aber dann zugunsten der Entnahme. Wir werden diesen Weg vielleicht nicht gehen, weil wir befürchten, der Pfleger müßte immer nur für den Pflegling entscheiden. Die Familie kann es vielleicht eher tun. Es geht ja meist um die Spende für Geschwister. Wir meinten gerade, daß die Eltern die einzigen sind, die das noch abwägen können, so wahnsinnig schwierig es ist. Diese Frage, ob man so etwas machen kann, ruht mir auf dem Gewissen.

SPANN: Entscheidend ist die Risikoabwägung. Sie ist, wie ich sagen möchte, für die Entnahme des Knochenmarks praktisch Null.

HIERSCHE: Wir wollen die Sache jetzt nicht ausufern lassen. Insbesondere möchte ich nicht das Thema von Herrn Ulsenheimer vorwegnehmen lassen.

JÄHNKE: Ich wollte auch dazu raten, dieses Problem nicht weiter zu vertiefen. Es geht um andere Rechtsgüter, hier um das Rechtsgut der Gesundheit. In dem Fall, den wir diskutieren, geht es um das Rechtsgut des Lebens. Das ist auch für Eltern nicht verfügbar.

KERN: Ich sehe den großen Unterschied so nicht; denn auch die Gesundheit ist nicht verfügbar. Deswegen habe ich riesengroße Bedenken sowohl gegen das, was in Tübingen gemacht wird, als auch gegen das, was in Göttingen vielleicht gemacht werden wird. Die Einwilligung gilt aber nicht, weil es hier nicht um das Wohl des Kindes geht, nämlich des Kindes, das spenden muß. Ich sehe überhaupt keine Möglichkeit, so etwas zu machen.

HIERSCHE: Wir müssen uns auf das Thema beschränken, das wir zu behandeln haben. Wir müssen hier bei der ethischen Problematik bleiben.

KERN: Wenn wirklich feststeht, daß es medizinisch indiziert ist, das Kind am Leben zu erhalten, sollte man versuchen, die Eltern mit einzubeziehen. Wenn das aber nicht gelingt, haben die Eltern meiner Meinung nach überhaupt keine Entscheidungsbefugnis. Dann muß man sie eben ersetzen; wenn es schnell gehen soll, muß der Arzt allein entscheiden - das würde im Extremfall auch gehen -, wenn ein bißchen Zeit bleibt, das Vormundschaftsgericht oder der Pfleger. Eventuell wird der Arzt als Pfleger eingesetzt. Dann wird letzten Endes wiederum die medizinische Indikation ausschlaggebend. Ein echtes Verfügungsrecht haben die Eltern nicht.

HIERSCHE: Das läuft unter § 1666 BGB. Da sehe ich keine Probleme.

KERN: Wir reden aber die ganze Zeit darüber, als hätten wir welche.

HIERSCHE: Herr Gründel, sind jetzt von Ihrer Seite aus kritische Äußerungen zu dem zu machen, was hier vorgebracht wurde?

GRÜNDEL: Eigentlich nicht. Ich fühle mich fast ein bißchen mißverstanden, wenn Sie meinen, ich wollte dem Arzt eine Befugnis ohne die Eltern zuweisen. Ich trete sehr stark für das Elternrecht in jeder Weise ein. Ich wollte es nur etwas relativieren, wenn wir von der freien Entscheidung sprechen. Ich würde niemals sagen: der Arzt ohne die Eltern oder ohne das Vormundschaftsgericht.

SCHLAUDRAFF: Herr Gründel, ich habe eine Frage zu Ihrem Punkt 5 im 1. Teil, in dem es heißt:

> Aus christlichem Verständnis kommt dem irdisch leiblichen Leben des Menschen nur ein relativer Wert zu ...

Ich wollte mich nur, wenn es geht, Ihres Einverständnisses versichern, wenn ich das „christlich" auf „biblisch" erweitere. Unter uns leben wenig Juden, aber ihre glaubensbegründeten Traditionen prägen uns mit. Dort, wo keine direkte Auferstehungshoffnung - etwa im Alten Testament - bezeugt ist, kann das z. B. so aussehen: „Und Mose starb und ward begraben im Ostjordanlande." Keine Kränze, kein Ehrenmal, nichts. Das Grabmal des Stifters dieser Religion ist nicht bekannt!
Es gibt auch eine Art, mit dem Tod umzugehen, die dem Tod viel zuviel Ehre und viel zuviel Raum über das Leben gibt. Dagegen protestiert der Glaube auch. Wenn wir uns mit dem Sterbenlassenkönnen etwas leichter tun, können wir auch mehr für das Leben tun.
Ich glaube, daß da eine typische Entsprechung besteht. Israel hat hier etwas durchgekämpft gegen den ganzen alten Vorderen Orient. Denken Sie an Ägypten. Die Pyramiden sind die Tempel einer Todeskultur. Israel macht es gerade anders.
Wäre es Ihnen auch wichtig, diesen Strang unserer Tradition auch in diesem Gespräch zu betonen? Könnten Sie das speziell Christliche streichen und auf das allgemein Biblische, auf das Jüdisch-Christliche erweitern?

GRÜNDEL: Wenn Sie das Jüdische so interpretieren - selbstverständlich. Nur: Es gibt eine Gruppe von Juden, die Organtransplantationen aus ganz bestimmten Überlebensvorstellungen heraus ablehnen. Ich gehe davon aus, daß der Auferstehungsleib nichts mit dem irdischen Leib in diesem Sinne zu tun hat.
Interessanterweise ist es gerade in romanischen Ländern üblich, sehr pompöse Grabmäler zu bauen. Ich würde das, was Sie sagten, voll und ganz unterstreichen. Wahrscheinlich werden wir uns im Zusammenhang mit den Erkenntnissen, die uns zunehmend die Genomanalyse über künftige Erkrankungen schenkt, mehr mit dem Tod und dem Sterben beschäftigen müssen. Ich kann also nur unterstreichen, was Sie gesagt haben.

HIERSCHE: Was Sie über die Auferstehung des Fleisches gesagt haben, ist sicher nicht die Meinung eines katholischen Fundamentalisten.

GRÜNDEL: Es gibt aus dem Jahre 1215 ein Dogma, daß der Auferstehungsleib mit dem irdischen Leib identisch ist, und zwar materiell identisch. 1215, zur Zeit des 4. Laterankonzils, herrschte die aristotelische Vorstellung, daß die Identität des Menschen, das principium individuationis, die Materie bzw. der Leib ist.

Die Aussage gibt der Hoffnung Ausdruck, daß ich als Johannes Gründel mich über den Tod hinaus „erhalte". Das ist die Kernaussage. Das hat man damals als „Identität des irdischen Leichnams" formuliert. Die heutige Erkenntnis zeigt uns die Zielrichtung auch einer solchen Aussage: daß ich an ein individuelles Weiterleben glauben darf, aber das hat nichts mit unserem materiellen Leib zu tun.

Grenzen der ärztlichen Behandlungspflicht bei schwerstgeschädigten Neugeborenen aus juristischer Sicht

B. Jähnke

I.

Wer sich mit dem Thema befaßt, trifft auf den selten gewordenen Fall, daß die dazu erschienene Spezialliteratur noch überschaubar ist; Hanack hat sie kürzlich zusammengestellt. Eine in diesem Jahr erschienene Veröffentlichung von Langer, die den Gegenstand unserer Erörterungen allerdings eher nur streift, faßt die Ergebnisse und Aussichten der Bemühungen um ihn wie folgt zusammen:
Über den zugegebenermaßen sehr unbestimmten Leitaspekt, daß sich der Arzt im Zweifel für die Erhaltung des Lebens zu entscheiden habe, wird man bei der Suche nach rechtlichen Maßstäben für dieses Problemfeld in absehbarer Zeit wohl kaum hinausgelangen.
Der Umstand, daß es sich um juristisches Neuland handelt, muß solch frühzeitige Resignation nicht rechtfertigen. Dagegen dürfte Voraussetzung für eine juristische Annäherung an Problemlösungen sein, daß die rechtliche Dimension des Themas schonungslos bloßgelegt und die Diskussion von bestimmten außerjuristischen Gesichtspunkten freigehalten wird. Die Geburt eines schwergeschädigten Kindes ist gewiß für die Eltern, für die Geschwister eine schwere Belastung. Sie kann es ebenso für die behandelnden Ärzte und für das Pflegepersonal werden. Die Fragen, welch ein Leben dem Kind bevorsteht, welche Opfer den Angehörigen im Interesse des Kindes auferlegt werden dürfen und welche Lasten etwa die Gemeinschaft zu tragen hat, sind dennoch unzulässig. Es geht allein um das Kind, einen Menschen. Sein Leben ist nicht als mehr oder minder erhaltenswürdig bewertbar. Das Leid der Angehörigen fordert die Zuwendung einer menschlichen Gesellschaft; es kann aber nicht Rechtsgrund einer Vernichtung der Existenz des Kindes sein. Gerade weil eugenische Gesichtspunkte in unserem Fragenkreis immer wieder in den Vordergrund drängen, weil die Bereitschaft der Gesellschaft zum Ertragen von Unglück abnimmt und weil der Gesetzgeber für die Zeit vor der Geburt die rechtlichen Maßstäbe teilweise dramatisch verändert hat, bedarf es der Betonung von Grenzen, die nicht eingerissen werden dürfen. Ihre Bestimmung im Einzelfall – sie obliegt in erster Linie dem Arzt – bleibt schwierig genug.

II.

Die juristische Erörterung muß mit einer Durchsicht des vorhandenen Normenbestandes unter Berücksichtigung von Rechtsprechung und Lehre beginnen. Der Normenbestand ist nicht sehr reichhaltig, aber gewichtig. Es geht um das Recht

auf Leben, das jedem im Grundgesetz (Art. 2 Abs. 2 GG) garantiert und unterhalb der Verfassungsebene z. B. im Strafgesetzbuch im Abschnitt über die Straftaten gegen das Leben (§§ 211-222) geschützt ist. Danach gilt folgendes:
Vor der Geburt genießt das Leben einen minderen Schutz. Die Vorschriften über den Schwangerschaftsabbruch gestatten Eingriffe bei geschädigten Feten bis zur 22. Woche seit der Empfängnis. Danach hat der Gesetzgeber eine Grenze gesetzt, weil er die Abtreibung bereits lebensfähiger Kinder nicht zulassen wollte. - Nach der Geburt gilt ein prinzipiell umfassendes Tötungsverbot. Von Notfällen abgesehen - etwa der medizinisch wohl mittlerweile obsoleten Notstandstötung in der Geburt, der Perforation - begeht ein rechtswidriges Tötungsdelikt, wer ein Leben verkürzt oder wer es trotz bestehender Möglichkeit, Pflichtenstellung und Pflicht nicht verlängert. Am Lebensende wiederum - das nicht mit hohem Alter gleichzusetzen ist - darf der Arzt, sofern die sog. Basisversorgung gewährleistet ist, aussichtslose Behandlungen einstellen und seinen Platz nach dem Eintritt irreversibler Bewußtlosigkeit räumen. So spannt sich ein Bogen vom noch nicht voll ausgeprägten Lebensschutz vor der Geburt bis zu seinem Abbau, wenn weiteres ärztliches Bemühen sinnlos wird, weil die Lebensfähigkeit erloschen ist.
Daraus ergeben sich auch für unser Thema erste Folgerungen:

1) Wenn das Recht von einem bestimmten Zeitpunkt vor der Geburt an den geschädigten, aber lebensfähigen Foetus schützt, gilt dieser Schutz erst recht dem geborenen Menschen. Das lebensfähige Neugeborene genießt daher die volle - auch strafrechtliche - Fürsorge der Rechtsordnung. Fragen, wie sie aus der Zeit der Contergan-Katastrophe erinnerlich sind, finden hierin ihre klare Antwort. Wenn das Kind keine Arme, sondern an der Schulter angewachsene Hände hat, so mag bis zur Frist des § 218a Abs. 3 StGB ein Schwangerschaftsabbruch zulässig gewesen sein. Nach der Geburt ist es normal zu betreuen. Es könnte als lebensfähiger, organisch gesunder Mensch ja auch nur durch Maßnahmen getötet werden, die nach allgemeinem Verständnis absolut unzulässig sind. Das Merkmal der Lebensfähigkeit ist entscheidendes Beurteilungskriterium auch für die Gruppe von Kindern, die an geistigen Defekten leiden, aber organisch gesund und zu einem ihrer Entwicklung entsprechenden Leben imstande sind. Die sog. unheilbar Blödsinnigen dürfen vom Arzt dieselbe Behandlung erwarten wie jedes andere Kind.
   In gleicher Weise lebensfähig sind Kinder, die nach der gewöhnlichen geburtshilflichen Versorgung nach Hause entlassen werden können, aber nur eine begrenzte Lebenserwartung haben. Sind diese Kinder in der Lage zu leben, ohne in existentieller Abhängigkeit vom Arzt zu sein, dann findet sich kein Gesichtspunkt, der ein Absehen von der Behandlung rechtfertigen würde. Die geringe Länge der einem Menschen verbleibenden Lebensspanne beraubt ihn nicht des Schutzes der Rechtsordnung. Diesen Standpunkt vertreten Rechtsprechung und Lehre zu den Tötungsstraftaten einhellig; hier kann nichts anderes gelten. Nach welchen Maßstäben sollte es auch bemessen werden, ob die Lebenserwartung ausreichend groß oder zu gering ist?
   Damit stellt sich allerdings die weitere, von Prof. Ewerbeck aufgeworfene Frage, inwieweit interkurrente Krankheiten behandelt werden müssen, Krankheiten also, die mit dem Schaden nichts zu tun haben und bei jedem ungeschä-

digten Kind selbstverständlich bekämpft werden. Das Problem ist indessen von allgemeiner Natur, es tritt nicht nur beim Neugeborenen auf, sondern auch beim schwerverletzten Unfallopfer wie überhaupt bei jedem Kranken. Darauf wird noch einzugehen sein.

2) Verlischt das Leben unaufhaltsam, kann also der Arzt einen in Gang befindlichen Sterbevorgang nicht anhalten, so braucht er das auch nicht zu versuchen. Ebensowenig muß er ein fortschreitend verlaufendes Leiden, das in absehbarer Zeit unweigerlich zum Tode führt, ursächlich zu bekämpfen suchen. Er ist bei einem derart leidenden Neugeborenen aber auch nicht gehalten, dessen Leben unter Einsatz äußerster Mittel noch um eine kurze Zeitspanne zu verlängern. Schließlich ist ein Behandlungsverzicht dann gerechtfertigt, wenn es infolge von Hirnschädigungen ausgeschlossen erscheint, daß das Kind je zu Bewußtsein kommen wird. Die irreversible Bewußtlosigkeit des Kindes entspricht dem irreversiblen Bewußtseinsverlust beim Erwachsenen.

III.

Die im eigentlichen Sinne problematischen Fallgestaltungen ergeben sich freilich nicht aus voll bestehender oder aufgehobener Lebensfähigkeit des Neugeborenen. Sie liegen dort, wo der Arzt das Leben des Kindes vielleicht erhalten könnte, der Erfolg aber ungewiß ist oder nur um den Preis bleibender schwerer Schäden oder nur für eine bestimmte Zeitspanne erreichbar erscheint. Die Unsicherheit verstärkt sich, wenn mehrere dieser Gesichtspunkte zusammentreffen und auch die Behandlung noch Leiden oder sogar Schäden verursacht.
Leitmaximen, die freilich nicht unmittelbar Handlungsgebote im Einzelfall darstellen können und die weiterer Diskussion bedürfen, werden der Rechtsordnung aber auch hier zu entnehmen sein. Sie sind aus zwei einander begrenzenden Wertungen zu entwickeln.

1) Der erste dieser Gesichtspunkte ist die Gleichwertigkeit allen Lebens. Über die oben dargelegten Differenzierungen hinaus - die auch nur den Schutz, nicht den Wert des Lebens betreffen - verbietet das Recht es prinzipiell, Unterschiede zwischen jung und alt, leistungsfähig und hilfsbedürftig zu machen. Sehr eindrucksvoll schildert Prof. v. Loewenich (1982), daß die geringen Ausdrucksmöglichkeiten des Neugeborenen die Entscheidung für einen Behandlungsverzicht offenbar erleichtern, und er fragt weiter, wer es denn über sich bringe, einem Kind, das einen ansieht, den Respirator abzustellen. Zugleich und entschieden vertritt er aber die auch rechtlich zutreffende Ansicht, daß es auf das Alter und den Entwicklungsstand des Kindes nicht ankommen könne (MedR 1985, 30).
Ist aber jedes Leben gleichwertig, so kann es auch in der Pflicht, es zu erhalten, grundsätzlich keine Unterschiede geben. Für den Arzt folgt daraus ein sehr konkreter Maßstab. Er kann sich die Frage vorlegen, ob ein Erwachsener mit vergleichbaren Ausfallerscheinungen, wie sie das Neugeborene aufweist, aus ärztlicher Sicht behandelt werden müßte. Bejaht er die Frage, so bedürfte es eines besonderen Rechtsgrundes, dem Neugeborenen die entsprechende Behandlung zu versagen.

Bedenkt man, welche Fürsorge unfallverletzten Querschnittsgelähmten mit Recht zuteil wird, zieht man ferner etwa den Umfang selbstverständlicher Rehabilitation bei Hirnverletzten in Betracht, so folgt daraus eine umfassende Behandlungspflicht. Sie findet ihre Grenze naturgemäß in der gewöhnlichen medizinischen Indikation. Wenn etwa der Patient die Operation nicht überleben würde, wenn sie keine Besserung brächte oder wenn die durch sie verursachte Beeinträchtigung größer als die bestehende Behinderung wäre, ist die Behandlung nicht angezeigt. Aber die Bekämpfung interkurrenter Krankheiten durch Antibiotika dürfte auch bei schwergeschädigten Neugeborenen geboten sein. Es macht keinen Sinn, zunächst eine Behandlungspflicht zu postulieren, um dann auf die Erlösung durch eine interkurrente Krankheit zu warten. Falls nicht die zusätzliche Komplikation ihrerseits inkurabel ist, wäre die Unterlassung ihrer Behandlung auch allein mit Erwägungen über die Wertigkeit des geschädigten Lebens zu begründen; solche Erwägungen dürfen aber in die rechtliche Betrachtung keinen Eingang finden.
Deshalb sei an dieser Stelle die Auffassung erörtert, daß die ärztliche Indikation bei einem Erwachsenen mit der bei einem Neugeborenen nicht zu vergleichen sei, denn es sei problematisch, ein Neugeborenes auf einen mit Leiden und Plagen beladenen Lebensweg zu schicken, der ihm ohne ärztlichen Eingriff - durch den Tod - erspart bliebe. Niemand wird sich zwar solchen Gedanken entziehen können. Sie sind seit dem Altertum virulent geblieben. Aber sie beruhen auf Mitleid, auf menschlichen, vielleicht auch religiösen Empfindungen und, wie ich eben meine, nicht auf der Gesetzeslage. Es erscheint darüber hinaus gefährlich, kollektives Mitleid zum zentralen Inhalt juristischer Argumentation zu machen; der Zeitgeist könnte daraus sehr schnell weitergehende Forderungen ableiten. Problematisch dürfte es ferner sein, lediglich Neugeborene anders als Erwachsene zu behandeln. Einem 6jährigen Knaben, der sich beim Sprung in zu flaches Wasser oder bei einem Verkehrsunfall eine Querschnittslähmung zugezogen hat, steht ebenfalls ein leidvoller Lebensweg bevor. Die Grenze der Pflicht zur Behandlung angesichts derartiger Ausfallerscheinungen beim Neugeborenen zu ziehen, wäre willkürlich.
Mit Hilfe des Gleichwertigkeitsprinzips wird deshalb auch der Fall zu lösen sein, der die Staatsanwaltschaft Freiburg beschäftigt hat. Das Kind war mit einem Darmverschluß zur Welt gekommen, medizinisch wäre jedoch die Anlegung eines künstlichen Darmausgangs möglich gewesen. Wegen weiterer Schäden hätte es den Urin nicht halten können und wäre an den Rollstuhl gefesselt geblieben. Der Chirurg wollte operieren, der Anästhesist verweigerte seine Mitwirkung, so daß es starb. Bei einem Erwachsenen hätte der Anästhesist es wohl kaum gewagt, seine Mitwirkung zu verweigern. Kann es einen Unterschied machen, daß das Kind den Anästhesisten noch nicht ansehen konnte? Keine Rechtfertigung jedenfalls kann die Berufung auf das ärztliche Gewissen liefern. Die Berufung darauf war in dem Freiburger Fall schon deshalb fragwürdig, weil sie sich über eine gerichtliche Entscheidung hinwegsetzte, durch welche das Verhalten der Eltern, die die Einwilligung zur Operation verweigert hatten, rechtlich mißbilligt worden war. Aber unabhängig davon ist das Gewissen eine höchst subjektive Instanz, die lediglich für die innere Tatseite - Vorsatz, Irrtum, Schuld - von Bedeutung sein darf. Für die Reichweite der Behandlungspflicht und damit für den Inhalt des objektiven Rechts kann das Gewissen nicht bestimmend sein. Der Staat gäbe sich selbst auf,

würde er das Gewissen des einzelnen über die Gültigkeit von Rechtsnormen entscheiden lassen.

2) Unübersehbar ist indessen, daß der aus dem Gleichwertigkeitsprinzip folgende Rigorismus in Inhumanität umschlagen und dem ärztlichen Auftrag zuwiderlaufen kann. Betrachtet man die geschilderten Beispiele kindlicher Schädigungen, wird man sagen müssen, daß die Rechtsüberzeugung zwingend nach Grenzen der Behandlungspflicht verlangt. Ich sehe eine solche Grenze im Wesen des ärztlichen Handelns und komme damit zu einem rechtlichen Gesichtspunkt, der ebenfalls zu einer Leitmaxime zu führen vermag.

In der juristischen Literatur wird zunehmend der Standpunkt vertreten, daß die starren Normen des Strafgesetzbuchs allein nicht geeignet sind, das ärztliche Tun in Extremsituationen sachgerecht zu erfassen. Vielmehr bedürfe es eines Rückgriffs auf das geschichtlich gewachsene Berufsbild des Arztes sowie auf seine Standesethik, um das Tötungsverbot und damit korrespondierend den Umfang der Behandlungspflicht sinnvoll zu begrenzen. Daß die ärztlichen Standesregeln Teil der Rechtsordnung sind und ständig in die rechtlichen Beziehungen zwischen Arzt und Patient hineinwirken, haben im übrigen auch das Bundesverfassungsgericht (BVerfGE 52, 131, 196f.) und der Bundesgerichtshof (BGHSt 32, 367, 378f.) anerkannt. Der Gedanke ist auch für unser Thema fruchtbar zu machen.

Aufgabe des Geburtshelfers und des Neonatologen ist es zunächst, den Übergang des Kindes aus der schützenden und nährenden Hülle des Mutterleibs in die Außenwelt mit dem Ziel zu bewirken, es zu selbständiger Existenz zu befähigen. An dieser Aufgabe scheitert der Arzt, sofern das Kind auf nicht absehbare Zeit konstitutionell außerstande ist, aus eigener Kraft zu leben. Wenn medizinische Technik ohne absehbare zeitliche Begrenzung den Gasaustausch vornehmen muß, weil die Lungen unzureichend ausgebildet sind, wenn die Arbeit fehlender Nieren zu ersetzen ist, dann nehmen die Apparate des Arztes dauerhaft die Funktion eines Ersatzuterus mit Nabelschnur und Plazenta wahr. In einem solchen Falle ist der Übergang des Kindes in die Außenwelt in Wahrheit nicht vollzogen. Ist er nicht vollziehbar, braucht der Arzt sich darum auch nicht zu bemühen. In einer spezifischen Ausprägung schlägt auch hier der Gedanke der Unmöglichkeit, welche die Handlungspflicht aufhebt, durch. Der Arzt ist eben nicht bloßer Techniker, der Lebensäußerungen zu produzieren hat; er steht dem Leben in einer seinem Berufsbild gemäßen Funktion gegenüber.

Dieser Gesichtspunkt entbindet den Arzt rechtlich von der Pflicht zur Beatmung bei einer doch wohl beträchtlichen Anzahl schwerer Schäden. Maßnahmen der Intensivmedizin sind nicht gefordert, sofern das Kind zwar vielleicht lange Zeit am Leben gehalten werden könnte, die dauerhafte Herstellung der notwendigen Lungenfunktion aber unmöglich ist. Gleich bleibt dabei, ob das Organ nicht hinreichend ausgebildet oder ob das Atemzentrum im Gehirn so geschädigt ist, daß es seine Steuerungsaufgabe nicht erfüllen kann. Ebenso zählt hierher das Potter-Syndrom sowie die komplette Eviszeration, bei der sich die inneren Organe des Kindes außerhalb des fetalen Leibes entwickeln und im Fruchtwasser schwimmen. Bei Anenzephalie bedarf es zwar auch keiner ärztlichen Bemühungen, jedoch aus einem anderen Grunde; der Anenzephalus, der kein Hirn hat, steht rechtlich m.E. einem Hirntoten gleich.

3) Zu bedenken sind aber auch bestimmte rechtliche Konsequenzen, wenn der Arzt von der Ermächtigung, die Behandlung zu beenden, Gebrauch macht. Prof. Ewerbeck hat dargelegt, daß für eine Entscheidung über den Behandlungsabbruch nicht die an sich mögliche Zuordnung des Schadens zu bestimmten Kategorien von Entstehungsursachen maßgebend ist; abzustellen ist auf die Ausfallerscheinungen beim Kind. Das ist zweifellos zutreffend. Aber der Jurist kann den Faktor Mensch nicht ausblenden, wenn dessen Verhalten die Schädigung des Kindes herbeigeführt hat; denn die Rechtsordnung knüpft an die verschuldete Beeinträchtigung von Rechtsgütern rechtliche Folgen.

Der Bundesgerichtshof hat kürzlich die Verurteilung eines Arztes wegen fahrlässiger Körperverletzung bestätigen müssen, der während einer Geburt die vom Wehenschreiber (Kardiotokograph) aufgezeichneten Daten einer für das Kind lebensbedrohlichen Sauerstoffmangelsituation nicht erkannt hatte (Erstentscheidung in JR 1986, 248 m. Anm. Ulsenheimer). Das Kind wurde mit kaum wahrnehmbaren Lebensäußerungen geboren. Nach mehrtägiger Beatmung setzte zwar die Eigenatmung mit voller Funktion ein, aber die durch den Sauerstoffmangel verursachte Hirnschädigung ist nicht behebbar; das Kind kann sich nicht aufsetzen, ist geistig schwer geschädigt und wird stets ein Pflegefall bleiben. Daß hier reanimiert wurde, halte ich nach dem Gleichwertigkeitsgrundsatz für geboten. Denn ein erwachsenes Unfallopfer mit nur noch geringer Hirnaktivität wird auch beatmet, solange noch Hoffnung besteht.

Unter den Aspekten unseres Themas interessiert jedoch darüber hinaus eine gedachte Abwandlung dieses Falles: Wäre die Eigenatmung des Kindes infolge einer dauernden Schädigung auch des Atemzentrums nicht voll in Gang gekommen, dann hätte der Arzt die Behandlung abbrechen dürfen, weil die Grenze der Behandlungspflicht erreicht gewesen wäre. Das hätte jedoch zur Folge gehabt, daß er nicht nur der fahrlässigen Körperverletzung schuldig wäre, sondern der fahrlässigen Tötung. Denn § 222 StGB setzt nur voraus, daß jemand durch Fahrlässigkeit den Tod eines Menschen verursacht; die Ursächlichkeit unzulänglicher Beachtung der Zeichen des Wehenschreibers für die schließliche Einstellung der Beatmung aber wäre hier unbestreitbar. Die Grenze der Behandlungspflicht hebt also nur den Vorwurf auf, durch Behandlungsabbruch vorsätzlich den Tod des Kindes herbeigeführt zu haben. Folgen aus früheren Fehlern werden dadurch nicht beseitigt. Dieses Ergebnis mag vordergründig befremdlich erscheinen, soweit erlaubtes Tun - die Einstellung der Beatmung - eine härtere Bestrafung - wegen fahrlässiger Tötung statt wegen fahrlässiger Körperverletzung - nach sich zieht. Es wird auch unbefriedigend sein, daß sich der Arzt allein wegen dieser juristischen Folgen gedrängt sehen könnte, eine nicht mehr gebotene Behandlung fortzuführen. Aber ein rechtlicher Widerspruch liegt darin nicht. Denn in dem abgewandelten Fall wurde der Behandlungsverzicht ja gerade deswegen zulässig, weil die Folgen des ärztlichen Fehlers so schwerwiegend waren, daß die Lebenserhaltung letztlich als unmöglich gelten mußte. Die zurechenbare Herbeiführung des Todes und der Behandlungsverzicht sind also lediglich zwei Aspekte desselben ursächlichen Geschehens.

IV.

Die Begründung der Behandlungspflicht beim Neugeborenen durch das Prinzip der Gleichwertigkeit allen Lebens ist formaler Natur. Es verweist auf vergleichbar schwere Ausfallerscheinungen beim Erwachsenen und die ärztlichen Indikationen zur Behandlung in diesen Fällen. Das erscheint notwendig, um die Entscheidung von eugenischen Gesichtspunkten freizuhalten.
Aber zweifellos deckt dieses Prinzip nicht alle Fallgestaltungen ab, die sich dem Neonatologen stellen. Insbesondere für das unreife Frühgeborene dürfte es an Vergleichsmaßstäben fehlen, außerdem ist die medizinische Entwicklung hier offenbar noch sehr stark im Fluß. Die Erarbeitung materieller Kriterien für Behandlungsgrenzen ist ferner erschwert durch das Ausmaß der drohenden Schäden (geistige Behinderung, Erblindung) sowie durch den Umstand, daß die Erfolgsaussichten wohl statistisch belegbar, aber kaum im Einzelfall zuverlässig abschätzbar scheinen. Das führt zu einer weiteren Leitmaxime.

1) Die wichtigste rechtliche Frage ist zunächst, ob und nach welchen Kriterien Erwägungen zum künftigen Gesundheitszustand des Kindes in eine Entscheidung über dessen Leben oder Tod überhaupt einfließen dürfen; denn die Rechtsordnung ist bestimmt durch eine Rechtsgüterhierarchie, in der dem höherwertigen Rechtsgut der Vorrang vor dem wertmäßig niedriger eingestuften zukommt. Und die Gesundheit hat gegenüber dem Leben zweifellos den geringeren Rang. Freilich wird bezweifelt, ob diese Hierarchie angesichts medizintechnischer Möglichkeiten noch stimmig ist; man versucht, dem Rechtsgut Leben die Menschenwürde, das Selbstbestimmungsrecht, auch Gesichtspunkte der Zumutbarkeit von Eingriffen für den Arzt entgegenzusetzen. Diese Versuche haben im Grenzbereich des Lebensendes einige drängende Probleme lösen können. Daß dort eine Abwägung rechtlich möglich ist, hat nunmehr auch der Bundesgerichtshof anerkannt.
In dem bekannten Fall Dr. Wittig (BGHSt 32, 367) war der angeklagte Arzt zu seiner 76jährigen Patientin gekommen, nachdem diese in Selbsttötungsabsicht eine Überdosis an Medikamenten eingenommen hatte. Er wußte, daß sie eine Behandlung ablehnte. Angesichts ihres Zustands glaubte er ferner, daß ihre Rettung nur unter Inkaufnahme schwerer Dauerschäden möglich sein werde. Daher griff er nicht ein, so daß die Frau starb. Der Bundesgerichtshof hat den Freispruch des Arztes, zu dem das Landgericht gelangt war, bestätigt. Nach seiner Ansicht befand sich die lebensmüde Frau im Verhältnis zu ihrem Arzt in einer Doppelrolle. Sie war einerseits eine Selbstmörderin; einen Selbstmord muß jedermann verhindern. Andererseits war sie Patientin, die auf Grund ihres Selbstbestimmungsrechts eine Behandlung wirksam ablehnen konnte. In diesem Konflikt, so meint der Bundesgerichtshof, mußte der Arzt entscheiden, welchem Gesichtspunkt der Vorzug gebührt; und weil schwere Dauerschäden zu befürchten waren, durfte er sich im konkreten Fall zur Untätigkeit entschließen.

2) Das Urteil ist insofern wegweisend, als die Frage nach den Folgen ärztlichen Tuns in Extremsituationen ausdrücklich als zulässiger Wertgesichtspunkt herausgestellt ist. In diesem Umfang hat es auch für unser Thema Bedeutung, da die

Schädigungswahrscheinlichkeit beim Neugeborenen längst ein wichtiger praktischer Maßstab für die ärztliche Entscheidung über die Aufzucht ist. Aber damit ist keineswegs vorweggenommen, warum und in welcher Weise die drohende Schädigung bei der Entscheidung über einen Behandlungsverzicht rechtlich ins Gewicht fallen darf.

Die Frage kompliziert sich durch die statistische Komponente des Problems. Zwar wird der Arzt zulässigerweise von einem Einsatz seiner Möglichkeiten absehen, wenn sein Tun mit Gewißheit ein Wesen ohne alle Merkmale personalen Seins hervorbringen wird. Aber davon, daß es sich so verhält, kann er gerade nicht ausgehen. Nur ein Teil der aufgezogenen unreifen Frühgeborenen bleibt geschädigt. Jedoch ist ungewiß, welche Kinder dies sein werden. Und ebenso ungewiß ist, welche von ihnen schwere und welche nur leichte Schäden davontragen werden. Steht - wie regelmäßig - im Einzelfall das Ausmaß einer möglichen Schädigung nicht fest, darf der Arzt - statistisch gesehen - bei Behandlungsbeginn auch mit einem völlig normalen und gesunden Kind rechnen. Wenn eine solche Möglichkeit nicht auszuschließen, in ihrem Wahrscheinlichkeitsgrad vielleicht sogar errechenbar ist, darf die Behandlung dann mit Rücksicht darauf unterbleiben, daß anderenfalls den Kindern ein hartes Schicksal (oder der Tod) bevorsteht?

Derartige Fragestellungen sind dem Arzt nicht fremd. Die Sterblichkeitsrate ist ihm ein geläufiges Entscheidungskriterium; auch juristisch wird dagegen nichts einzuwenden sein. Aber die Entscheidung über Leben und Tod allein von einer mehr oder minder hohen Wahrscheinlichkeit einer mehr oder minder starken Schädigung abhängig zu machen, ist rechtlich sehr problematisch und in keiner Weise abgesichert. Ich sehe auch nicht, wie aus der Schädigungsrate rational faßbare Maßstäbe für das ärztliche Vorgehen im Einzelfall gewonnen werden könnten; selbst wenn der Arzt alle individuellen Reifemerkmale des Kindes in die Abwägung einbezieht, bleibt das Ergebnis ungewiß und kann falsch sein. Auf diesem Weg ist daher nicht weiterzukommen.

3) Das liegt vermutlich daran, daß die statistische Betrachtungsweise der Lage nicht gerecht wird, in der sich die Medizin in ihren Bemühungen um die Erhaltung unreifer Frühgeborener befindet. Sie ist dadurch gekennzeichnet, daß immer kleinere Frühchen gerettet werden können und die Wissenschaft offenbar in diesem Bereich noch nicht am Ende der Entwicklung angelangt ist.

Prof. von Loewenich hat darauf hingewiesen, daß bisher bestimmte Geburtsgewichte die Grenze für den Versuch zur Erhaltung des Kindes bestimmten. Er gehörte zu denen, die sich an diese Untergrenze nicht gehalten und auch Neugeborene mit noch geringerem Geburtsgewicht behandelt haben. Aber damit sind die Mediziner, die das unternommen haben, in Freiräume vorgestoßen. Sie durften versuchen, im Wege der Forschung die Grenzen des Machbaren weiter vorzuschieben; gezwungen waren sie dazu nicht. Auf ihrem Weg standen vielleicht zunächst einige Apparaturen zur Verfügung, doch um befriedigende Ergebnisse zu erzielen, bedurfte es der Ausbildung weiterer Techniken und Methoden sowie der Sammlung von Erfahrungen. Wären die Forscher in diesem Stadium gezwungen gewesen, sich der technischen Apparaturen zu bedienen, nur weil sie vorhanden und - mit geringen Chancen - zur Lebenserhaltung geeignet waren, dann wären diese Ärzte zu einer Forschung verpflichtet gewesen, die hier den Charakter des Experiments am Menschen getragen hätte. Die Forschung ist aber frei, und zu Experimenten am Menschen darf der forschende Arzt schon gar nicht gezwungen werden. Es kann also rechtlich nicht geboten sein, wissenschaftlich ungesicherte Methoden anzuwenden, zu deren Entwicklung niemand verpflichtet ist.

Eine solche Beurteilung ändert sich, sobald die Ergebnisse der Forschung wissenschaftlich als gesichert gelten, der Arzt die Anwendung der notwendigen Techniken beherrscht und die Methode Anerkennung als ärztlicher Standard gefunden hat. Die Anerkennung umfaßt dabei auch die Beurteilung der unvermeidlichen Schädigungsrate als vertretbar; nur in diesem Zusammenhang gewinnt die Schädigungsrate Bedeutung. Sind die genannten Voraussetzungen gegeben, dann muß der Arzt die neu entwickelte Methode in der Regel anwenden, wenn er sich nicht dem Vorwurf aussetzen will, seine ärztlichen Pflichten zu vernachlässigen. Mir scheint, daß die Rezeption des medizinischen Fortschritts sich stets in dieser Weise vollzieht. Ein neues Krebsmittel wird der Arzt mit Mißtrauen betrachten dürfen; er wird es einzusetzen zu haben, wenn es sich aufgrund seiner Wirkung als Mittel der Wahl erwiesen hat. Der ärztliche Standard - wohlgemerkt der des erfahrenen Spezialisten - wandelt die vorhandenen Handlungsmöglichkeiten zum rechtlichen Fahrlässigkeitsmaßstab und liegt damit der rechtlichen Beurteilung von Handlungspflichten zugrunde. Bei unserem Untersuchungsgegenstand ist das nicht anders. Darin findet sich im übrigen ein weiteres Beispiel der Verknüpfung ärztlicher Handlungsmaximen mit der Rechtsordnung.

Auf das unreife Neugeborene übertragen bedeutet dies konkret, daß die Erhaltung nicht deswegen versucht werden muß, weil die technischen Apparaturen zur Verfügung stehen und ein Erfolg möglich erscheint. Maßgebend ist vielmehr, ob im Einzelfall die Kriterien erfüllt sind, die nach ärztlicher Erkenntnis, d.h. nach dem Stand der ärztlichen Wissenschaft, die Aufnahme der Behandlung angezeigt sein lassen. Wo diese Grenze zu ziehen ist, kann nicht der Jurist beurteilen. Er kann nur darauf hinwirken, daß ihre Festlegung unter Beachtung der Maßstäbe geschieht, welche die Rechtsordnung vorgibt. Und die Berücksichtigung schwerer Dauerschäden ist zulässig, um auf das Urteil Dr. Wittig zurückzukommen. Ebenso ist hier Raum für die Berücksichtigung der Anfälligkeit oder Widerstandsfähigkeit des Neugeborenen gegenüber interkurrenten Krankheiten. Selbstverständlich ist ferner, daß die Grenze nicht unverrückbar ist, sondern den Fortschritten der Medizin kontinuierlich nachfolgt, und daß dieser Grundsatz überall Anwendung findet, wo die Medizin Forschung betreibt.

4) Ich kann und will nicht die von ärztlicher Seite beschriebenen Krankheitsbilder beim Neugeborenen im einzelnen nach ihrer rechtlichen Relevanz durchgehen. Ein solches Unterfangen müßte auch den Eindruck juristischer Überheblichkeit hervorrufen. Aber die Spina bifida bedarf wegen ihrer Besonderheiten einiger Anmerkungen. Prof. Holschneider hat die Auswirkungen der Verschlußstörung im Wirbelbereich mit einem Schrotschuß in eine Telefonzentrale verglichen. Soweit ich sehe, geht es hier also nicht um das Vordringen der Medizin in bisher uner-

schlossene Gebiete, sondern um die ärztliche Indikation bei schwerer multipler Schädigung.

Eine analytische Betrachtung wird sich zunächst den einzelnen Ausfallerscheinungen zuzuwenden haben. Fehlt es dauerhaft an der erforderlichen Lungenfunktion, besteht nach dem Dargelegten keine Behandlungspflicht. Ein Wasserkopf kann behandelt werden, und auch beim Erwachsenen wird nach Schädeloperationen die Hirnflüssigkeit abgeleitet. Die vielfältigen körperlichen Behinderungen, die auftreten können, rechtfertigen nach dem Gleichwertigkeitsprinzip für sich genommen ebenfalls kein Absehen von der Behandlung. Das Problem liegt in der Häufung schwerer Schäden. Zur Annäherung an seine Lösung wird vielleicht die Erwägung beitragen können, daß der Arzt nicht zur Lebenserhaltung verpflichtet ist, wenn diese dem Patienten lediglich schwere Qualen bereitet. Gelingt es dem Arzt nicht, die Gesundheit zu stabilisieren, bedarf es vielmehr stets von neuem schwerwiegender Eingriffe, dann darf der Arzt sein Bemühen als gescheitert betrachten. Ich möchte in diesem Zusammenhang allerdings nicht auf die Erreichbarkeit einer stabilen seelischen Verfassung abstellen. Die seelische Verfassung eines Menschen ist m. E. nicht prognostizierbar.

Weitere Grenzen der Behandlungspflicht in diesen Fällen aufzuzeigen, sehe ich mich gegenwärtig aber außerstande. Das muß nicht bedeuten, daß es solche Grenzen nicht gibt. Prof. Holschneider hat erwähnt, daß in der Ärzteschaft Selektionskriterien entwickelt werden, die Maßstäbe für das ärztliche Vorgehen enthalten. Solche Kataloge sind gewiß hilfreich, wenn man darüber nicht die Beurteilung des Einzelfalls vernachlässigt. Die rechtliche Betrachtung aber scheint mir noch nicht so weit zu sein, weil die maßgebenden rechtlichen Kategorien und ihr Verhältnis zueinander noch weitgehend unerforscht sind.

Zusammenfassend läßt sich damit folgendes sagen: In die rechtlichen Erörterungen über die Grenzen der Behandlungspflicht bei schwergeschädigten Neugeborenen dürfen eugenische Gesichtspunkte nicht einfließen; für Eugenik ist der Jurist nicht zuständig. Unter dieser Voraussetzung lassen sich in der Rechtsordnung Leitmaximen aufspüren, aus denen Rechtsgrundsätze für eine Reihe von Fallgestaltungen ableitbar sind.

1) Aus den gesetzlichen Regelungen zum Schutz des Lebens und den ärztlichen Pflichten am Lebensende folgt, daß bei lebensfähigen Neugeborenen keine Einschränkung der Behandlungspflicht möglich ist, auch wenn das Kind körperlich oder geistig behindert ist oder nur eine begrenzte Lebenserwartung hat. Ist die Lebensfähigkeit unwiderruflich aufgehoben oder wird das Kind nicht zu Bewußtsein gelangen, bedarf es außer der sog. Basispflege keiner weiteren ärztlichen Bemühungen.
2) Das Leben Neugeborener und Erwachsener ist gleichwertig; daß ein geschädigtes Kind sich vom Anfang seines Lebens an auf einem schwierigen Weg befindet, begründet keinen durchgreifenden Unterschied zu einem Erwachsenen, den ein Schaden erst später getroffen hat. Ist das Kind mit medizinischer Hilfe am Leben zu erhalten, kann der Arzt seine Lebensfähigkeit also herstel-

len, besteht deshalb eine Behandlungspflicht in demselben Umfang wie bei Erwachsenen mit vergleichbaren Ausfallerscheinungen.

3) Die Aufgabe des Arztes besteht aber darin, das Kind zu selbständiger Existenz außerhalb des Mutterleibs zu führen. Ist dies infolge unzureichender Organbildung auf Dauer unmöglich, ist die grundsätzlich umfassende Behandlungspflicht aufgehoben, auch wenn das Kind künstlich noch am Leben gehalten werden könnte.
4) Für die Lebenserhaltungspflicht beim unreifen Frühgeborenen fehlen Vergleichsmaßstäbe aus dem Krankengut der Erwachsenen. Die Berücksichtigung der im Vordergrund stehenden möglichen Gesundheitsschäden ist grundsätzlich zulässig, doch liefert die statistische Schädigungsrate keine rechtlich begründbare Aussage über die Behandlungspflicht. Solange sich insoweit keine anerkannte Richtlinie herausgebildet hat, bewegt sich der Arzt hier im Bereich der Forschung. Zu dem Versuch, unreife Neugeborene mit noch ungesicherten Methoden zu erhalten, kann keine Verpflichtung bestehen. Eine Behandlungspflicht setzt jedoch ein, sobald ein ärztlicher Standard besteht, bei dessen Festlegung auch die jeweils unvermeidliche Schädigungsrate zu berücksichtigen ist.
5) Schwere multiple Schäden brauchen nicht behandelt zu werden, wenn die Behandlung lediglich Qualen verursacht, ohne den Gesundheitszustand zu stabilisieren. Weitere Einschränkungen der Behandlungspflicht sind denkbar, gegenwärtig aber rechtlich nicht zu begründen.

Bei allem aber gilt: Die Entscheidung im Einzelfall obliegt dem Arzt, dessen Beurteilungsermessen das Einschreiten oder das Absehen davon anvertraut ist. Anders kann es aber auch nicht sein, weil nur der Arzt im Umgang mit menschlichem Leid und mit dem Tod die Erfahrung hat, die zu verantwortlichem Handeln befähigt. Juristische Ausführungen sind in diesem Bereich Hinweise auf die Maßstäbe, an denen der Arzt sein Ermessen orientieren sollte.

Literatur

Engisch K (1973) Der Arzt an den Grenzen des Lebens. Bouvier, Bonn

Eser A (1977) Lebenserhaltungspflicht und Behandlungsabbruch in rechtlicher Sicht. In: Auer A, Menzel H, Eser A (Hrsg) Zwischen Heilauftrag und Sterbehilfe. Heymanns, Köln Berlin Bonn München

Eser A (1982) Grenzen der Behandlungspflicht aus juristischer Sicht. In: Lawin P, Huth H (Hrsg) Grenzen der ärztlichen Aufklärungs- und Behandlungspflicht. Thieme, Stuttgart

Hanack E-W (1985) Grenzen ärztlicher Behandlungspflicht bei schwerstgeschädigten Neugeborenen aus juristischer Sicht. MedR 1: 33-38

Hanack E-W (1985) Zum Schwangerschaftsabbruch aus sogenannter kindlicher Indikation als Grenzproblem. In: Hauser R, Rehberg J, Stratenwerth G (Hrsg) Gedächtnisschrift für Peter Noll. Schulthess Polygraphischer Verlag, Zürich

Kaufmann Arthur (1982) Zur ethischen und strafrechtlichen Beurteilung der sogenannten Früheuthanasie. JZ 37: 481

Kutzer K (1985) Strafrechtliche Überlegungen zum Selbstbestimmungsrecht des Patienten und zur Zulässigkeit der Sterbehilfe. MDR 39: 710

Langer W (1986) Rechtliche Aspekte der Sterbehilfe. In: Kruse T, Wagner H (Hrsg) Sterbende brauchen Solidarität. Beck, München

Laufs A (1980) Recht und Gewissen des Arztes. Heidelberger Jahrbücher Bd 1

Loewenich V von (1982) Grenzen der neonatologischen Intensivbehandlung. In: Müller H, Olbing H (Hrsg) Ethische Probleme in der Pädiatrie und ihren Grenzgebieten. Urban & Schwarzenberg, München, S 194–204

Schmitt R (1983) Eugenische Indikation vor und nach der Geburt. In: Kohlmann G (Hrsg) Festschrift für Ulrich Klug. Deubner, Köln

Schmitt R (1985) Ärztliche Entscheidungen zwischen Leben und Tod in strafrechtlicher Sicht. JZ 40: 365

Kompetenzprobleme bei der Entscheidung über die Behandlung oder Nichtbehandlung schwerstgeschädigter Neugeborener

K. Ulsenheimer

Vorbemerkung

Einschlägige Rechtsprechung zu den ungemein schwierigen und vielschichtigen medizinischen, ethisch-theologischen und rechtlichen Problemen, die mit der Frage der Lebenserhaltung „schwer“- oder „schwerstgeschädigter“ Neugeborener aufgeworfen werden, gibt es bei uns ersichtlich nicht. Auch in der Literatur zu diesem - relativ wenig erforschten - Spezialthema innerhalb des Gesamtkomplexes „ärztliche Sterbehilfe“[1] sind die Grundsatzpositionen nicht abschließend geklärt, zumindest aber die Detailfragen noch offen, so daß man von einer „herrschenden Meinung“ noch keineswegs sprechen kann.[2]

I. Stellungnahmen verschiedener Autoren

Ich schicke dies voraus, da das Thema davon ausgeht, *daß* in extrem gelagerten Sonderfällen Grenzen der ärztlichen Behandlungspflicht bei schwergeschädigten Neugeborenen bestehen, die Rechtsordnung also eine Entscheidungsmöglichkeit innerhalb eines gewissen Rahmens einräumt, dessen Bestimmung allerdings nicht meine Aufgabe ist. In diesem Referat geht es vielmehr ausschließlich um die Frage, wer - allein oder mit anderen, gegebenenfalls mit wem - über die Vornahme oder Ablehnung ärztlicher Maßnahmen bei schwergeschädigten Neugeborenen zu entscheiden hat.

Die Komplexität der Materie, konkret: die Unsicherheit der Entscheiungs*maßstäbe* strahlt - wie nicht anders zu erwarten - auch auf die Problematik der Entscheidungs*kompetenzen* aus, die im einschlägigen Schrifttum, wenn überhaupt, nur sehr kursorisch, undifferenziert und im Ergebnis recht kontrovers behandelt werden.

Auf der einen Seite stehen diejenigen, die die *alleinige* Entscheidungskompetenz des oder der im Einzelfall vor die Frage: Behandlung oder Nichtbehandlung gestellten Arztes oder Ärzte befürworten. Pointiert vertritt Ewerbeck[3] diese Position:

> Der behandelnde Arzt darf allerdings bei einem schwerst mißgebildeten Neugeborenen nicht vergessen, daß den Preis für seine juristisch einwandfreie Handlungsweise nicht er, sondern das leidende Wesen vor ihm bezahlt, zusammen mit seinen Eltern und seinen Geschwistern. Ich glaube, die Gesellschaft sollte auch in Zukunft den Arzt in dieser Situation allein lassen und der Arzt sollte seinen Konflikt nicht in die Öffentlichkeit tragen oder den Eltern aufbür-

den. Seine Entscheidung sollte auch in Zukunft eine einsame Entscheidung bleiben und von Güte und Barmherzigkeit diktiert sein. Lebenserhaltung um jeden Preis kann zum Terror im Namen der Humanität werden.

In ähnlicher Weise formuliert Jähnke[4] nach Darlegung der maßgeblichen Rechtsgrundsätze für die Bestimmung der Grenzen der Behandlungspflicht seine Auffassung zur Kompetenzfrage dahin:

> Bei allem aber gilt: Die Entscheidung im Einzelfall obliegt dem Arzt, dessen Beurteilungsermessen das Einschreiten oder das Absehen davon anvertraut ist. Anders kann es aber auch nicht sein, weil nur der Arzt im Umgang mit menschlichem Leid und mit dem Tod die Erfahrung hat, die zu verantwortlichem Handeln befähigt. Juristische Ausführungen sind in diesem Bereich nur Hinweise auf die Maßstäbe, an denen der Arzt sein Ermessen orientieren sollte.

Demgegenüber vertritt Schmitt[5] die Ansicht, das Unterlassen lebenserhaltender bzw. lebensverlängernder Maßnahmen setze beim erwachsenen Patienten dessen Einwilligung bzw. mutmaßliche Einwilligung und damit die *Einsichtsfähigkeit* in die Bedeutung und Tragweite der Entscheidung voraus, da anderenfalls die Grenze zwischen „Sterbehilfe“ und „Vernichtung lebensunwerten Lebens“ verwische. Da das neugeborene Kind jedoch einwilligungsunfähig sei, komme der Rückgriff auf die mutmaßliche Einwilligung nicht in Betracht mit der Folge, daß „im praktischen Ergebnis“ die (passive) Euthanasie „im Bereich der Pädiatrie“ *unmöglich* sei.
Demgegenüber hat jedoch Hanack[6] eingewandt, „der Unterschied zwischen „Euthanasie“ und „Vernichtung lebensunwerten Lebens“ bestehe „in der Motivation des Handelnden und demgemäß in der dieses Handeln bestimmenden Indikation, also dem Handeln aus Mitleid mit den Qualen des Kranken“. Das gelte „auch für die vom Arzt geübte passive Euthanasie“, die nicht dadurch zur „Vernichtung lebensunwerten Lebens“ werde, „daß dem Patienten - generell oder konkret - die Einsichtsfähigkeit“ fehle.
Wörtlich fährt er fort:

> So betrifft auch die hier erörterte Situation die typisch ärztliche, den Gegebenheiten des verlöschenden Lebens verpflichtete Abwägung: daß sie im Bereich der Pädiatrie ausgeschlossen sein soll, der Arzt insoweit also „inhuman“ soll bleiben müssen, ist nicht begreiflich und auch rechtsdogmatisch nicht schlüssig.

Hanack begründet dies mit dem Argument, der Gesichtspunkt der *Unzumutbarkeit* in den hier einschlägigen Fällen begrenze die Rechtspflicht zum Handeln und sei daher ein *tatbestandseinschränkendes* Kriterium, so daß sich im Rahmen der Deliktprüfung das Problem der Rechtfertigung auf der Rechtswidrigkeitsebene gar nicht erst stelle.
Gleicher Auffassung ist offensichtlich auch Kaufmann[7]. Unter Hinweis auf die Ausführungen von Schmitt betont er zwar, „das Einverständnis der Eltern des Kindes“ gebe „dem Arzt keine Befugnis zu einem an sich verbotenen Verhalten“. Er zieht daraus jedoch nicht dessen Schlußfolgerung der grundsätzlichen Unmöglichkeit der „Früheuthanasie“, sondern betont, diese finde „ihre äußersten Grenzen an denen der allgemeinen Euthanasie“, so daß man die „Grenzen der einseitigen, d.h. von der tatsächlichen oder mutmaßlichen Einwilligung des Betroffenen nicht gedeckten passiven Euthanasie ermitteln“ müsse.

Daraus folgt, daß bei Vorlagen bestimmter, von ihm näher beschriebener Voraussetzungen, nämlich dort, „wo weitere ärztliche Bemühungen sinnlos erscheinen und der Heilauftrag des Arztes endet“[8], dessen „Garantenstellung gegenüber dem geschädigten Neugeborenen entfällt“[9]. *Insoweit* billigt Kaufmann dem Arzt einen „Ermessensspielraum“[10] zu, überantwortet ihm also die *alleinige* Entscheidung. Zur Klarstellung hebt Kaufmann jedoch ausdrücklich hervor, dies bedeute kein „Handlungsermessen“ in dem Sinne, daß der Arzt „in eigener Regie entscheiden dürfte, ob und was zu unternehmen ist, also ob er etwa auch bei nicht irreversiblen Bewußtseinsverlust auf Maßnahmen zur Lebenserhaltung verzichten kann“. Denn selbstverständlich sei auch in diesem Bereich der Mediziner den rechtlichen Normen, die das menschliche Leben schützen, „ohne Ausnahme“ unterworfen.
Der Arzt habe vielmehr nur das *„Beurteilungsermessen,* nämlich ob im konkreten Einzelfall ein irreversibler Bewußtseinsverlust anzunehmen ist - wobei er die Regeln und Erfahrungen der Medizin zu beachten und, wenn es sich um die bevorstehende Geburt eines möglicherweise geschädigten Kindes handelt, einen Spezialisten (Kinderarzt) sowie den Neugeborenennotdienst zuzuziehen“ habe. Insoweit unterliege „der Arzt seitens der juristischen Instanzen keiner positiven Richtigkeitskontrolle derart, daß geprüft würde, ob er in concreto ‚richtig‘ gehandelt habe“, vielmehr gehe es „immer nur um eine negative Ermessenskontrolle, die lediglich Ermessensmißbräuche aufdecken“[11] solle.

II. Fallvarianten

Die vorstehenden Stellungnahmen des Schrifttums beziehen sich - ausdrücklich oder konkludent - stets auf den - wohl praktisch häufigsten - Fall, daß der Arzt sich ohne Zustimmung der Eltern bzw. des im fraglichen Zeitpunkt vorhandenen gesetzlichen Vertreters des Kindes *gegen* dessen Behandlung entscheidet. Die möglichen Fallkonstellationen sind jedoch vielfältiger, so daß exakter zu differenzieren ist, wobei ich zunächst vom „Normalfall“, der Vertretungsberechtigung und Vertretungsmöglichkeit des Kindes durch *beide* Eltern (§ 1626 Abs. 1 Satz 1, 1629 Abs. 1 Satz 2 BGB), ausgehe.
Danach sind folgende 4 grundsätzliche Fallvarianten zu unterscheiden:

a) Die *Nichtbehandlung* des Kindes durch den Arzt *in Übereinstimmung* mit dem Willen der Eltern,
b) die *Nichtbehandlung* des Kindes durch den Arzt *ohne Zustimmung* oder *gegen* den Willen der Eltern,
c) die *Vornahme* lebenserhaltender Maßnahmen durch den Arzt *im Einvernehmen* mit den Eltern des Kindes,
d) die *Behandlung* des Kindes durch den Arzt *ohne* oder *gegen* den Willen der Eltern.

Betrachtet man die Strukturmerkmale dieser Falltypen näher, wird die für die rechtliche Beurteilung maßgebende Zweiteilung sofort deutlich: einmal besteht zwischen Eltern und Arzt Einigkeit über die Behandlung bzw. Nichtbehandlung des Kindes, zum anderen fehlt diese Willensübereinstimmung zwischen Arzt und Eltern, wobei der Sachverhalt wiederum danach zu differenzieren ist, ob sich der

Arzt *für* die Behandlung und die Eltern *dagegen,* oder aber die Eltern *für* die Behandlung, der Arzt jedoch *dagegen* ausgesprochen haben.

Diskussion der Fallvarianten

Die Frage, wer zur Entscheidung über den Behandlungsabbruch oder -verzicht bei schwerstgeschädigten Neugeborenen zuständig ist, läßt sich im Anschluß an die vorstehend skizzierten Grundfälle wie folgt beantworten:

1) Unproblematisch erscheint mir der Fall, in dem die Eltern vom Arzt verlangen, daß er alles medizinisch-technisch Mögliche unternimmt, um das Leben des Kindes zu erhalten, und der Arzt dem Folge leistet, weil auch seiner Meinung nach die Grenzen der Behandlungspflicht nicht erreicht sind, anders ausgedrückt, auch der Arzt *für* die *Vornahme* konkreter lebenserhaltender Maßnahmen eintritt.
Da die eigenmächtige Heilbehandlung gegen das Selbstbestimmungsrecht des Patienten, konkret also des neugeborenen Kindes, verstößt und daher verboten ist, bedürfen die dann notwendigen Eingriffe in die körperliche Integrität der rechtfertigenden Einwilligung. Diese ist, da das Neugeborene entscheidungsunfähig ist, von den Eltern zu erteilen. Zu beachten ist lediglich, daß die wirksame Einwilligung die *Aufklärung* durch den Arzt voraussetzt, d.h. dieser muß über den Zustand und die Leiden des Kindes, die Art der möglichen Maßnahmen, also das „medizinisch Machbare", z.B. die maschinelle Beatmung, Operationstechniken und deren Folgen, Nahrungs- und Flüssigkeitszufuhr, Medikamente, die Schwere des Eingriffs, die Folgen der Nichtbehandlung, die Erfolgsaussichten der Behandlung, ökonomische Aspekte u.a. aufklären.
Die ausschließliche Kompetenz für die Aufklärung über die vorzunehmenden konkreten Maßnahmen hat also der Arzt, die ausschließliche rechtliche Kompetenz, in diese einzuwilligen, liegt bei den Eltern. Ein - positiver oder negativer - Kompetenzkonflikt stellt sich bei dieser Fallkonstellation nicht.

2) Letzteres gilt auch für den Fall der gemeinsamen Entscheidung von Arzt und Eltern *gegen* die Vornahme ärztlicher Maßnahmen, also für ein beiderseitiges gewolltes Untätigbleiben der Garanten.
Über einen derartigen Fall berichtete die Süddeutsche Zeitung vom 11.11. 1981:[12]

Ein Ehepaar hatte, was nach britischem Recht möglich ist, sein soeben geborenes, schwer mongoloides Baby „zurückgewiesen", d.h. der Fürsorge durch die Gesellschaft überantwortet. Im Einvernehmen mit den Eltern verordnete der Arzt daraufhin „nur Pflege" und ein beruhigendes, schmerzlinderndes Mittel. Ernährung wurde „nur auf Begehren" gereicht. Das Kind starb 69 Stunden nach der Geburt.

Ein weiteres Beispiel für die 2. Fallvariante bildet der Sachverhalt, der der Einstellungsverfügung der Staatsanwaltschaft bei dem Landgericht Freiburg zugrunde lag:[13]

Ein Kind war mit einem Darmverschluß geboren worden, der jedoch durch einen künstlichen Darmausgang hätte beseitigt werden können. Zusätzlich lagen weitere irreversible Schädigungen vor, die dazu führten, daß das Kind den Urin nicht hätte halten und nicht hätte gehen können. Angesichts dieses Zustands des Kindes verweigerten die Eltern und der Anästhesist die Zustimmung zu der vom Chirurgen empfohlenen Operation.

Sieht man von dem Sonderproblem differierender Meinungen auf seiten der behandelnden Ärzte ab, sind diese Fälle von der Willensübereinstimmung zwischen Arzt und Eltern gegen die Behandlung des Kindes geprägt. Damit stellt sich die Frage, ob die Zustimmung der Eltern zur Nichtbehandlung rechtlich relevant ist. Dies muß m. E. eindeutig verneint werden, da die Eltern kein Recht haben, über das Leben oder den Tod ihrer Kinder zu entscheiden. Die Einwilligung in die mit dem Behandlungsverzicht untrennbar verbundene Lebensverkürzung bzw. Lebensvernichtung ist rechtlich, wie sich aus § 216 StGB ergibt, bedeutungslos. Von einer echten „Kompetenz" der Eltern oder des jeweiligen gesetzlichen Vertreters des Kindes kann daher bei dieser Fallvariante nicht die Rede sein.

Die Frage ist vielmehr ausschließlich die, ob im konkreten Fall die Grenzen der Behandlungspflicht erreicht waren. Ist dies der Fall, durfte also auf die Vornahme lebenserhaltender bzw. lebensverlängernder Maßnahmen verzichtet werden – zur Beurteilung ist, wie schon ausgeführt, *allein* der Arzt aufgrund seiner durch Wissen und Erfahrung geprägten Sachkunde kompetent –, so ist die Erteilung der elterlichen Zustimmung zur Nichtbehandlung kein Mißbrauch des elterlichen Sorgerechts, § 1666 BGB findet daher keine Anwendung, d. h. es besteht auch keine Entscheidungskompetenz des Vormundschaftsgerichts, selbst wenn es von dritter Seite angerufen würde oder von Amts wegen einschreiten wollte.

Hätte dagegen das Leben des Kindes erhalten werden müssen, d. h. lagen die Voraussetzungen für einen Behandlungsverzicht ärztlicherseits *nicht* vor, stellt sich die Ablehnung der notwendigen Behandlungsmaßnahmen durch Arzt und Eltern als Totschlag durch Unterlassen und „mißbräuchliche Ausübung der elterlichen Sorge" durch Gefährdung des Kindeswohls dar, die das Vormundschaftsgericht berechtigt, „die zur Abwendung der Gefahr erforderlichen Maßnahmen zu treffen", also die Erteilung der Einwilligung in die Nichtbehandlung zurückzunehmen und für sofortige ärztliche Behandlung zu sorgen. Zu beachten ist allerdings, daß das Vormundschaftsgericht nur die zur Beseitigung der konkreten Gefährdung gebotenen Mittel ergreifen, also lediglich *Notmaßnahmen* anordnen darf.[14]

Dies ändert jedoch nichts daran, daß die „Beurteilungskompetenz" für die Frage, ob im konkreten Einzelfall die Grenzen der Behandlungspflicht erreicht sind, ausschließlich beim Arzt liegt und diese Entscheidung rechtlich nur im Hinblick auf einen möglichen *Ermessensmißbrauch* überprüfbar ist. Scheidet ein solcher aus – was die Staatsanwaltschaft in dem Freiburger Fall offenbar angenommen hat[15] – ist mangels Tatverdachts für die Fortführung des Ermittlungsverfahrens kein Raum. Auch in dem aus England berichteten Fall erfolgte ein Freispruch des Arztes von der Anklage wegen Mordes.

Zusammenfassend läßt sich also für diese Fallkonstellation feststellen:

Das Einverständnis der Eltern mit dem Untätigbleiben des Arztes und dem damit verbundenen sicheren Tod des Kindes vermag den Arzt nicht zu rechtfertigen, so daß insoweit auch keine „Kompetenz" der Eltern besteht. Es geht vielmehr ausschließlich darum, ob die Nichtbehandlung verboten ist oder im Einklang mit der Rechtsordnung steht. Insoweit kann und muß die *Beurteilungskompetenz* allein beim Arzt liegen, weil er der Sachkundige ist. Eine Fehlentscheidung hat er nur im Falle eines Ermessens*mißbrauchs* zu verantworten: ist diese Voraussetzung zu bejahen, kann die damit zugleich gegebene Fehlentscheidung der Eltern über

§ 1666 BGB[16] zur Einschaltung des Vormundschaftsgerichts führen, das die zur Rettung des Kindes erforderlichen Maßnahmen treffen kann. Bei *berechtigtem* Handlungsverzicht wäre der Arzt dagegen an die Ansicht des Vormundschaftsgerichts *nicht* gebunden, falls dieses von sich aus tätig oder von dritter Seite eingeschaltet würde.

3) Die beiden folgenden Fallkonstellationen sind – im Unterschied zu den eben behandelten – durch die *fehlende Willensübereinstimmung* zwischen Arzt und Eltern gekennzeichnet. Dabei steht im Mittelpunkt des Interesses der (in der Praxis fast ausschließlich relevante) Fall, daß sich der Arzt *für*, die Eltern aber *gegen* die Vornahme der gebotenen Maßnahmen zur Lebensrettung bzw. -verlängerung aussprechen. Einen derart gelagerten Sachverhalt berichtete die *Süddeutsche Zeitung* unter dem 10.08. 1981:[17]

Die Eltern eines 11 Tage alten mongoloiden Kindes, das an einer lebensgefährlichen Darmkrankheit litt, hatten seine Operation, die eine zusätzliche Herzschädigung zur Folge haben konnte, mit dem Argument untersagt, man solle sich der Natur nicht entgegenstellen. Das Kind habe dank seiner Darmerkrankung die Möglichkeit gewonnen, vor einem Leben mit einer angeborenen geistigen Behinderung bewahrt zu werden. Die Darmerkrankung hätte nach Darstellung der Ärzte ohne Operation innerhalb einer Woche zum Tode des Kindes geführt.
Daraufhin nahm der Stadtrat des Westlondoner Stadtteils Hammersmith das Kind unter Amtsvormundschaft und versuchte, die richterliche Zustimmung zur Vornahme der Operation des Kindes am Zwölffingerdarm zu erhalten. Interessant ist dabei, daß die 1. Instanz zunächst den Eltern Recht gegeben und entschieden hatte, man solle der Natur in diesem Fall ihren Lauf lassen, doch hob das Londoner Appellationsgericht diese Entscheidung auf und ordnete den Eingriff an.

Da die Frage, ob im konkreten Einzelfall die Lebenserhaltung bzw. -verlängerung unmöglich oder die dazu erforderlichen Maßnahmen unzumutbar sind und dem Heilauftrag des Arztes widersprechen, allein durch die Sachkompetenz des Arztes und die ärztliche Gewissensentscheidung zu beantworten ist, der Arzt also „in eigener Verantwortung die Entscheidung über die Vornahme oder Nichtvornahme auch des nur möglicherweise erfolgreichen Eingriffs zu treffen“[18] hat, stellt sich die Ablehnung der Operation in dem Londoner Fall bzw. die Verweigerung der Zustimmung zu den gebotenen ärztlichen Maßnahmen als „Mißbrauch“ des elterlichen Sorgerechts dar. Die Folge ist, daß nach § 1666 Abs. 1 BGB der Arzt das Vormundschaftsgericht anrufen und die fehlende Einwilligung der Eltern durch die entsprechende Zustimmung des Vormundschaftsgerichts ersetzen lassen kann. Ist die Anrufung des Vormundschaftsgerichts wegen der Eilbedürftigkeit der Entscheidung nicht möglich, darf der Arzt das Kind behandeln und dabei auch in die körperliche Integrität eingreifen. Die nach der Rechtsprechung damit gegebene Körperverletzung ist gerechtfertigt, wobei teils auf den Rechtfertigungsgrund des Notstands (§ 34 StGB), teils der Notwehr (Nothilfe) nach § 32 StGB, verschiedentlich auf die Grundsätze der Geschäftsführung ohne Auftrag (§ 677 BGB) und auf den Rechtfertigungsgrund der mutmaßlichen Einwilligung (nämlich des Kindes) zurückgegriffen wird.[19] Zu beachten ist jedoch, daß das Recht des Arztes, unter diesen Voraussetzungen die medizinisch indizierte Behandlung durchzuführen, ebenso wie die im Normalfall zu treffenden vormundschaftsgerichtlichen Maßregeln durch das Prinzip der Erforderlichkeit, Verhältnismäßigkeit, Geeignetheit und der Wahl des geringsten Mittels begrenzt,[20] der Arzt also praktisch auf „Notmaßnahmen“ beschränkt ist.

4) Praktisch außerordentlich selten und fast nur von theoretischem Interesse ist die 4. und letzte Fallvariante, deren Charakteristikum darin besteht, daß der Arzt sich gegen die Vornahme lebenserhaltender Maßnahmen ausspricht, die Eltern jedoch, z. B. aus weltanschaulich-religiösen Gründen oder sonstigen, im Einzelfall durchaus achtbaren Motiven, die volle Ausschöpfung der medizinischen Behandlungsmöglichkeiten wünschen.

Dabei gehe ich von der Annahme aus, daß der Arzt sein Beurteilungsermessen nicht rechtsmißbräuchlich ausgeübt hat, also der Behandlungsabbruch bzw. -verzicht nach rechtlichen Kriterien zulässig ist.

Bei dieser Sachlage, die zugegebenermaßen lebensfremd und für die betroffenen Ärzte unrealistisch erscheinen mag, aber sicherlich nicht gänzlich auszuschließen ist, sind zur Vermeidung von Mißverständnissen 2 konkurrierende Aspekte auseinanderzuhalten:

Auf der einen Seite kann kein Zweifel daran bestehen, daß die fehlende Zustimmung der Eltern zum Untätigbleiben des Arztes *insoweit* bedeutungslos ist, als, wie schon ausgeführt, die Einwilligung nur den Verzicht auf disponible Rechtsgüter ermöglicht, zu denen jedoch das „Leben" nicht gehört. Auch in der elterlichen Zustimmung zur Nichtbehandlung läge daher kein Rechtfertigungsgrund, wenn im konkreten Fall der Arzt verpflichtet wäre, lebenserhaltende Maßnahmen vorzunehmen. Diese Frage muß deshalb der Ausgangspunkt bei der Entscheidung über die *Nichtbehandlung* des neugeborenen Kindes durch den Arzt sein.

Auch ein Eingreifen des Vormundschaftsgerichts kommt an sich bei der hier diskutierten Fallvariante nicht in Betracht. Zwar hat das Vormundschaftsgericht unter der Voraussetzung, daß „das körperliche, geistige oder seelische Wohl des Kindes ... durch das Verhalten eines Dritten gefährdet" wird, „die zur Abwendung der Gefahr erforderlichen Maßnahmen zu treffen, wenn die Eltern nicht ... in der Lage sind, die Gefahr abzuwenden". Wenn jedoch der Behandlungsverzicht des Arztes sachlich gerechtfertigt ist, insoweit also keine Rechtspflicht zum Handeln besteht, scheidet schon tatbestandsmäßig eine Tötung durch Unterlassen und damit auch bei Ablehnung der Behandlung eine Gefährdung des „Wohls des Kindes" im Sinne des § 1666 Abs. 1 BGB aus.[21]

Dennoch darf – und dies ist der andere hier zu berücksichtigende Aspekt – nicht übersehen werden, daß nach Art. 6 Abs. 2 GG die „Pflege und Erziehung der Kinder das natürliche Recht der Eltern und die zuförderst ihnen obliegende Pflicht" sind. In erster Linie sollen also die Eltern entscheiden, weil es ihr Kind ist, sie für das Kind sorgen und die Kosten tragen müssen, ihre persönlichen Lebensgewohnheiten, ihr Lebensstandard und -zuschnitt sich im Falle der Betreuung eines schwerstgeschädigten Kindes grundlegend ändern und damit der höchstpersönliche Bereich beider Eltern nicht nur berührt, sondern zutiefst umgestaltet wird.

Deshalb stimme ich Hanack[22] voll zu, wenn er angesichts der nach wie vor bestehenden Unsicherheit der Grenzen ärztlicher Behandlungspflicht gegenüber schwerstgeschädigten Neugeborenen „in diesem Falle die Möglichkeit eines vormundschaftsgerichtlichen Eingreifens" befürwortet, „weil die Eltern dem Kind näherstehen und es für den Grenzbereich zu fragwürdig erscheint, im Konfliktfall der Entscheidung des Arztes den Vorrang zu geben". Die Einschaltung einer „neutralen Instanz" erscheint mir sinnvoll, da man im Widerstreit zwischen dem Elternrecht und dem ärztlichen Beurteilungsermessen – gerade im Hinblick auf

das zu beurteilende „Kindeswohl" – nicht ohne weiteres dem einen oder dem anderen der beiden Abwägungskriterien ein Übergewicht zukommen lassen kann. Wenn auch das Elternrecht in der Verfassung verankert ist, so unterliegt es dennoch Einschränkungen, und die Frage ist durchaus berechtigt, ob es zum „Wohle" des schwerstgeschädigten Neugeborenen ist, wenn es z. B. bei schwersten Hirnschädigungen niemals die Fähigkeit zur Kommunikation mit der Umwelt trotz der Behandlung erlangt, oder aber die Vitalfunktionen auf Dauer nur durch intensivmedizinische Maßnahmen, z. B. bei Nierenfunktionsstörungen ohne Heilungsaussicht, aufrechterhalten werden können.
Da hier die Rechtspflicht zum Handeln für den Arzt fehlt, stellt die Nichtbehandlung des Kindes strafrechtlich kein tatbestandsmäßiges „Töten durch Unterlassen"[23] und zivilrechtlich keine „Gefährdung des Kindeswohls" dar, so daß die Voraussetzungen für ein vormundschaftsgerichtliches Einschreiten rechtlich ebensowenig gegeben sind wie die Bindung an den Elternwillen. Voraussetzung ist natürlich, daß der Arzt die Eltern über den Zustand des Kindes umfassend aufgeklärt hat, insbesondere also die Behandlungsmöglichkeiten und -risiken aufgezeigt und ihnen dargelegt hat, welche Behandlungsalternativen, etwa infolge besserer apparativer Ausstattung oder größerer Erfahrung der Ärzte, in anderen Krankenhäusern bestehen. Ist dies geschehen, so entschärft sich praktisch der hier erörterte Konfliktfall, da es den Eltern unbenommen ist (falls nicht Notmaßnahmen anstehen und die Transportfähigkeit fehlt), das Kind verlegen zu lassen. Für die meisten Ärzte, die je in die konkrete Entscheidungssituation zwischen Nichtbehandlung oder Behandlung eines schwerstgeschädigten Kindes gestellt sind, dürfte ein solches Verhalten: keine Durchsetzung der eigenen Ansicht um jeden Preis, sondern eingehende Aufklärung der Eltern und gegebenenfalls Mithilfe[24] zur Verlegung des Kindes eine Selbstverständlichkeit sein. Denn niemand wird sich in diesem sensiblen Bereich – trotz medizinisch-ärztlich, ethisch und rechtlich zutreffender – Einsicht und Entscheidung – vernünftigerweise gegen den ausdrücklich oder konkludent geäußerten Elternwunsch nach Aufnahme oder Fortführung lebenserhaltender Maßnahmen stellen, und dem Schwankenden kann man – aus rechtsberatender, praktischer Sicht – nur den dringenden Rat geben, „gegen den Willen der Eltern im Zweifel auf die Behandlung nicht zu verzichten".[25]

5) Zusammenfassend läßt sich somit die Frage nach den „Kompetenzen bei der Entscheidung über die Behandlung oder Nichtbehandlung schwergeschädigter Neugeborener" im Verhältnis zwischen dem Arzt, „der die Entbindung übernommen und durchgeführt hat"[26], und den Eltern des Kindes wie folgt beantworten:

a) Zuständig für die *Aufklärung* der Eltern über den Zustand des Kindes und die medizinisch möglichen Maßnahmen und ihre Folgen ist *allein* der Arzt.
b) Die *ausschließliche* Kompetenz zur Feststellung der *Grenzen der Behandlungspflicht* hat im Rahmen seines durch Sachkunde, Erfahrung und das ärztliche Gewissen geprägten „Beurteilungsermessens" der Arzt.
c) Die *Zustimmung der Eltern* ist für die Vornahme lebensrettender bzw. -verlängernder Maßnahmen, die der Arzt durchführen will, zur Rechtfertigung tatbestandsmäßigen Verhaltens erforderlich. Die *Weigerung* der Eltern, diese Zustimmung trotz Belehrung durch den Arzt zu erteilen, stellt sich als mißbräuchliche Ausübung des Sorgerechts dar mit der Folge, daß in Eilfällen der

Arzt auch ohne vormundschaftsgerichtliche Genehmigung gerechtfertigt ist, im übrigen aber dessen Einwilligung einzuholen hat.

d) Entscheidet sich der Arzt nach umfassender Aufklärung der Eltern für die Nichtbehandlung des Kindes in rechtlich vertretbarer Weise, d.h. ist seine Rechtspflicht zum Handeln im konkreten Einzelfall beschränkt, ist diese Entscheidung, weil nicht rechtsmißbräuchlich, unabhängig vom Willen der Eltern und unabhängig von der Zustimmung des Vormundschaftsgerichts. Kein Arzt sollte jedoch angesichts der in diesem Bereich bestehenden Rechtsunklarheiten und Rechtsunsicherheiten sowie der besonderen Eltern-Kind-Beziehung gegen den Willen der Eltern auf die Behandlung des schwergeschädigten Kindes verzichten.

III. Weitere Kompetenzprobleme

1) Zusätzliche Kompetenzfragen treten auf, wenn der die Garantenposition innehabende Arzt, also meist der, der die Geburt geleitet hat, einen Spezialisten, z.B. einen Kinderarzt oder einen Neurologen oder sonstigen Fachkollegen zur Beratung bzw. zu dem geplanten Eingriff hinzuzieht, was häufig sicherlich sogar aus medizinischer Sicht geboten ist.
Im Verhältnis der Fachärzte untereinander gilt dann das Prinzip der strikten Arbeitsteilung und der Vertrauensgrundsatz, d.h. die Fachärzte stehen sich gleichberechtigt und unabhängig gegenüber und dürfen auf die Richtigkeit des Handelns, der Beurteilung und Beratung des jeweils anderen vertrauen.
Bei Meinungsverschiedenheiten, die nicht ausgeräumt werden können, entscheidet der Arzt, der die Garantenstellung gegenüber dem Kind innehat bzw. im Falle der Notwendigkeit einer Operation der Operateur. Insoweit gelten die allgemeinen Grundsätze für das arbeitsteilige Zusammenwirken mehrerer Fachärzte, z.B. die Prädominanz des Operateurs gegenüber dem Anästhesisten im Verhältnis Chirurgie und Anästhesie.[27]

2) Rein rechtliche Kompetenzfragen, die sich jedoch allesamt unschwer den gesetzlichen Regelungen entnehmen lassen, ergeben sich dann, wenn der Normalfall der gemeinsamen Vertretung eines ehelichen Kindes durch seine Eltern (§§ 1626 Abs.1 Satz 1, 1629 Abs.1 Satz 2 BGB) nicht vorliegt. Teils steht dann die gesetzliche Vertretungsmacht *einem* Elternteil alleine zu, teils hat das Vormundschaftsgericht die im Einzelfall gebotenen Maßnahmen zu treffen.
Ein Ehegatte hat die alleinige Vertretungsberechtigung des Kindes, wenn:

- dem anderen das Sorgerecht entzogen ist (§ 1680 BGB);
- das Sorgerecht des anderen ruht, weil er geschäftsunfähig ist (§§ 1673 Abs.1, 1678 BGB);
- *ein* Elternteil tatsächlich verhindert ist, die elterliche Sorge auszuüben (etwa die Mutter, weil sie nach der Geburt, z.B. nach einem Kaiserschnitt nicht ansprechbar oder der Vater, weil er im Krankenhaus nicht zu erreichen ist), § 1678 BGB;
- nach der Scheidung der Ehe der Eltern *einem* Elternteil die elterliche Sorge übertragen ist (§ 1671 BGB);

- bei Getrenntleben der Eltern die Personensorge *einem* Elternteil *allein* zusteht (§ 1672 BGB);
- ein Elternteil gestorben ist, z. B. die Mutter bei der Geburt (§ 1681 BGB).

Die Entscheidungskompetenz des Vormundschaftsgerichts besteht, wenn

- beide Ehegatten aus rechtlichen Gründen an der Ausübung der elterlichen Sorge verhindert sind (§ 1693 BGB),
- beide Elternteile aus tatsächlichen Gründen an der Ausübung der elterlichen Sorge verhindert sind (§ 1693 BGB),
- durch die Ausübung des Sorgerechts das Wohl des Kindes gefährdet wird, also ein Fall des Mißbrauchs der elterlichen Sorge vorliegt (§ 1666 BGB).

In diesen Fällen hat das Vormundschaftsgericht die im Interesse des Kindes erforderlichen Maßnahmen zu treffen, z. B. einen Pfleger zu bestellen oder selbst die Zustimmung zu einer Operation zu erteilen.
Soweit es sich um *nichteheliche* Kinder handelt, liegt die alleinige Vertretungsberechtigung grundsätzlich bei der Mutter (§ 1705 BGB).
Die Vorschriften über die elterliche Sorge für eheliche Kinder gelten im Verhältnis zwischen dem nichtehelichen Kinde und seiner Mutter jedoch entsprechend, so daß auch eine Entscheidungskompetenz des Vormundschaftsgerichts besteht, wenn die Mutter aus rechtlichen oder tatsächlichen Gründen an der Ausübung des Personensorgerechts verhindert ist (§§ 1705 Abs. 1 Satz 2, 1693 BGB) oder durch die Ausübung des Sorgerechts das Wohl des Kindes gefährdet wäre (§§ 1705 Abs. 1 Satz 2, 1666 BGB).
Weitere Kompetenzprobleme ergeben sich dann, wenn bei einem ehelichen Kinde die Zustimmung beider Eltern zur Vornahme der ärztlich gebotenen Maßnahmen erforderlich ist, jedoch *ein* Elternteil sie *nicht* erteilt. Falls dieses Verhalten eine rechtsmißbräuchliche Ausübung des Personensorgerechts darstellt, kann das Vormundschaftsgericht gemäß § 1666 Abs. 2 BGB die Zustimmung des sich weigernden Elternteils selbst ersetzen.

3) Sieht man von den rein *formellen* Kompetenzproblemen ab, die sich aus Beschränkungen des Sorgerechts bei ehelichen und dem Sonderstatus der nichtehelichen Kinder ergeben, sind die *materiellen* Kompetenzfragen zwischen dem Arzt oder den Ärzten einerseits und dem oder den Vertretern des Kindes andererseits rechtlich relativ klar und eindeutig zu umschreiben: Der Arzt hat die ausschließliche Aufklärungskompetenz gegenüber den Trägern des Sorgerechts und die alleinige „Beurteilungskompetenz“, ob ein Behandlungsverzicht zulässig ist. Eine besondere „Einwilligungskompetenz“ gibt es nur bei Vornahme der gebotenen ärztlichen Maßnahmen. Sie liegt in der Hand der vertretungsberechtigten Personen bzw. - im Falle des Mißbrauchs - des Vormundschaftsgerichts.
Da sich de facto jedoch kaum ein Arzt *gegen* den Willen der Eltern zu einem Behandlungsverzicht und damit zu einem Angriff auf das menschliche Leben entschließen wird, gibt es praktisch auch eine „Einwilligungskompetenz“ der Eltern in den Fällen der Entscheidung des Arztes für die Nichtbehandlung des Kindes.

Anmerkungen und Literatur

1 Mit Recht wird insbesondere von medizinischer Seite darauf hingewiesen, daß dieser Zusammenhang unzutreffend ist, da es nicht um „Sterbehilfe" geht.
2 Hanack, *MedR* 1985, S. 343.
3 Vgl. Beitrag Ewerbeck, S. 17.
4 Vgl. Beitrag Jähnke, S. 99.
5 Schmitt, *JZ* 1979, S. 464.
6 Hanack, *MedR* 1985, S. 36.
7 Kaufmann, *JZ* 1982, S. 484.
8 Kaufmann (s. Anm. 7), S. 485.
9 Kaufmann (s. Anm. 7), S. 484.
10 Kaufmann (s. Anm. 7), S. 486.
11 Kaufmann (s. Anm. 7), S. 486 f.
12 *Süddeutsche Zeitung*, 11. 11. 1981, S. 3.
13 s. dazu im einzelnen: Lauf, *Heidelberger Jahrbücher* 1980, S. 1 ff.; Schmitt, *Festschrift für Klug* 1983, Bd. II, S. 330.
14 Vgl. *BGHZ* 3, 220, 229; 8, 137; Soergel-Siebert § 1666 Rdnr. 36.
15 Dies war der Fall, obwohl der Operateur sich *für* die Vornahme lebenserhaltender Eingriffe ausgesprochen hatte.
16 § 1666 BGB lautet:
Abs. 1. Wird das körperliche, geistige oder seelische Wohl des Kindes durch mißbräuchliche Ausübung der elterlichen Sorge, durch Vernachlässigung des Kindes, durch unverschuldetes Versagen der Eltern oder durch das Verhalten eines Dritten gefährdet, so hat das Vormundschaftsgericht, wenn die Eltern nicht gewillt oder nicht in der Lage sind, die Gefahr abzuwenden, die zur Abwendung der Gefahr erforderlichen Maßnahmen zu treffen. Das Gericht kann auch Maßnahmen mit Wirkung gegen einen Dritten treffen.
Abs. 2. Das Gericht kann Erklärungen der Eltern oder eines Elternteils ersetzen.
Abs. 3. Das Gericht kann einem Elternteil auch die Vermögenssorge entziehen, wenn er das Recht des Kindes auf Gewährung des Unterhalts verletzt hat und für die Zukunft eine Gefährdung des Unterhalts zu besorgen ist".
17 *Süddeutsche Zeitung*, 10. 08. 1981, S. 8.
18 BGH, *MedR* 1985, S. 43.
19 Vgl. dazu im einzelnen Ulsenheimer, *FamRZ* 1968, S. 569.
20 Münchener Kommentar-Hinz § 1666 Rdnr. 33 m. w. N.
21 Dies vertritt mit Recht Hanack (s. Anm. 2), S. 38.
22 Hanack (s. Anm. 2), S. 38.
23 Dies gilt jedoch nur dann, wenn man mit der überwiegenden Ansicht im juristischen Schrifttum davon ausgeht, daß im Bereich der sog. Früheuthanasie unter den im einzelnen zu definierenden Voraussetzungen der Aspekt der Unzumutbarkeit die Handlungspflicht schon auf der *Tatbestands-* und nicht erst auf der *Schuld*ebene begrenzt.
24 Hierzu muß der die Behandlung verweigernde Arzt selbstverständlich alle notwendigen Handlungen (z. B. auch die Ausstellung eines Krankenscheins) vornehmen.
25 Ebenso Hanack (s. Anm. 2), S. 38.
26 Kaufmann (s. Anm. 7), S. 484.
27 Anders ist es in den Fällen, in denen der Operateur eine offensichtliche Fehlentscheidung trifft oder dem Eingriff offensichtlich nicht gewachsen ist (Übernahmeverschulden).

Diskussion zu den Referaten Jähnke und Ulsenheimer

HIERSCHE: Ich wäre dankbar, wenn es jetzt in der Diskussion nicht zu einem hehren Gespräch zwischen den Juristen käme, sondern zu einem Gespräch, an dem wir Mediziner aktiv teilnehmen könnten.
Herr Ulsenheimer, Sie haben gesagt, der Fall, daß der Arzt sage, es solle *keine* Therapie durchgeführt werden, während die Eltern sagten, es solle *doch* eine Therapie durchgeführt werden, sei kein Problem: der Arzt sollte dann behandeln. Es gibt aber doch § 368e RVO!

ULSENHEIMER: Ich glaube, daß das kein Problem der RVO ist, sondern hier geht es um Lebensschutz. Wenn die Behandlung vom Arzt für notwendig erachtet wird, dann muß er m. E. eingreifen.

KERN: Wenn der Eingriff nicht indiziert ist, dann kann meiner Meinung nach auch die Einwilligung der Eltern gar nichts bewirken. Dann haben wir überhaupt keine Rechtfertigung für den Eingriff. Die Kostenfrage ist die eine Frage. Die andere Frage lautet: Woher nimmt der Arzt die Berechtigung für den Eingriff? Das sehe ich in diesem Fall nicht. Wie Sie es dargestellt haben, scheint es mir eher ein Fall der defensiven Medizin zu sein. Der Arzt hat Sorge, die Eltern könnten ihm hinterher etwas anhängen, und deshalb tut er etwas, was er eigentlich nicht tun sollte. Das scheint mir doch sehr bedenklich zu sein.
Es geht also um den Fall, daß der Eingriff nicht indiziert ist, daß der Arzt nicht eingreifen möchte, aber die Eltern wollen es.

ULSENHEIMER: Hier geht es um Fragen der Lebenserhaltung und der Lebensverkürzung. Ich meine, wenn die Indikation besteht, muß eingegriffen werden.

KERN: Die Indikation besteht ja eben nicht. Aber die Eltern wollen es trotzdem.

WEISSAUER: Ich meine, es geht - ich bin mir noch nicht ganz sicher, wie man es sagen will - um den Beurteilungsspielraum oder das Ermessen. Herr Ulsenheimer, Sie hatten auf Fälle abgestellt, in denen ein Beurteilungsermessen gegeben ist. Der eine Arzt sagt „Ich tue etwas zur Lebensverlängerung", der andere Arzt sagt „Ich tue nichts zur Lebensverlängerung".

ULSENHEIMER: So etwa lag der Freiburger Fall.

WEISSAUER: Bei dieser Fallgruppe würde man sagen - das ist auch meine Auffassung -, hier sollten die Eltern ein starkes Mitspracherecht haben. Ich würde mich jedenfalls scheuen - ich gehe insofern etwas von Ihrer Linie ab, Herr Ulsenheimer -, zuzugeben, daß hier der Arzt völlig allein die Entscheidung hat, und die Eltern,

die die Pflege und die Kosten usw. zu übernehmen haben, nichts mitzureden haben. Ich meine, die Eltern müßten Gelegenheit haben in dieser Zone des Beurteilungsspielsraums zu sagen: „Sie sagen, Sie tun nichts. Ich gehe aber zu einem anderen Kinderchirurgen, und der sagt mir: Ich behandle in solchen Fällen sehr wohl." Wir wissen doch, daß die eine Klinik sagt, sie behandele so etwas nicht, während die andere Klinik sagt, man sehe darin eine Chance. Den Eltern muß die Möglichkeit gelassen werden, nach ihrem eigenen Ermessen einen Arzt zu suchen, der einen anderen Beurteilungsspielraum hat.
Ich gebe Ihnen recht, Herr Kern: Wenn keine Behandlung indiziert ist, kann auch die Einwilligung der Eltern nichts bewirken. Dann muß der Arzt sagen: Die Behandlung ist aus meiner Sicht nicht sinnvoll; wenn Sie es wirklich wollen, gehen Sie zu einem anderen Arzt, vielleicht trifft er eine andere Entscheidung.

KERN: Diesen Fall meine ich. Ich meine die Fälle, die Herr Zander heute morgen genannt hat, bei denen wirklich keine Behandlung möglich ist. Da sollte der Arzt doch wohl auch nichts tun.

HIERSCHE: Ist es dann eine Frage des Anwalts, der mich vertritt, was ich machen soll?

DEUTSCH: Was ist denn der Regelfall?

SPANN: Es gibt ja auch finanzielle Indikationen.

HIERSCHE: Herr Jähnke, wie sehen Sie es: Sollte der Arzt behandeln oder nicht, wenn er selbst „nein" sagt; die Eltern aber „ja" sagen?

JÄHNKE: Ich glaube, heute wurde schon gesagt: Der Arzt ist frei. Er kann nicht zu etwas gezwungen werden, was er nicht für indiziert hält. Etwas anderes ist es im umgekehrten Fall, wenn anderenfalls ein Schaden einträte.

SEIDLER: Ich möchte den Freiburger Fall aus eigener Kenntnis und auch für die Diskussion noch etwas differenzieren. Dort lagen erheblich mehr Mißbildungen vor, als sie hier genannt wurden. Es lagen ein kaudales Dysplasiesyndrom, eine Ösophagusatresie und eine Analatresie vor. Die Eltern sind sehr intensiv in den Prozeß eingeschaltet worden. Sie sind 3mal hintereinander sehr ernsthaft zu der Einstellung gekommen: Nein. Der Anästhesist hat sich ausdrücklich dem Votum der Eltern aus ethischen Gründen angeschlossen. Das Faktum war, daß der Dienstherr - das ist etwas, was hier noch nicht zur Sprache gekommen ist und was ich auf diese Art und Weise in die Diskussion einführen möchte - § 1666 BGB eingeführt hat, um das Dilemma zu klären, auch das Dilemma unter den Ärzten. Das Vormundschaftsgericht ist also auf Anweisung des Kanzlers in dieser Situation tätig geworden. Das nur als Bemerkung dazu.
Ich habe aber folgende Frage: Wer ist kompetent, das subjektive Kindeswohl zu bestimmen?

ULSENHEIMER: Nach dem Gesetz sind die Eltern kompetent. Das ist gar keine Frage. Es ist in § 1666 BGB so formuliert. Das ergibt sich m. E. zwingend daraus. Aber ich stimme Ihnen zu: Können die das? Es fließen im Grunde fremdbestimmte Gesichtspunkte, wenn ich das so sagen darf, bei den Eltern mit ein.

WEISSAUER: Man muß den Eltern die Chance geben, daß sie sagen können: Ich gehe zu einem anderen Arzt. Sie sind doch in erster Linie für das Kind verantwortlich, sie sind sorgeberechtigt.
Der Arzt muß den Eltern sagen: „Ich greife hier nicht ein, denn nach meinem Beurteilungsermessen ist das kein Fall, in dem man operiert. Ich sage Ihnen aber auch, in der Klinik XY wird in diesem Fall operiert. Wenn Sie dort hingehen, hat das Kind eine Chance, operiert zu werden. Ich halte es nicht für richtig, aber die Kollegen dort halten es für richtig. Hier gibt es einen Beurteilungsspielraum."

HOLSCHNEIDER: Herr Seidler, eine Ösophagusatresie kann man doch problemlos operieren, eine Analatresie kann man operieren. Wie kann der Anästhesist zu der Entscheidung gekommen sein, daß man nicht operieren soll? In Freiburg gibt es nur einen Erwachsenenanästhesisten. Es gibt in Freiburg nicht einmal einen Kinderchirurgen. Wo ist da die Kompetenz der Leute? Wie kann man die Kompetenz des Erwachsenenanästhesisten über die des Chirurgen, der wenigstens kinderchirurgische Erfahrung hat, stellen?

WEISSAUER: Nach den Vereinbarungen der Fachgebiete hätte der Operateur zu entscheiden, wenn seine Entscheidung nicht mißbräuchlich ist.

SEIDLER: Der Chirurg hat gesagt: „Ich operiere dann, wenn der Anästhesist die Anästhesie macht."

WEISSAUER: Sonst kann er ja auch nichts machen! Nach dem Abkommen der Fachgebiete ist es ganz klar: Der Operateur entscheidet, und der Anästhesist hat es zu respektieren.

KERN: Ich möchte noch folgende Ergänzung anbringen. Es war, wenn ich mich recht erinnere, so, daß der Anästhesist gesagt hat: Es ist anästhesiefähig, ich kann das machen, aber die Eltern wollen es nicht, und daher tue ich es nicht. Es war also keine medizinische Entscheidung, sondern eine ethisch-menschliche Entscheidung.

SPANN: An der fehlenden Einwilligung hat er seine Entscheidung aufgehängt.

HIRSCH: Ich habe eine Frage an Herrn Jähnke. Vor dieser Veranstaltung habe ich ein wenig die sehr spärliche juristische Literatur zu diesem Problemkreis studiert. Man kann doch weitgehende Strukturen feststellen, die unstreitig sind. Es geht immer um die Frage: Bei welchen Schädigungen muß der Arzt tätig werden? Bei welchen Schädigungen des Kindes darf er untätig bleiben? Gibt es dazwischen kritische Konstellationen, wo dies nicht so ganz klar ist? Zum 1. Komplex, nämlich der Frage, bei welchen Schädigungen der Arzt untätig bleiben darf, werden in der Literatur mit weitgehender Einhelligkeit 3 Fallgruppen genannt, die den Arzt berechtigen, keine lebensverlängernden Maßnahmen zu ergreifen oder fortzuführen.
Der 1. Fall, der unstreitig erscheint, ist der, daß das Leben nicht erhalten werden kann, sondern daß der Tod nur kurze Zeit hinausgezögert werden kann. Dazu ist der Arzt nicht verpflichtet.
Die 2. unstreitige Grenze in der Literatur – Kaufmann, von Loewenich, Hanack und, wie ich glaube, Jähnke – ist die: Der Arzt muß keine Behandlungsmaßnah-

men ergreifen, wenn es ausgeschlossen ist, daß das Kind jemals die Fähigkeit zu einem kommunikativen Leben oder zur Interaktion erhält. Dies scheint auch eine unstreitige Grenze der Behandlungspflicht zu sein.
Die 3. nach der Literatur unstreitige Grenze ist die, wenn feststeht, daß das Kind niemals zur selbständigen Lebensfähigkeit kommt, sondern immer auf die Mittel der Intensivmedizin angewiesen ist, daß also niemals die vitalen Funktionen unabhängig von der Medizintechnik funktionieren können.
Unstreitig ist am anderen Ende dieser Hierarchie, daß Schädigungen leichterer Natur den Arzt natürlich nicht davon entbinden, dieses Kind am Leben zu erhalten. Darunter sind Conterganschädigungen u. ä. zu verstehen.
Der juristisch wirklich kritische Punkt ist der, ob es zwischen diesen sehr schweren Schädigungen und relativ leichten Schädigungen noch etwas gibt, das hier mit „Grauzone", „Grenzbereich", „Ermessensspielraum" bezeichnet wurde. Hanack führt hier die Fälle auf, in denen es möglich ist, das Kind für eine bestimmte Zeit - dies können auch 3 oder 4 Jahre sein - am Leben zu erhalten, in denen aber dieses Leben des Kindes von „Plagen überwuchert" ist, wie Hanack formuliert, also ein Leben mit schweren Leiden, mit schweren Beeinträchtigungen, mit permanenten Schmerzen, also eigentlich ein nicht lebenswertes Leben, wenn ich dies einmal so formulieren darf.
Hanack meint, daß dies auch ein Fall ist, bei dem der Arzt das Kind nicht zu diesem von „Plagen überwuchterten" Leben zwingen muß. Ich glaube, wir können uns sehr schnell über die klaren Fälle der Behandlungspflicht und über die klaren Fälle, bei denen diese Pflicht nicht mehr besteht, einigen. Würden Sie nicht auch dem Arzt in dieser „Grauzone" einen Spielraum - sei es ein Ermessensspielraum oder ein Beurteilungsspielraum - einräumen, darüber zu entscheiden, ob er das Kind in dieses Leben zwingen will oder nicht?

JÄHNKE: Zunächst einmal zur Terminologie. Ich habe am Anfang gesagt: „Die Rechtsordnung kann im Bereich von Leben und Tod keine rechtsfreien Räume gestatten." Dabei bleibe ich.
Wenn wir jetzt vom Beurteilungsspielraum reden, dann darf das nicht so verstanden werden, als dürfe der Arzt willkürlich über Leben oder Tod entscheiden. Dieser Beurteilungsspielraum ist so zu verstehen, daß es Sache des Arztes ist, den Befund zu erheben, die Aussichten einer Behandlung abzuschätzen und danach seine Entscheidung zu treffen. Das muß er beurteilen. Da gibt es möglicherweise verschiedene Meinungen. Das ist das Beurteilungsermessen.
Der Gegensatz dazu wäre das Handlungsermessen. Das wäre Willkür. Diese Willkür gibt es nicht.
Sie haben gefragt, ob man es dem Beurteilungsermessen des Arztes überlassen kann oder nicht, ein Kind am Leben zu erhalten, dessen Dasein mit „Plagen überwuchert" wäre. Ich meine, darauf schon die Antwort gegeben zu haben, indem ich sage: Das kann ich generell nicht beantworten. Es kommt auf die konkreten Ausfallerscheinungen an, die vorhanden sind. Es kommt auch auf den Vergleich mit dem Erwachsenen an: Was täte ich beim Erwachsenen? Ich habe hier kein konkretes Beispiel. Auch Hanack gibt kein so konkretes Beispiel.

HIRSCH: Hanack zitiert 3 Fälle für diesen Bereich: das inoperable Steißbeinteratom, das Potter-Syndrom und schwerste Ventilationsstörungen.

JÄHNKE: Die beiden letzten Indikationen fallen nicht darunter. Beim Potter-Syndrom liegt eine Abhängigkeit von intensivmedizinischen Apparaturen vor. Für die schwersten Ventilationsstörungen dürfte dasselbe gelten. Bezüglich des Steißbeinteratoms könnte ich Ihnen keine Antwort geben.
Im übrigen scheint mir der Vergleich mit dem Erwachsenen doch tragfähig zu sein und das einzige, worauf ich abheben möchte, da ich sonst konkrete Richtpunkte auch nicht aufweisen kann.

LOCH: Herr Holschneider, Sie haben hier häufig eingeworfen: Das kann man doch operieren, das geht doch alles! Ich meine, wir sollten vom dem Arzt in Ostfriesland oder im Bayerischen Wald ausgehen. Er hat nicht die Informationen und überhaupt nicht die Möglichkeiten. Ich glaube, das sollten wir auch einmal in die Diskussion bringen und nicht an der obersten Spitze des Eisbergs bleiben. Herr von Loewenich, in Frankfurt geboren zu werden, wo Sie sind, ist etwas anderes, als wenn man in einer Belegklinik im Pfälzer Wald geboren wird. Sie selbst haben gesagt: Jeder Transport schadet dem Kind. Da gibt es auch unterschiedliche Gesichtspunkte.

v. LOEWENICH: Wenn es aber Stand der Kunst ist, wie man so etwas operiert, dann muß eben der Arzt, der das nicht kann, das Kind woanders hinbringen, oder er muß es vorher diagnostizieren lassen und die Mutter dort hinbringen, wo es gemacht wird. Man kann nicht sagen: Weil einer etwas nicht kann, muß er es auch nicht tun. Aber wahrscheinlich haben Sie es auch anders gemeint.

LOCH: Sie müssen von der Tatsache ausgehen, daß heutzutage viele Mißbildungen geboren werden, die vorher nicht erkannt wurden. Viele sagen: „Das hätte man früher sehen müssen, da ist ein Fehler vorgefallen, das hätte man operieren können." Dann kommt der Rechtsanspruch, weil man das angeblich übersehen hat. Wir haben uns jetzt nur über die Fälle unterhalten, die wirklich reparabel sind und wollten einige herausnehmen. Die Mehrzahl der Fälle werden übersehen, aber ohne daß jemand etwas dafür kann. Mich beschäftigt sehr der Arzt, der das übersieht.

v. LOEWENICH: Daraus leitet sich ein anderes Ermessen ab.

HIERSCHE: Das eine Problem besteht darin, daß jemand etwas nicht erkannt hat. Das andere Problem besteht darin, daß es unterschiedliche Meinungen über die Möglichkeiten der Operation gibt; nämlich, daß die einen gewisse Dinge nicht operieren, von denen die anderen sagen, man könne sie durchaus operieren. Ich glaube, Sie dürfen Ihre Qualifikation nicht als Standard werten. Das ist nicht nur ein Problem; das ist eine große Gefahr!

DEUTSCH: Es ist oft erörtert worden, ob die subjektive Befähigung die Fahrlässigkeit begründet oder nicht.

HIERSCHE: Da wäre ich vorsichtig: Eine hohe Qualifikation darf und kann nicht zum Standard werden. Das würde für uns bedeuten, daß wir die Qualifikation bei den Ultraschalluntersuchungen haben müßten, die Herr Loch hat. Das wäre absolut unrealistisch und somit sehr gefährlich.

JÄHNKE: Das wäre es nicht, wie ich meine. Wir gehen hier ja von den Grenzen der objektiven Behandlungspflicht aus, was objektiv richtig ist, woran man sich generell halten muß. Wenn ein Arzt die Geräte nicht hat, sich auch nicht zulegen kann – niemand kann über seine Fähigkeiten hinaus verpflichtet werden –, dann fehlt es natürlich an der Pflicht, die ihn getroffen hat, zumindest in subjektiver Hinsicht. Da besteht für ihn sicherlich keinerlei Gefahr.
Aber es kann mit der Begründung „Wir können nicht immer an den höchsten Standard anknüpfen" keine Schlamperei gefördert werden. Das wäre nämlich die andere Extremsituation.

STEINBERGER: Herr Jähnke, strafrechtlich mag für ihn keine Gefahr bestehen. Schon bei der zivilrechtlichen Haftung gerät er in die objektive Sorgfaltspflicht. Ich glaube, die Mediziner hier interessiert sowohl die strafrechtliche als auch die haftungsrechtliche Seite.

DEUTSCH: Herr Jähnke, ich stimme mit sehr vielem überein, was Sie gesagt haben. Wenn Juristen gelegentlich unterschiedliche Antworten geben, dann fragen sie nur nach und decken das Wenige auf, bei dem sie vielleicht anderer Ansicht sind. Sie haben gesagt, der Arzt müsse sich an den Standard dessen halten, was in seinem Fach gegeben sei, und er müsse das tun, was nach der ärztlichen Erkenntnis angezeigt sei. Sie haben zwar von der Beachtung der Maßstäbe der Rechtsordnung gesprochen, aber sehr stark auf den Standard des Verkehrskreises abgehoben, wie wir ihn bei der zivilrechtlichen Fahrlässigkeit kennen. Im Gesetz steht aber etwas von erforderlicher Sorgfalt. Es gibt jedenfalls einige Urteile des Bundesgerichtshofs in Zivilsachen, in denen man gerade das, was sich angebahnt hatte, nicht als erforderliche Sorgfalt angesehen hat. Könnte nicht die Tatsache, daß Sie den Standard eines Verkehrskreises endgültig als erforderliche Sorgfalt festmachen, die Gefahr mit sich bringen, daß gerade in Gebieten, die sich in verschiedene Richtungen entwickeln können, ein Mißbrauch Aufnahme findet? Die reine Verweisung ist hier vielleicht gefährlich. Es reicht bei Ihnen nicht weit. Wenn ich Ihr Referat richtig verstanden habe, sieht es so aus, als räumten Sie den Ärzten einen erheblichen Raum ein. Aber Sie tun es nicht. Habe ich Sie da richtig interpretiert? Die Grenzen sind so eng gezogen, daß hinterher nur noch ein ganz klein bißchen bleibt. Deswegen sind wir wahrscheinlich nicht so weit auseinander.
Sie haben, wenn ich mir das richtig aufgeschrieben habe, gesagt, der forschende Arzt dürfe nicht zu Experimenten am Menschen gezwungen werden. Das tun wir ständig. Der sog. kontrollierte klinische Versuch, der beinahe vor jeder Zulassung eines Arzneimittels gefordert wird, ist ein Versuch am Menschen.

HIERSCHE: Er wird aber nicht gezwungen!

DEUTSCH: Wenn Sie als pharmazeutischer Hersteller ohne Arzneimittelzulassung auf den Markt gehen wollen, müssen Sie das machen. Sie verletzen sogar den Standard der erforderlichen Sorgfalt, wenn Sie das tun, ohne Versuche angestellt zu haben. Das üben wir in den Ethikkomimissionen dauernd. Es gibt zuerst die Versuche in ganz kleinen Gruppen. Sie werden dann etwas größer gemacht. Wahrscheinlich haben Sie den Begriff „Experiment" in einem etwas anderen Sinne verwendet, als wir das gewöhnlich tun. Ich möchte nicht, daß dies mißverstanden wird.

JÄHNKE: Zunächst zum Standard: Es ist richtig, daß ich ausdrücklich gesagt habe, der Standard des erfahrenen Spezialisten ist meiner Meinung nach das Maß der Sorgfalt, das anzulegen ist. Anders darf es m. E. auch nicht sein. Alles andere ist höchstens Sache der subjektiven Seite.
Aber Mißbrauch ist m. E. eine Möglichkeit, die wir im Augenblick nicht zu bedenken brauchen. Ich habe heute früh gehört, welche Bemühungen um eine Ausweitung der medizinischen Möglichkeiten angestellt werden. Herr Holschneider hat immer wieder darauf hingewiesen, was doch möglich ist. Herr von Loewenich hat gezeigt, welche Fortschritte bei der Erhaltung untergewichtiger Frühgeborener gemacht werden. Die Gefahr des Mißbrauchs, daß man also zuwenig verlangt, ist sicherlich nicht naheliegend, zumindest nicht in dem Bereich, über den wir uns jetzt unterhalten.
Zur Forschung am Menschen: Ich habe die Frage der Arzneimittelprüfung in meine Überlegungen nicht einbezogen. Ich bin auch gar nicht darauf gekommen, zumal diese Fragen normalerweise unter dem entgegengesetzten Gesichtspunkt diskutiert werden: Ist so etwas zulässig? Hier hätten wir es mit der Frage zu tun: Ist so etwas geboten, wenn die Lebenserhaltungspflicht trotz unsicherer Erfolgsaussichten die Anwendung unsicherer Methoden gebieten würde? Ich glaube, da besteht ein gewisser Unterschied; denn bei den Arzneimitteln geht man davon aus, daß sie wirken werden und deshalb zulässigerweise erprobt werden dürfen.

EWERBECK: Herr Jähnke, ich bin als Mediziner sehr dankbar, daß Sie so klar referiert haben, daß es keine rechtsfreien Räume bei der Entscheidung über Leben und Tod geben darf. Ich finde, es ist gerade in unserer Situation außerordentlich wichtig, daß die Patienten oder ihre Vertreter wissen, daß unsere Aufgabe darin besteht, auf jeden Fall und auf jede Weise Leben zu erhalten und das Leid zu mindern. Daß dabei ein Mißbrauch getrieben werden kann, ist eine andere Frage, die Sie Gott sei Dank nur angedeutet haben.
Wir sehen manchmal - aber das ist etwas, was wieder in unsere persönliche Beurteilung fällt, wie Sie es selbst formuliert haben - den Mißbrauch in der Form, daß wir versuchen, Leben zu erhalten und dabei nicht das Leid mindern, sondern das Leid steigern; ein Leid, das nie eingetreten wäre. Das ist unser Problem. Das kann auch nicht durch Rechtsnormen abgedeckt werden. Wir müssen auch weiterhin vom Gesetzgeber verpflichtet werden, auf jede Weise das Leben zu erhalten und das Leid zu mindern.
Etwas erschrocken bin ich über die Aussage - diese haben Sie sicher auch an uns Ärzte gerichtet; solche Fragen kann auch nicht der Jurist beantworten -, die Frage, was den Eltern und in erster Linie dem Kind bevorstehe, sei in diesem Zusammenhang nicht erlaubt. Ich frage, ob es nicht auch im Sinne des Kindes ist - ich denke an das Referat von Herrn Gründel -, wenn man prospektives Denken anwendet und bei der Entscheidung über bestimmte Maßnahmen die Überlegung anstellt: Was steht diesem Wesen bevor? Aber das ist sicher keine Frage an den Juristen.
Bei der anderen Formulierung ist es natürlich für die Juristen relativ einfach, nämlich wenn man sagt „Anenzephalie ist ein Hirntod". Eine Anenzephalie ist überhaupt kein Hirntod. Das Kind hat zwar kein Großhirn, es trinkt aber, es hat seinen Stuhlgang, es hat seine Temperaturregulation. Es trinkt vielleicht schlecht, und

man kommt in die Gelegenheit zu sondieren. Jede Schwester wird natürlich sondieren. Das geht dann einige Wochen so weiter. Nichts zu tun und das Kind verdursten zu lassen, das ist eine Handlung, die keiner von uns fertigbringt, obwohl wir, juristisch gesehen, nicht zur Handlung verpflichtet sind. Man tut es aber trotzdem, weil eben auch ein Wesen ohne Großhirn ein Lebewesen ist. Aber es ist kein später zur Kommunikation fähiges Lebewesen. Es wird eines Tages sterben. Herr von Loewenich hat angedeutet: Wenn die Lunge durch Langzeitbeatmung völlig kaputt ist, dann kann ich diese Beatmung noch monatelang oder jahrelang fortsetzen.

Aber es kommt der Augenblick, da wir uns im rechtsfreien Raum, wenn ich das so sagen darf, die Frage stellen: Dürfen wir weiter beatmen? Entweder beendet man die Beatmung, wie Herr von Loewenich es geschildert hat, oder wir haben plötzlich, wie wir es persönlich vorziehen, einen Herzstillstand, so daß die Maschine nicht abgestellt werden muß und keiner der Beteiligten das Gefühl hat: Ich habe hier eine Entscheidung gefällt, die so brutal ist wie das Beenden einer Beatmung. Ich hoffe, daß Sie die anderen Hinweise richtig verstanden haben. Wir haben in der Tat einen Raum, in dem wir - ich darf es eigentlich nicht aussprechen - doch ein wenig flottieren. Das gehört zu unserem Beruf.

Nun zu Herrn Ulsenheimer. Ich bedauere natürlich etwas, daß Sie ausgerechnet das Down-Syndrom im Rahmen Ihrer Beispiele erwähnt haben. Das Down-Kind ist in unseren Augen ein glückliches Kind. Da steht das Unglück der Eltern zur Entscheidung. Wenn die Eltern die Behandlung eines Kindes mit einem Down-Syndrom zurückweisen und man das Kind verdursten läßt, dann ist das in der Tat ein Entschluß, der in meinen Augen und in den Augen meiner meisten Kollegen nicht richtig war.

Der Freiburger Fall war kein Down-Syndrom an sich, sondern es war unter anderem ein Down-Syndrom. Das Kind konnte nicht gehen, die Blase war nicht in Ordnung, der Darm war auch nicht in Ordnung. Natürlich kann man alles mehr oder weniger korrigieren. Aber die Summation all dieser Dinge, noch dazu bei einem Kind, das sowieso von einer beschränkten seelischen Kapazität ist - das ist bei den Kindern mit einem Down-Syndrom bei ihrer eingeschränkten Intelligenz gegeben -, ergibt einen anderen Fall. Ich bewundere, daß der Anästhesist es getan hat. Ich bedaure andererseits, daß der Chirurg gesagt hat: Wenn der Anästhesist anästhesiert, dann operiere ich. Das ist eine Entscheidungsverschiebung, die man nicht durchführen sollte. Man sollte sich selbst zu einem Entschluß durchringen und ihn nicht dem Anästhesisten zuschieben. Das ist eine Verschiebung der Kompetenz.

Ich möchte betonen: Wir sollten uns nicht hinter Kompetenzen verstecken, sondern wir sollten uns selbst diesen Entscheidungen stellen, zu denen wir von Ihnen aufgerufen werden. Wenn diese beiden Kinder mit dem Down-Syndrom schwere Gehirnmißbildungen gehabt hätten, wäre die Entscheidung der Eltern natürlich sehr viel einfacher gewesen, auch die Entscheidung der Ärzte. Aber in diesem Fall muß man verstehen, daß auch die Richter - wie in dem englischen Fall - gegen die Eltern entschieden haben.

Ich möchte Sie fragen: Haben Sie bei Ihren Entscheidungen nicht manchmal das Gefühl, wenn Sie in Entscheidungskämpfe zwischen Ärzten und Eltern oder auch zwischen verschiedenen Ärzten eingreifen müssen, daß oft Machtansprüche eine

Rolle spielen, daß es gar nicht mehr um den Patienten und sein kommendes Schicksal geht, sondern daß es mehr oder weniger darum geht, wer sich nun durchsetzt? Das ist eine Entscheidungsebene, die viele meiner Kollegen nicht für gut halten, wenn es um Patienten geht. Wir sollten, zumindest vom Mitleid mit unseren Patienten her gesehen, nicht die vermutete und beanspruchte Kompetenz mit Hilfe von Juristen durchsetzen.

DEUTSCH: Die englische Entscheidung, Herr Ulsenheimer, ist in den *Weekly Law Reports* abgedruckt. Es ist recht interessant, zu sehen, daß nicht nur Mediziner unterschiedlicher Auffassung sind, sondern erfreulicherweise auch Juristen. Sie haben gesagt: Der Stadtrat besorgte sich beim Court of Appeal die Genehmigung zur Operation. - Da sagt man sich: Das ist aber interessant, die laufen gleich zu einer Art Bundesberufungsgericht. Die 1. Instanz hatte sehr deutlich in einer ausführlichen Entscheidung anders votiert. Ich bin selbst Richter am Oberlandesgericht. Aber ich muß sagen: Manchmal hat auch der untere Richter recht. Es gab in diesem Fall 2 verschiedene Entscheidungen. Er befand sich offenbar auch in einer Zone, die man möglicherweise unterschiedlich beurteilen kann. Man hat nicht gesagt, der untere Richter habe jenseits allem Erwägbaren etwas gesagt, sondern das war schon im Rahmen dessen, was man diskutieren konnte. Das Gebiet ist sehr in Bewegung.

SPANN: Die Anenzephalie ist kein Hirntod. Der Hirntod verlangt den irreversiblen Funktionsausfall des gesamten Hirns, einschließlich des Atemzentrums, der Medulla oblongata. Wenn das nicht vorliegt, ist kein Hirntod gegeben.

JÄHNKE: In der Frage, ob die Anenzephalie ein Hirntod ist oder nicht, ist die Medizin kompetent, nicht die Juristerei. Ich habe mich bei der Einschätzung, daß ein Anenzephalus dem Hirntod gleichzustellen ist, auf medizinische Quellen berufen. Sie sind auch nachzulesen. Vielleicht ist es in der Medizin streitig.

SPANN: Das ist nicht streitig.

JÄHNKE: Offenbar doch. Ich habe jedenfalls andere Äußerungen, die ich Ihnen zeigen kann. Wenn das in der Medizin streitig ist, wird man zumindest für unser Problem hier sagen können: Das ist ein Wesen, das nie zum Bewußtsein gelangen wird. Deswegen ist keine Behandlung nötig. Für unser Problem kommt es nicht darauf an.

SPANN: Aber dann bin ich doch beim irreversibel Bewußtlosen.

JÄHNKE: Das meine ich.

HOLSCHNEIDER: Ich möchte nur einige Dinge klarstellen, die etwas im Raum stehengeblieben sind. Zunächst möchte ich den Qualifikationsstandard ansprechen. Ich glaube, man muß sich ganz klar machen, daß jemand, der diesen Standard nicht hat, ein entsprechendes Kind nicht beraten und behandeln kann. Er muß die Mutter mit dem Kind in utero - das ist der beste Inkubator - in ein Fachzentrum schicken. Dort muß man die Mutter per Ultraschall untersuchen und beraten. Dieses Fachzentrum muß ein Zentrum sein, an dem ein Kinderchirurg ist. Wir kommen nicht daran vorbei, daß es seit 90 Jahren Kinderchirurgen in der Bundesrepublik gibt. Man sollte sie auch konsultieren.

Wir haben eine klar umrissene, in der Zeitschrift für Kinderchirurgie niedergelegte Definition, welche Eingriffe zum Gebiet der Kinderchirurgie gehören. Überschneidungen sind dabei unausweichlich. So streiten wir uns immer noch beispielsweise mit den Urologen, wer urologisch kranke Kinder operieren soll. Wir sind noch nicht so weit wie die Briten. Dort gibt es einen Katalog: Wer seine Normen erfüllt hat und die dort festgelegten Erfahrungen gesammelt hat, darf operieren, gleichgültig ob er Kinderchirurg oder Urologe ist. In Deutschland aber streiten wir uns um Machtblöcke. Das ist ganz verkehrt.

Wenn man nicht die entsprechenden Spezialisten fragt, kommen Mißverständnisse auf. Eine Gastroschisis - das wollte ich Herrn Jähnke noch sagen - kann man immer operieren. In meinem Vortrag kam zum Ausdruck - so hoffe ich -, daß das Austreten des Bauchinhalts nicht das Entscheidende für die Operabilität ist, sondern es sind die Begleitfehlbildungen. Unabhängig davon, welche Bauchhöhlenorgane ausgetreten sind, kann man einen Verschluß des Bauches durch irgendeine Möglichkeit erreichen.

Natürlich ist die Prognose nicht immer gut. Aufgrund der Begleitfehlbildungen sterben bei der Omphalozele 50-60% der Kinder. Diese Problematik würde ich der Mutter gegenüber nie verschweigen. Aber es besteht auch die Möglichkeit, daß das Kind gesund wird.

Mein 2. Punkt betrifft das Steißbeinteratom. Auch hier ist die Aussage, die von juristischer Seite zitiert wurde, nicht richtig, daß ein Steißbeinteratom inoperabel sei. Ein Steißbeinteratom ist nur dann inoperabel, wenn es ein bösartiger Tumor ist und dieser Metastasen gesetzt hat. Sonst gibt es beim Steißbeinteratom nur 4 Typen. Beim Typ I liegt das Steißbeinteratom außerhalb des Kindes. Beim Typ IV liegt das Steißbeinteratom im Bauchraum. Dann ist es schwieriger zu operieren. Wir werden nächste Woche ein solches Kind operieren, das in den nächsten Tagen in der Universitätsfrauenklinik geboren wird. Das geht, auch wenn das Kind hinterher vielleicht Probleme mit dem Wasserlassen hat.

Man kann nicht so einfach sagen, Herr Jähnke: Lieber primär nicht behandeln als später das Beatmungsgerät abstellen. Was tut denn ein Arzt im Notdienst, wenn er zu einem Verkehrsunfall kommt? Er springt aus dem Auto, er intubiert das Kind, beatmet es, dann kommt es in die Klinik. Dann stehen wir da mit diesem intubierten Leben und können nicht mehr abstellen. Der Tubus ist drin, es atmet nicht, es bekommt ein apallisches Syndrom. Was sollen wir dann tun? Wir können dieses apallische Syndrom über Jahre aufrechterhalten. Ich kenne Kinder, die 3 Jahre damit leben - wenn das ein Leben ist. Das ist ein sehr schwieriges Problem, bei dem man nicht einfach sagen kann: Ihr hättet gar nicht erst mit der Behandlung anfangen dürfen.

Lorber versorgt in Sheffield ein Heim für die jugendlichen Myelomeningozelen, das sind diese Katastrophenfälle, die ich Ihnen gezeigt habe. Er war so beeindruckt, daß er seine erwähnten Selektionskriterien aufstellte. Das Problem ist, daß es nicht immer gelingt, die Gesundheit auf einem Niveau zu stabilisieren, das es den Kindern möglich macht, ihr Leben zu akzeptieren. Sie kommen leider gelegentlich zur Überzeugung, daß das Leben letztlich unerträglich ist.

Wenn man sie fragt, sind sie todunglücklich. Ich kenne ein Mädchen mit einer Myelomeningozele, das in suizidaler Absicht dauernd aus dem Toilettenfenster springen wollte.

Aus diesem Grunde kann ich verstehen, daß man versucht, zur Entscheidungshilfe gewisse Richtlinien aufzustellen. Der Entschluß operieren oder nicht, Abstellen eines Beatmungsgerätes oder nicht, muß jedoch individuell sein.
Ich möchte nicht in den Verruf geraten, daß ich alles unbedingt operieren will. Aber ich kann dem Freiburger Urteil, wie es jetzt dargelegt wurde, durchaus zustimmen.

HIRSCH: Es gibt von der Deutschen Gesellschaft für Chirurgie eine Resolution zur Sterbehilfe, die den meisten von Ihnen sicher bekannt ist. Sie stammt aus dem Jahre 1979. Sie befaßt sich fast ausschließlich mit der Sterbehilfe am Ende des Lebens. Sie sagt in einem Punkt auch etwas zu den schweren Schädigungen bei Neugeborenen. Ich darf das kurz zitieren:

> Bei schweren angeborenen Mißbildungen Neugeborener darf eine Behandlung unterbleiben oder abgebrochen werden, wenn wegen schwerer Beeinträchtigung vitaler Funktionen offensichtlich keine Lebensfähigkeit besteht.

Auf den Begriff der Lebensfähigkeit bezieht sich meine Frage. Ich habe ihn nicht autorisiert interpretiert gefunden. Dies scheint mir auch deshalb sehr wichtig, weil der Entwurf eines Embryonenschutzgesetzes seitens des Bundesjustizministeriums auf dem Tisch liegt, der sich mit der ganz anderen Problematik der Retortenbefruchtung befaßt. Er sieht eine Strafandrohung für den Fall vor, daß nach dem Abort ein nicht lebensfähiger Embryo geboren und vom Arzt künstlich am Leben erhalten wird. Dies soll in Zukunft unter Strafe gestellt werden.
Mir sagt der Begriff der Lebensfähigkeit nicht allzuviel. Deshalb die Frage vielleicht auch an die Chirurgen, weil es sich hier um eine Resolution der Deutschen Gesellschaft für Chirurgie handelt: Was versteht man unter dem Begriff der fehlenden Lebensfähigkeit?

v. LOEWENICH: Zunächst einmal ist zu beanstanden, daß diese Verlautbarung von Chirurgen und nicht von Fachleuten für Neugeborene stammt. Eine fehlende Lebensfähigkeit ist sehr schwer zu definieren. Eine fehlende Lebensfähigkeit wäre beispielsweise à la longue beim Anenzephalus, beim Potter-Syndrom oder bei Ausfällen von Organen, die man nicht ersetzen kann, gegeben.

JÄHNKE: Ich möchte noch kurz auf Herrn Holschneider eingehen. Ich hatte die Frage der interkurrenten Krankheiten angesprochen, mit dem Ergebnis, es sei ein Widerspruch in sich, wenn man zunächst eine Behandlungspflicht postuliert und dann sagt: Es ist eine Gnade, wenn etwas dazwischenkommt, dann brauchen wir nichts mehr zu tun.
Ich sehe das nach wie vor als Widerspruch; denn die Nichtbehandlung der interkurrenten Krankheiten kann nur mit Erwägungen gerechtfertigt werden, die eigentlich mit dem Zustand des Kindes nichts zu tun haben, sondern auf Mitleid beruhen, die nicht medizinischer und auch nicht rechtlicher Art sind. Genau davor wollte ich mich jedenfalls bewahren.
Das ist eine Frage des Standpunkts. Derartige Erwägungen sind keineswegs etwa verwerflich. Verstehen Sie mich bitte nicht falsch. Ich wollte aber das Problem von derartigen, wie man wohl sagen darf, auch eugenischen Fragen freihalten. Ich hoffe, daß das ein Weg dazu ist.

Zu den Selektionskriterien: Ich weiß nicht, ob Sie meine Ausführungen da vielleicht zu absolut genommen haben. Ich bin der Meinung, daß derartige Kriterien für den Arzt hilfreich sind. Ich bin aber nicht der Meinung, daß ich im gegenwärtigen Zeitpunkt rechtlich dazu Stellung nehmen könnte. Das ist für mich noch nicht so weit, weil genau das Verhältnis zwischen Leben und Gesundheit, Leid mindern oder gar Leid noch durch etwaige Eingriffe verschärfen, noch nicht so weit geklärt ist, daß ich dazu endgültig eine Meinung äußern könnte.

Entwurf einer Empfehlung*

I.

1. Das menschliche Leben ist ein Wert höchsten Ranges innerhalb unserer Rechts- und Sittenordnung. Sein Schutz ist staatliche Pflicht (Art. 2 Abs. 2 GG), seine Erhaltung vorrangige ärztliche Aufgabe.
2. Mit der Geburt (Einsetzen der Eröffnungswehen) beginnt der volle strafrechtliche Schutz des menschlichen Lebens.
3. Eine Abstufung des Schutzanspruchs nach der sozialen Wertigkeit, der Nützlichkeit, (der Lebenserwartung), dem körperlichen Zustand oder der geistigen Verfassung verstößt (grundsätzlich) gegen Sittengesetz und Verfassung.

II.

Die ärztliche Behandlungspflicht beginnt nicht bzw. endet bei eingetretenem Tod des Neugeborenen.
Tod ist nach der übereinstimmenden medizinischen und rechtlichen Auffassung als irreversibler Hirntod zu definieren.

III.

Die gezielte Verkürzung des Lebens eines Neugeborenen durch aktive Eingriffe (in seine Körperintegrität) verstößt gegen die Rechtsordnung und ist strafbar.

IV.

1. Der Arzt ist grundsätzlich verpflichtet, das Beste, das Wirksamste zu tun, um das Leben zu erhalten und bestehende Schädigungen zu mildern oder zu beheben.
2. Die ärztliche Behandlungspflicht wird jedoch nicht allein durch die Möglichkeiten der Medizin bestimmt. Sie ist vielmehr (auch) am human-ethischen Beurteilungskriterien und am Heilauftrag des Arztes auszurichten.

---

* Diese Zusammenfassung des 1. Einbecker Expertengesprächs wurde als Tischvorlage für die nachfolgende Abschlußdiskussion von G. Hirsch und T. Graf-Baumann entworfen; die verabschiedete Fassung der „Einbecker Empfehlung" ist auf S. 183–185 abgedruckt.

V.

1. Der Arzt muß die medizinischen Behandlungsmöglichkeiten insbesondere
   - zur Herstellung und Aufrechterhaltung der Vitalfunktionen und/oder
   - zur massiven operativen Intervention

   nicht ausschöpfen, wenn die Lebenserhaltung für das Neugeborene keine Hilfe, sondern eine bloße Verlängerung des Leidens bedeutet.
2. Diese Voraussetzung ist zu bejahen, wenn nach dem aktuellen Stand der medizinischen Erfahrungen
   a) das Leben dadurch nicht auf Dauer erhalten werden kann, sondern nur der sichere Tod hinausgezögert wird,
      z. B. schweres Dysraphiesydrom,
      inoperabler Herzfehler,
      ....;
   b) es trotz der Behandlung ausgeschlossen ist, daß das Neugeborene jemals die Fähigkeit zur Kommunikation (zur Interaktion) mit der Umwelt erlangt,
      z. B. schwere Mikrozephalie,
      schwerste perinatale Hirnschädigungen,
      ....;
   c) die Vitalfunktionen des Neugeborenen auf Dauer nur durch intensivmedizinische Maßnahmen aufrechterhalten werden können,
      z. B. fehlende Lungenfunktionen,
      Potter-Syndrom,
      komplette Eviszeration,
      ....;

VI.

1. Dem Arzt steht ein Beurteilungsermessen zu, ob eine lebenserhaltende Behandlung durchgeführt werden soll, wenn dem Neugeborenen nur ein Leben (für eine begrenzte Zeitspanne) mit schwersten, nicht behebbaren Schäden bevorsteht:
   z. B. inoperables Steißbeinteratom,
   Potter-Syndrom,
   schwerste Ventilationsstörungen,
   schwerste Hirnschäden,
   Zystinose,
   ....
2. Das gleiche gilt bei multiplen Schäden, die in ihrer Summierung ebenso schwer wiegen, wie die unter 1. aufgeführten Einzelschäden.

VII.

Der Umstand, daß dem Neugeborenen ein Leben mit Behinderungen bevorsteht, die diesen Schweregraden nicht entsprechen,
z. B. kaudale Dysplasie,
Mongolismus,
................................,
rechtfertigt nicht, lebenserhaltende Maßnahmen zu unterlassen oder abzubrechen.

VIII.

1. Ist der Arzt nach diesen Grundsätzen berechtigt, auf eine lebenserhaltende Maßnahme zu verzichten, enthebt ihn dies nicht der Pflicht zur Basisversorgung des Neugeborenen.
2. Auch wenn der Arzt berechtigt ist, auf lebensverlängernde Maßnahmen zu verzichten, muß er operative Interventionen zur Minderung der Schäden durchführen, wenn Art und Schwere des Eingriffs in angemessenem Verhältnis zu der zu erwartenden Besserung stehen.

IX.

Ist der Arzt berechtigt, auf lebenserhaltende Maßnahmen zu verzichten, wünschen aber die Eltern/Sorgeberechtigten derartige Maßnahmen, so ist dieser Wunsch für den Arzt rechtlich nicht verbindlich. Der Arzt sollte in diesem Fall nach seinem Gewissen entscheiden.

Abschlußdiskussion

HIERSCHE: Ich darf zunächst Herrn Hirsch das Wort zur Erläuterung der Zusammenfassung unseres Gesprächs geben.

HIRSCH: Ich darf ganz kurz erläutern - ohne ins Detail zu gehen -, was wir uns beim Aufbau und bei der Abfassung des Papiers, das Ihnen vorliegt, gedacht haben. In Punkt I sollten die Grundsätze festgehalten werden, wobei uns wichtig war, nicht nur auf die Rechtsordnung, sondern auch auf die Sittenordnung, auf die ethische Komponente des Ganzen abzustellen.
Die Definition der Geburt, die in Ziffer 2 in der Klammer steht, entspricht der Definition des Bundesgerichtshofs. Dies ist also geltendes und verbindliches Recht, ob man dies akzeptieren will oder nicht. Dies hat der Bundesgerichtshof so mehrmals eindeutig festgelegt.
Bei Punkt II ist die Formulierung im 1. Satz sicherlich noch verbesserungsbedürftig. Die Aussage, daß bei einem toten Neugeborenen keine Behandlungspflicht entsteht und eine bestehende Behandlungspflicht beendet wird, könnte man vielleicht besser formulieren:

> Die ärztliche Behandlungspflicht beginnt nicht oder endet mit dem Tod des Neugeborenen.

Der Tod wird als irreversibler Hirntod definiert. Wenn hier Einvernehmen besteht - ich war mir da nicht so sicher -, dann sollte hier sicherlich der Fall des Anenzephalus erwähnt werden. Aber darüber sollte noch gesprochen werden, ob der Anenzephalus als Hirntoter „gilt", ob er es „ist" oder ob er unter eine der Kategorien fällt, die später als Grenzen der Behandlungspflicht definiert sind.
Punkt III enthält das Verbot der aktiven Sterbehilfe. Das, was in Klammern eingefügt ist, wird als Alternative angeboten. Das ist Ihrer Entscheidung überlassen. Ich hoffe, daß es uns gelungen ist, die aktive Sterbehilfe von der Zulässigkeit, eine begonnene Behandlung abzubrechen, abzugrenzen. Die Beendigung der Intensivbehandlung ist ja in diesem Sinne keine aktive Sterbehilfe. Falls die Formulierung es nicht klar genug auf die aktive Tötung eingrenzt, wie dies in der Rechtslehre eindeutig definiert ist, müßte dies vielleicht noch geschehen.
In Punkt IV erscheint uns insbesondere in Ziffer 2 wichtig, darauf hinzuweisen, daß nicht allein die technischen Möglichkeiten der Medizin die Behandlungspflicht des Arztes bestimmen. Dies hat der Bundesgerichtshof im Wittig-Urteil eindeutig so festgestellt.
In den 2. Satz ist ein Anliegen eingeflossen, das mir persönlich sehr wichtig war, nämlich hier den Heilauftrag des Arztes hineinzubringen, um zu zeigen, daß wir mit den rein rechtlichen Begrenzungen der ärztlichen Behandlungspflicht nicht

weiterkommen. Allein der Grundsatz des Lebensschutzes, der in der Verfassung verankert ist, gibt diese Grenzziehung nicht her. Wir müssen auf außerrechtliche, ethische und berufsethische Kriterien zusätzlich zurückgreifen. Es ist inzwischen auch in der Literatur weitgehend anerkannt, daß der Heilauftrag des Arztes und ethische Kriterien, die über die rein rechtlichen Kriterien hinausgehen, weitere wichtige Parameter bei dieser Prüfung sind.

Punkt V betrifft eines der zentralen Anliegen dieser Veranstaltung, nämlich die Grenzziehung der ärztlichen Behandlungspflicht. In Ziffer 1 wird der Grundsatz abstrakt formuliert. Die Konkretisierung erfolgt in Ziffer 2. In Ziffer 2 haben wir die 3 nach der gestrigen Diskussion und nach der Literatur eindeutigen Grenzen der Behandlungspflicht formuliert.

Bei der Konzeption dieser Veranstaltung war unsere naive Vorstellung, es könnte gelingen, von den Medizinern einen Katalog von Schäden zu bekommen, ihn in einzelne Kategorien einzuteilen und juristisch festzulegen, wo keine Behandlung erfolgen muß, wo ein Beurteilungsspielraum vorhanden ist, wo behandelt werden muß. Wir sind sehr schnell darauf gekommen, daß dieser Katalog wohl nicht machbar ist. Deshalb sind wir genau umgekehrt vorgegangen. Wir haben die juristischen und ethischen Kategorien aufgestellt. Wir haben die Mediziner dann gebeten, diese ethisch-rechtlichen abstrakten Kategorien mit den entsprechenden medizinischen Erscheinungsbildern auszufüllen und zu konkretisieren. Deshalb ist in allen 3 Punkten „zum Beispiel" vorausgeschickt. Es ist ein offener Katalog, der von Ihnen noch ergänzt werden könnte. Die Einschränkung „zum Beispiel" soll zeigen, daß hier eine Art Analogbewertung möglich ist, daß jederzeit neue, noch nicht erfaßte Erscheinungsbilder mit entsprechendem Schweregrad unter diese Kategorie fallen können.

Punkt V.2a beinhaltet den unstreitigen Fall, daß der Tod nur für kurze Zeit hinausgezögert werden kann. Dazu ist der Arzt nicht verpflichtet.

Punkt V.2b betrifft den Fall, daß das Neugeborene niemals die Fähigkeit zu einem kommunikativen Leben oder zur Interaktion erlangen wird. Dies scheint auch ein unstreitiger Fall zu sein. Dasselbe gilt für Punkt V.2c, der Fälle erfaßt, in denen die Vitalfunktionen niemals mehr ohne medizintechnische Unterstützung hergestellt werden können.

Der wirklich kritische Bereich wird in Punkt VI angesprochen. Er betrifft das, was Hanack als „unklaren Fall" bezeichnet. Wir haben es gestern als „Grauzone" oder „Grenzzone" diskutiert. Ich glaube, wir haben uns gestern darauf geeinigt, hier dem Arzt ein Beurteilungsermessen einzuräumen. Es scheint uns besonders wichtig, diesen Fall zu bringen, weil die Juristen diesen Beurteilungsspielraum, dieses Ermessen des Arztes legitimieren sollen. Wir wollen es nicht einschränken, sondern untermauern und rechtlich wie ethisch legitimieren. Allerdings sollen auch die äußersten Grenzen festgesetzt werden. Ob es mit der Formulierung „mit schwersten, nicht behebbaren Schäden" gelungen ist, die äußersten Grenzen festzulegen, weiß ich nicht. Auch die Aufzählung steht natürlich zur Disposition der Mediziner.

Punkt VI.2 enthält die Gleichsetzung der multiplen Schäden, bei denen jeder für sich nicht diesen Schweregrad erreicht hat, aber in der Summierung zu einer entsprechenden schweren Beeinträchtigung führt. Das ergänzt den Grundsatz in Punkt VI.1.

Punkt VII stellt den Grundsatz auf, daß über diese Grenzen hinaus eine absolute Behandlungspflicht besteht. Auch diese positive Feststellung der Pflicht sollte wohl in dieses Papier einfließen.
Punkt VIII beinhaltet 2 Grundsätze. Der 1. Grundsatz ist die Verpflichtung zur Basisversorgung, die selbstverständlich auch dann besteht, wenn keine Pflicht zum Ergreifen von lebenserhaltenden Maßnahmen existiert. In Ziffer 2 haben wir aufgrund der gestrigen Diskussion formuliert, daß auch dann, wenn die Berechtigung besteht, auf lebensverlängernde Maßnahmen zu verzichten, gewisse Interventionen zur Minderung der Schäden durchzuführen sind, wo Nichtstun für das Neugeborene schlimmer wäre als etwas zu tun, auch wenn das „etwas Tun" das Leben nicht retten kann, sondern nur eine Hilfe bedeutet.
In Punkt IX wird die Frage angesprochen, wer unter welchen Voraussetzungen kompetent ist, zu entscheiden. In Ziffer 1 wird festgelegt, daß die Eltern mit einzubeziehen sind. Ich glaube, das ist juristisch eine eindeutige Verpflichtung für den Arzt, ebenso die Forderung, daß die Eltern aufzuklären sind.
Die Ziffern 2 und 3 behandeln jeweils die Diskrepanz zwischen der Entscheidung des Arztes und der Entscheidung der Eltern. Ziffer 2 betrifft den Fall, daß der Arzt meint, er sei nach den Kriterien, die wir aufgestellt haben, noch verpflichtet, etwas zu tun, aber die Eltern wünschen, daß nichts mehr getan wird. Dies wird wohl der häufigere Konfliktfall sein. Hier stimmen wir voll mit Herrn Ulsenheimer überein, daß die Ablehnung der Behandlung durch die Eltern als Mißbrauch des Sorgerechts in Betracht kommt. Diese Entscheidung bindet den Arzt nicht. Er sollte nach Möglichkeit das Vormundschaftsgericht anrufen. Wenn dies aus Zeitgründen nicht möglich ist, kann und soll er die aus seiner Sicht indizierte Behandlung durchführen.
Der sehr viel seltenere Fall ist der in Ziffer 3 angesprochene Fall, daß die Eltern eine Behandlung wünschen, die der Arzt aber aufgrund seiner Kriterien nicht durchführen möchte oder nicht durchzuführen bräuchte. Dann ist der Arzt nicht etwa durch den Wunsch der Eltern verpflichtet, dieses Kind gegen seine Überzeugung am Leben zu erhalten. Dies ist schon deshalb so, weil er nicht nur die Eltern im Blick haben darf, sondern auch das Kind im Blick haben muß. Er ist ja auch der Sachwalter der Interessen des Kindes. In diesem Fall - so meinen wir - sollte er unter Berücksichtigung der Interessen der Eltern und des Kindes nach seinem Gewissen entscheiden. Herr Ulsenheimer hat vorgeschlagen - dies scheint uns sinnvoll -, zur Absicherung doch das Vormundschaftsgericht einzuschalten.
In dem Fall, daß sowohl der Arzt als auch die Eltern davon überzeugt sind, daß behandelt werden sollte, ist unstreitig, daß dann behandelt wird. Wenn sowohl der Arzt als auch die Eltern der Meinung sind, daß die Grenzen der Behandlungspflicht erreicht sind und nicht behandelt werden sollte, ist auch unstreitig, daß nicht behandelt wird. Um das Schwergewicht nicht zu sehr auf die Formalien zu verlagern, sind diese beiden Fälle weggelassen worden.
Punkt X betrifft die Dokumentationspflicht des Arztes, die uns sehr wichtig erscheint und die eine formale Absicherung der materiell-rechtlichen und ethischen Position des Arztes bedeutet. Der Arzt sollte u. E. 3 Dinge dokumentieren, nämlich die erhobenen Befunde, die ergriffenen Maßnahmen und, wenn er von einer lebenserhaltenden Maßnahme abgesehen hat, die Gründe hierfür, also die Gegenindikation.

Ursprünglich war es unsere Absicht, zu einer Zusammenfassung zu kommen, die eine stärkere normative Wirkung hat, also etwa zu „Leitsätzen". Dieser Gedanken wurde auch aufgrund der Diskussion fallengelassen. Wir dachten dann an die Form von Empfehlungen. Aber auch dies ist immerhin eine gewisse verfestigte Vorgabe, die, wie ich nach der Diskussion glaube, von der Mehrheit unter Ihnen nicht gewünscht wird. Wir haben das vorliegende Papier also einstweilen als Zusammenfassung der Arbeit bezeichnet, die hier geleistet wurde.

HIERSCHE: Ich darf vorweg sagen: Mir wäre es lieb, wenn irgendwo - vielleicht bei Punkt III - das ärztliche Berufsrecht bzw. das Standesrecht mit einfließen würde. Herr Dr. Jähnke hat gestern darauf hingewiesen, welch hohes Gewicht das auch bei Entscheidungen hat. Denken Sie an das Wittig-Urteil, das mehr oder weniger auf einem ärztlichen Standesrecht aufgebaut ist.

WEISSAUER: Man sollte jetzt am besten abschnittweise vorgehen. Dann können die Korrekturen an der jeweiligen Stelle angebracht werden. Den Gesamtzusammenhang haben wir ja jetzt behandelt. Ob man das Papier als „Zusammenfassung" oder anders bezeichnet, sollten wir am Schluß sehen, wenn wir wissen, wieweit wir uns einigen konnten.

DEUTSCH: Ich muß den Verfassern mein hohes Lob aussprechen. Auf der Fahrt hierher habe ich mir überlegt, was wir wohl vorfinden. Das Papier gibt die Diskussion richtig wieder. Es ist ein handhabbares Papier, auch wenn es ein bißchen lang geraten ist. Aber das läßt sich wohl angesichts der Komplexität des Themas nicht vermeiden.
Ich möchte grundsätzlich - das ist in der Tat übergreifend - folgendes zur Debatte stellen: Wenn hier Beurteilungsspielräume eingeführt werden, so habe ich mit Erschrecken festgestellt, daß es diejenigen des Arztes und nicht diejenigen der Eltern sind. Damit weichen wir grundsätzlich von der Strömung in manchen anderen Ländern ab. Ich verweise auf einen Aufsatz von Mason u. Meyers über „Parental choice" im englischen Recht.
Da gibt es auch Ermessensspielräume, und zwar solche der Eltern, nicht des Arztes. Das kommt hier in dem Papier mehrfach vor, sowohl in Punkt VI als auch in Punkt IX. Wenn man Punkt IX in der Boris-Becker-Terminologie zusammenfaßt, muß man feststellen: Die Eltern verlieren immer in 3 Sätzen. Daß sie überhaupt beteiligt werden, ist das einzige, was noch enthalten ist.
Das möchte ich gleich zu Anfang sagen. Wir können nachher noch einmal darauf eingehen. Das ist der einzige gravierende Einwand, den ich machen möchte. Man hat die Befürchtung, daß die Eltern erschreckt sind. Man hat den Mißbrauch vielleicht zu sehr in den Vordergrund gestellt. Ich kenne 2 Fälle aus meiner Bekanntschaft. In dem einen Fall war die Meinung der Eltern gesplittet - dieser Fall kommt hier überhaupt nicht vor -, denn der Vater wollte, daß die Maschine abgestellt wird, während die Mutter das nicht wollte. In dem anderen Fall waren die Eltern dafür, daß eher weiterbehandelt wird, der Arzt war dagegen. Der Arzt hat sich schließlich durchgesetzt. Nach meiner Erfahrung, die allerdings nur auf diesen beiden Fällen beruht, ist es gar nicht so, daß die Eltern möglichst schnell Schluß machen wollen und der Arzt als Verteidiger des Kindes auftritt. Ich fürchte, daß wir uns in die gefährliche Nähe einer möglichen Berührung mit der

Verfassung und vielleicht auch mit dem Familienrecht des BGB begeben, wenn wir das hier so belassen.

WEISSAUER: Im Prinzip teile ich die Auffassung, die Herr Deutsch vorgetragen hat. Ich hatte das auch gestern in der Diskussion schon zum Ausdruck gebracht. Zumindest scheint es mir nötig, klarzumachen, daß es 2 Beurteilungsspielräume gibt: daß der Arzt sagt „ich mache das nicht", und die Eltern sagen „wir wollen das haben". Meines Erachtens wäre der Ausweg, daß dann die Eltern darüber informiert werden müssen, wo das Kind Behandlung finden könnte, so daß sie von ihrem Ermessen, dem Kind weiterzuhelfen, auch Gebrauch machen können. Das wäre hinten im Text verhältnismäßig leicht einzubauen. Dadurch kämen wir zu einer stärkeren Gleichgewichtigkeit.
Mich erschreckt das Papier in Punkt IX auch ein bißchen, weil es so aussieht, als hätten die Eltern hier gar nichts mitzureden. Der erwachsene Patient, der selbst entscheidet, sagt doch auch: „Herr Doktor, wenn Sie den Eingriff nicht machen, wo macht man ihn denn?"
Ich meine, wir könnten hinten im Text verhältnismäßig einfach eine Reparatur versuchen.

ZANDER: Es gibt eine amerikanische Monographie: *Selective non-treatment of handicapped newborns*. In dieser Monographie werden alle diese Probleme sehr ausführlich bis ins letzte Detail diskutiert. Auch da spielt gerade das Problem der Eltern eine große Rolle.

KERN: Ich möchte das Papier so, wie es ist, verteidigen. Ich teile Ihre Bedenken nicht, Herr Deutsch, daß wir mit unserer sonstigen Rechtsprechung und mit dem Familienrecht in Kollision geraten könnten. Ich meine, es ist doch so, daß unser Familienrecht - jedenfalls, seitdem es von der elterlichen Gewalt auf das Personensorgerecht umgestiegen ist - sehr auf die Personensorge und auf das Kind abstellt. Wir haben gar nicht so sehr Elternrechte, sondern eigentlich nur Kindesrechte, die von den Eltern vertreten werden. Das Kindeswohl ist, was die Heilbehandlung betrifft, relativ objektiv ausgerichtet. Das heißt, derjenige, der das letztlich bestimmen kann, ist eigentlich der Arzt, wenn er es richtig tut, wovon wir hier einmal ausgehen.
Hinzu kommt, daß der Bundesgerichtshof gesagt hat: Der erwachsene Patient hat das Recht, sich so unvernünftig zu verhalten, wie er will. Die Eltern dürfen das für ihr Kind nicht. Wenn nur *eine* Heilmaßnahme geboten ist, muß sie auch durchgeführt werden. Schwierigkeiten ergeben sich, wenn Alternativen bestehen. Dann müssen auch die Eltern aufgeklärt werden. Aber wenn wir davon ausgehen, daß wir keine Alternativen haben, dann gilt letztlich das, was der Arzt sagt. Wie auch immer wir das verbrämen, es hilft uns nicht viel weiter. Wir mogeln uns da ein bißchen was vor. Das sollten wir vielleicht nicht tun.

WEISSAUER: Nicht innerhalb des Beurteilungsspielraums.

STEINBERGER: Ich stimme in der Tendenz weitgehend Herrn Deutsch zu. Aber Sie sehen schon, wie sich die Juristen in die Haare geraten. Ich bin ganz sicher, daß das Kindeswohl im Vordergrund steht. Aber das bedeutet noch nicht, daß die Entscheidungsbefugnis auf den Arzt übergeht, sondern die normale Institution ist dann der Vormundschaftsrichter.

ULSENHEIMER: Es geht um den Fall in Punkt IX.3. Der Fall in IX.2 ist klar. Daß ein Mißbrauch besteht, wenn die Eltern ihre Zustimmung verweigern, ist klar. Jetzt zu Punkt IX.3: Ich habe auch gesagt, daß der Arzt zunächst aufklären muß. Damit werden die Eltern in die Lage versetzt, eine Entscheidung zu fällen. Wenn sie dennoch dabei bleiben und sagen, lebenserhaltende Maßnahmen sollten durchgeführt werden, dann werden die Eltern, wenn der Arzt dies ablehnt, mit Sicherheit als Konsequenz das Kind aus dieser Klinik herausnehmen. Voraussetzung ist also, daß der Arzt den Eltern sagt: Ich bin der Auffassung, daß hier keine lebenserhaltenden Maßnahmen mehr möglich und für das Kind sinnvoll sind. Das entspricht nicht meinem Heilauftrag, aber diese Frage ist medizinisch streitig; wir in Frankfurt machen es nicht, aber in Mainz wird es so gehandhabt.
Diese Aufklärung muß der Arzt den Eltern geben. Was hier formuliert ist, betrifft nur die Frage: Ist eine Bindung des Arztes an den Willen der Eltern in der konkreten Fallsituation gegeben? Das ist, so meine ich, rechtlich nicht der Fall.

WEISSAUER: Herr Ulsenheimer, das behaupte ich auch nicht. Der Arzt muß an sich überhaupt nicht behandeln. Der Arzt kann sagen: Die Behandlung ist zwar indiziert, aber ich führe sie nicht durch. Es würde aus meiner Sicht genügen, wenn man hier einfügte: Der Arzt hat den Eltern zu erklären, daß u. U. an anderer Stelle die Behandlung durchgeführt wird. Dann hätten die Eltern die Wahlmöglichkeit.

ULSENHEIMER: De facto haben die Eltern schon eine Entscheidung und sind dann eingebunden. Wenn der Arzt das Kind nicht behandelt, nehmen sie es aus dieser Klinik heraus.

WEISSAUER: Der Arzt muß es ihnen aber sagen.

HIRSCH: Mir ist das Problem jetzt klargeworden. Ich bin - ich nehme an: mit der Mehrheit hier - der Meinung, daß der Text etwas ergänzungsbedürftig ist. Wir haben in Punkt V den Fall, daß der Arzt eindeutig nicht mehr behandeln muß. Wenn in diesem Fall ein Konflikt mit der Entscheidung der Eltern auftritt, ist dies relativ unproblematisch. Das ist der Fall, den wir in Punkt IX auffangen wollten.
Problematisch wird es, wenn nach Punkt VI der Arzt ein Beurteilungsermessen hat. Ich meine, in diesem Fall des Beurteilungsermessens des Arztes - aber auch nur in diesem Fall - muß die Entscheidung der Eltern ein ganz anderes Gewicht haben, weil hier die medizinische Indikation in beide Richtungen geht. Hier muß der Entscheidung der Eltern eine maßgeblichere Funktion eingeräumt werden als bei den eindeutig fehlenden Indikationen.
Dies müßte man m. E. in Punkt IX auffangen. Darum schlage ich vor, dieses Problem bis zur Behandlung von Punkt IV zurückzustellen.

HIRSCH: Wir kommen jetzt zu den einzelnen Punkten im Detail.
Der Begriff des Wertes höchsten Ranges in Punkt I.1 stammt aus Entscheidungen des Bundesverfassungsgerichts. Die staatliche Schutzpflicht steht in der Verfassung. Die vorrangige ärztliche Aufgabe kann, wie ich glaube, nicht bezweifelt werden.

Als ich vorhin bezüglich Ziffer 2 zur Definition der Geburt Ausführungen machte, war z. T. Kopfschütteln zu verzeichnen.

SEIDLER: Ich möchte nur fragen, ob es notwendig ist, das hier einzuführen. Erfahrungsgemäß ruft das bei Klinikern Verwirrung hervor, die den juristischen Gehalt nicht durchdenken. Es gibt ja Kinder, die ohne Wehen geboren werden. Es gibt Schutzbedürftigkeiten, die nicht juristisch faßbar sind, die aber klinisch gegeben sind. Ich meine, wenn es nicht geboten ist, ist dieser Passus nicht nötig. Ich würde ihn einfach ersatzlos streichen.

DEUTSCH: Ich möchte mich dem anschließen. Ich fürchte, daß dieser Punkt, da ja der volle strafrechtliche Schutz genannt ist, mehrfachen Mißdeutungen ausgesetzt werden kann, vor allen Dingen im Eifer des Gefechts, in dem manchmal dieses Papier herangezogen werden muß. Das fängt schon beim nichtstrafrechtlichen, sondern dem sonstigen rechtlichen Schutz an, der mir als Zivilrechtler am Herzen liegt.
Mit dem Entwurf des Embryonenschutzgesetzes haben wir - das wollen Sie offenbar mit dem Wort „volle" andeuten - auch einen strafrechtlichen Schutz, der schon vorher beginnt. Entweder machen Sie 3 Sätze, oder Sie streichen diesen Satz lieber.

WEISSAUER: Ich plädiere dafür, ihn stehenzulassen. Ich habe gerade bei gynäkologischen Veranstaltungen die schrecklichsten Erfahrungen gemacht. Wenn Journalisten anwesend gewesen wären, hätten sich die Gynäkologen schuldig bekannt, in vielen Fällen geborene Kinder getötet zu haben. Es wurden lebensfähige Kinder geboren, die mißgebildet waren. Dann hieß es: Das ist für uns eine Form der legalen Abtreibung; wir dürfen das Kind, wenn es geboren ist, töten.
Der Begriff des vollen Schutzes meint, daß auch im Mutterleib, also schon vor der Geburt, das Kind einen Schutz durch die Abtreibungsbestimmungen genießt. Ich meine, es muß hier nicht stehen, aber es wäre schon gut, wenn die Gynäkologen darüber hundertprozentig Bescheid wüßten.

v. LOEWENICH: Ist es möglich, wenigstens die Klammerbemerkung zu streichen? Ansonsten entfällt dieser ganze Passus für die Kaiserschnittentbindung. Das wäre völlig sinnwidrig.

HIERSCHE: Über dieses Problem haben Herr Hanack und ich publiziert. Wir haben gemerkt, welche Probleme dahinterstecken. Wir haben formuliert: „mit der Eröffnung der Gebärmutter". Wir kämen damit aus dem § 218 StGB heraus und kämen in die §§ 211, 212 StGB. Wenn der Passus so stehenbleiben sollte, sollte man nicht auf die *Eröffnungswehen* abheben, sondern auf die *Eröffnung der Gebärmutter.*

EWERBECK: Das kann man auch nicht.

DEUTSCH: Das Papier hängt davon nicht ab.

ZANDER: Ist es wirklich so, daß der volle strafrechtliche Schutz erst mit der Geburt beginnt? Was bedeutet die Differenzierung „voller" Schutz?

SPANN: Man unterstellt, daß das bekannt ist. Es gibt aber kaum etwas, was so wenig bekannt ist wie die Grenze zwischen Leibesfrucht und Mensch. Wenn man das den Leuten in den Fortbildungsveranstaltungen sagt, greifen sie sich an den Kopf. Wenn Sie den Leuten sagen, daß man im Zivilrecht später zu einem Menschen wird, dann halten die Leute Sie für verrückt.

ZANDER: Daß die Geburt mit der Wehentätigkeit beginnt, ist geklärt?

WEISSAUER: Das ist längst entschieden.

HIERSCHE: Senkwehen gelten noch nicht. Es geht um die Eröffnungswehen.

JÄHNKE: Es ist in der Tat mit einem so kurzen Satz nicht vollständig zu umreißen. Die Eröffnungswehen sind der maßgebende Zeitpunkt nur für das Strafrecht, und zwar beim normalen Geburtsvorgang, d.h. wenn es Eröffnungswehen gibt und nicht vorher etwa ein Blasensprung einsetzt oder sonst etwas, was die Geburt einleitet. Bei der künstlichen Geburt, etwa dem Kaiserschnitt, kann es natürlich nicht der Zeitpunkt der Eröffnungswehen sein; dann muß es die Eröffnung des Uterus sein. Das ist noch nicht entschieden, das ist streitig. Manch einer sagt sogar, der Beginn der Öffnung der Bauchdecke sei das Maßgebende.
Wir geraten hier u. U. in eine juristische Diskussion hinein, die fruchtlos ist, jedenfalls für unseren Zweck. Ich meine, für unseren Zwecke ist noch ein anderer Gesichtspunkt maßgebend, nämlich die Zweiundzwanzigwochenfrist nach § 218a. Für das geschädigte Neugeborene setzt der volle Schutz eigentlich schon zu diesem Zeitpunkt ein. Dann darf es nicht mehr abgetrieben werden. Dann muß es erhalten werden, wenn das irgendwie möglich ist. Ausgenommen ist die medizinische Indikation, die aber die Mutter betrifft und nicht das Kind.

HIERSCHE: Jede Indikation bei § 218 StGB betrifft die Mutter. Deswegen haben wir in unserer Arbeit bewußt geschrieben: „sog. kindliche Indikation".

WEISSAUER: Wenn Sie das Kind nach der 22. Woche im Mutterleib töten, ist es immer noch eine Abtreibung.

HOLSCHNEIDER: Wenn man Punkt I und die Definition liest, würde das bedeuten, daß dieses Papier nur für den Augenblick gilt, in dem die Geburt eingesetzt hat, gleichgültig, wie Sie es definieren. Auf alle die Punkte, die nachher folgen, beispielsweise Gastroschisis und Potter-Syndrom, kann man das Papier dann nicht anwenden.

HIRSCH: Das lag mir gestern schon am Herzen. In den Referaten und der Diskussion kam häufig der Rekurs auf die pränatale Diagnostik, auf Schädigungen im Mutterleib, auf Möglichkeiten der embryopathischen Indikation. Uns war auch bei der Vorbereitung dieses Workshops sehr wichtig, den ganzen pränatalen Bereich nicht zu behandeln. Das führt zu größten Schwierigkeiten, bei denen wir natürlich auch sehen, daß der Arzt sie hat. Der Unterschied zwischen der embryopathischen Indikation und dem, was nach der Geburt an Grenzen für die Behandlungspflicht besteht, ist eklatant.
Es ist keinesfalls so - dies müßte einmal deutlich herausgestellt werden -, daß eine Indikation, die einen Schwangerschaftsabbruch legitimieren würde, also insbesondere eine embryopathische Indikation, automatisch nach der Geburt zu dem

Recht führt, Behandlungsmaßnahmen zu beenden. Dies ist nicht gleichgeschaltet. Das sind 2 völlig verschiedene Dinge.
Wir wollten uns nur mit dem Neugeborenen befassen. Deshalb sahen wir die Notwendigkeit, irgendwo klarzustellen, wo diese Grenze beginnt, von der ab das Papier gilt. Es gilt nur für das Neugeborene, also vom Zeitpunkt der Geburt an.
Nun ist es richtig, daß die Geburt strafrechtlich etwas anders definiert wird als zivilrechtlich. Deshalb ist es vielleicht sinnvoll, zum einen die Klammerbemerkung fallenzulassen und zum anderen nicht allein auf den strafrechtlichen Schutz abzustellen, sondern lediglich zu formulieren:
„Der lebende Mensch steht von der Geburt an unter dem vollen Schutz der Rechtsvorschriften, die das Leben und die Körperintegrität schützen."
Dann wäre eindeutig, daß es die Vorschriften der §§ 211, 223 ff. betrifft. Dabei geht es um den vollen Schutz der Rechtsordnung, die dem lebenden Menschen von der Geburt an zusteht.

ZANDER: Von welcher Woche an?

HIRSCH: Von der Geburt an. Es geht nicht um den Schutz der Leibesfrucht, es geht nicht um den Schutz des Embryos, sondern wir befassen uns nur mit dem Zeitraum ab der Geburt, nicht mit der 22. SSW oder ähnlichem.

WEISSAUER: Dann haben wir 2 verschiedene Begriffe, die Eröffnung für das Strafrecht und die Vollendung der Geburt im Zivilrecht. Wenn wir das Strafrechtliche und alles übrige herausstreichen, geht das.

SEIDLER: Die andere Formulierung trifft es eigentlich genauer.

KERN: Ich habe doch Bedenken. Ich habe einfach Sorge, daß wir übersehen, daß der rechtliche Schutz des Embryos auch vorhanden ist, daß wir auch einen Schutz gegen Abtreibungen haben. Was wir jetzt machen wollen, ist doch eigentlich die Abgrenzung zwischen Abtreibung und Tötungsdelikt. Sie setzt mit der Geburt ein. Ich weiß nicht, ob es nicht besser ist, es so zu formulieren, als mit dem Lebensschutz zu operieren. Der Lebensschutz gilt auch für das Ungeborene. § 218 schützt auch das Leben. Deswegen habe ich Bedenken.

HIRSCH: § 218 schützt auch die Mutter.

HIERSCHE: Nein, § 218 StGB schützt primär das Kind.

KERN: Es ist ein Lebensschutzdelikt. Die Ausnahmen, die darin enthalten sind, betreffen die Mutter. Ich habe gewisse Bedenken, ob dieser Unterschied wirklich so deutlich wird. Im Prinzip wollen wir sagen: Die Schwelle zwischen dem Schutz des Ungeborenen und dem Schutz des Geborenen ist die Geburt. Vielleicht sollten wir es so ausdrücken und den Lebensschutz heraushalten. Ich halte es für etwas bedenklich, weil es Mißverständnisse hervorrufen könnte.

ZANDER: Ich möchte fragen, ob es nicht ausreicht, nur Ziffer 1 bei Punkt I zu formulieren und die Ziffern 2 und 3 entfallen zu lassen. Dann kann man anschließend sofort auf das Neugeborene eingehen. Es ist doch gar nicht notwendig, in diese Komplikationen hineinzugeraten. Was auch immer man sagt, es relativiert dann den Zeitpunkt bis zum Abort usw. Das finde ich, ist schwierig.

STEINBERGER: Mir schien wichtig, daß Punkt I.3 erhalten bleibt. Ich glaube, daß wir hier nicht die unterschiedlichen Ansätze des Zivilrechts und des Strafrechts bewältigen, wann der volle jeweilige Schutz einsetzt. Da können wir nur mit dilatorischen Formelkompromissen auskommen, die dem Arzt in der praktischen Situation wenig helfen. Ich glaube, das kann man nicht mit einem Satz machen.

JÄHNKE: Ich würde auch für die Streichung von Ziffer 2 plädieren, weil wir hier in der Tat etwas aufweichen. Ich habe von den Herren Medizinern gehört: Was heißt das denn, sind die vor der Geburt überhaupt nicht geschützt? Das Wort „volle" kommt oft nicht so zu Bewußtsein, wie es eigentlich bezweckt ist.
Vielleicht läßt sich das, was Sie, Herr Hirsch, damit sagen wollen, in Ziffer 3 aufnehmen. Sie haben formuliert, daß eine Abstufung des Schutzanspruchs nach der sozialen Wertigkeit nicht geht. Man könnte auch schreiben „der Schutz des Neugeborenen". Dann haben wir die Aussage, daß es von der Geburt an eine Differenzierung nach der sozialen Wertigkeit, der Nützlichkeit, der Lebenserwartung usw. nicht geben soll. Wenn wir das Neugeborene in die Ziffer 3 aufnehmen, beinhaltet dies, daß es von der Geburt an gelten soll.

WEISSAUER: Das hätte ich auch vorgeschlagen. Man kann formulieren „eine Abstufung des Schutzanspruchs des Neugeborenen ...". Dann haben wir wenigstens den Kerngedanken aus Ziffer 2 enthalten.

HIRSCH: Ich darf also festhalten, daß Ziffer 2 entfällt. Die Ziffer 3 wird Ziffer 2 und lautet „Eine Abstufung des Schutzanspruchs des Neugeborenen ...".

ULSENHEIMER: Ich habe Bedenken gegen die Formulierung „grundsätzlich". Mir ist klar, wie Sie es verstehen, aber man sollte es streichen.

HIRSCH: Die in Klammern aufgeführte Lebenserwartung korrespondiert mit dem Begriff „grundsätzlich". Wenn die Lebenserwartung als einer der Gründe aufgeführt wird, die keine Differenzierung zulassen, dann müßte das Wort „grundsätzlich" erhalten bleiben. Wenn die Lebenserwartung aus der Aufzählung gestrichen wird, kann auch das Wort „grundsätzlich" gestrichen werden.
Wenn in dieser Ziffer 3 die Lebenserwartung aufgeführt ist, die keine Abstufung zuläßt, dann könnte dies ein gewisser Widerspruch zu dem werden, was wir später im Text als Grenze der ärztlichen Behandlungspflicht zulassen. Dort steht ja: Wenn der Tod nur auf kurze Zeit hinausgezögert wird, braucht das nicht getan zu werden. Die Kürze der Lebenserwartung kann durchaus ein Kriterium sein, um den Arzt von seiner Verpflichtung zur Lebenserhaltung freizustellen. Deshalb würden wir, die Autoren, dafür plädieren, die Lebenserwartung hier in Ziffer 3 zu streichen und dann natürlich auch das Wort „grundsätzlich".

SPANN: Und wenn man es durch das Wort „Lebensqualität" ersetzt?

HIERSCHE: „Lebensqualität" ist ein ganz gefährliches Wort.

WEISSAUER: Dann brauchen wir wieder das Wort „grundsätzlich". Die Lebensqualität spielt ja auch eine Rolle bei unserer Enumeration. Wenn es ein Leben unter Qualen ist, dann soll ja auch nicht behandelt werden müssen. Ich meine, beide Klammerzusätze sollten entfallen.

DEUTSCH: Muß das Wort „Schutzanspruch“ bestehen bleiben? Das ist Soziologendeutsch. Es ist erfreulich, daß das Sittengesetz vor der Verfassung aufgeführt wird, soviel ich auch von der Verfassung halte. In Ziffer I ist die Rechtsordnung vor der Sittenordnung aufgeführt. Jetzt zeigen wir, daß vielleicht beides gleichrangig ist.

HIRSCH: Das war bewußt so gemacht.

ZANDER: Es fallen also die Klammerbemerkungen „der Lebenserwartung“ und „grundsätzlich“ weg.

HIRSCH: Zu Punkt II möchte ich sagen, daß die Definition des Todes als irreversibler Hirntod nach medizinischer und rechtlicher Auffassung unstreitig ist.

ZANDER: Das ist für einen Laien sehr wenig verständlich.

DEUTSCH: Den „Tod“ mit „Tod“ zu definieren ist ein bißchen so wie „Armut“ und „pauverté“. Hier ist wohl der irreversible Ausfall der Hirnfunktion gemeint.

SPANN: Das haben wir schon 1963 publiziert.

JÄHNKE: Herr Deutsch hat zu Anfang die Länge des Papiers ein wenig moniert. Besteht hier nicht die Möglichkeit, etwas zu kürzen, indem man Punkt II entfallen läßt? Daß die ärztliche Behandlungspflicht bei einem toten Kind nicht beginnt oder, wenn es gestorben ist, aufhören kann, ist doch eigentlich eine pure Selbstverständlichkeit. Man kann keinen Toten weiterbehandeln. Dann fällt auch die Grundlage dafür weg, daß man den Tod noch definiert. Es ist eigentlich nicht streitig, es ist auch nicht zweifelhaft gewesen, daß der Hirntod die maßgebliche Grundlage für das Ende der Behandlungspflicht sein soll. Es bringt also nichts, wenn wir das hier noch aufnehmen.

WEISSAUER: Dieser Vorschlag in dem Papier stammt von mir. Der Hintergrund war die Überlegung, daß wir uns mit einem Anenzephalus auseinandersetzen müssen. Wenn wir uns darüber einig sind, daß er nicht unter Hirntod fallen soll, können wir Punkt II entfallen lassen. Er ist aber nicht substanzlos, denn die Aussage lautet: Der Tod im Rechtssinne ist der Organtod, aber nicht des Herzens, sondern des Hirns. Wenn wir den Anenzephalus nicht hier, sondern später bringen, wo es technisch ohne weiteres möglich ist, wenn wir ihn dort anführen, wo der Mikrozephalus erwähnt wird, sind wir dieses Problems enthoben. Dann können wir Punkt II streichen.

HIERSCHE: Über den Anenzephalus werden wir dann wahrscheinlich keinen Konsens finden.

HIRSCH: Ich plädiere auch dafür, eine Aussage zu treffen. Das scheint mir zum allgemeinen Verständnis sehr wichtig. Ich darf aus den Richtlinien der Bundesärztekammer für die Sterbehilfe zitieren. Dort sah man auch die Notwendigkeit, dies aufzugreifen. Es heißt:

> Die ärztliche Hilfe endet beim Eintritt des Todes, der nach dem Stand der medizinischen Wissenschaft mit dem Hirntod gleichzusetzen ist.

Ich meine, beim Neugeborenen ist die Notwendigkeit eigentlich noch größer, darauf hinzuweisen, daß mit dem Hirntod nach der juristischen und der medizini-

schen Definition der Tod per se und damit die Grenze der Behandlungspflicht eingetreten ist. Ich bin mir nicht sicher, ob man dies als so allgemein bekannt voraussetzen kann, ob es nicht eine Lücke des Papiers wäre, wenn diese erste unstreitige Grenze der Behandlungspflicht überhaupt nicht auftauchte.
Dies ist ja die Grenze, die eigentlich an erster Stelle steht. Diese grundlegende Grenze sollte doch wohl auftauchen, wenn wir später sehr diffizile andere Grenzen der Behandlungspflicht festlegen. Es gibt ja das definitorische Problem des Todes, das inzwischen zwar gelöst ist, aber in Zukunft vielleicht auch wieder anders gelöst wird. Im Augenblick läuft die Definition auf den Hirntod hinaus. Ich glaube, es wäre eine Lücke des Papiers, wenn diese Grenze der Behandlungspflicht nicht erschiene.

WEISSAUER: Schaden kann es jedenfalls nichts, wenn es dort steht. Das ist richtig.

HOLSCHNEIDER: Dann kann man den Satz „Die ärztliche Behandlungspflicht beginnt nicht ..." nicht weglassen. Daß die ärztliche Behandlungspflicht mit dem Tod des Neugeborenen beginnt, ist eigentlich absurd.

WEISSAUER: Sie beginnt nicht!

HOLSCHNEIDER: Das ist doch selbstverständlich.

ZANDER: Jeder fragt sich: Was steckt dahinter?

HIRSCH: Es gab hierüber eine große Diskussion. Das mag den Medizinern zeigen, daß juristisch durchaus eine Unsicherheit besteht. Von Herrn Graf-Baumann wurde gesagt: Die Reanimation ist notwendig beim toten Kind. Wir hatten die Diskussion: Wann ist ein Kind tot? Wann muß etwas animiert werden - es ist ja keine „Reanimation" -? Gibt es einen klinischen Tod, der eine Wiederbelebung, eine Animation natürlich notwendig macht? Gibt es einen Tod im Rechtssinne, der keine Animation mehr notwendig macht? Alle diese Fragen sollten hier aufgefangen werden. Da bestehen wirklich grundlegende Unsicherheiten.

SPANN: Richtig!

ZANDER: Kann man nicht den 2. Satz von Punkt II als ersten Satz nehmen und als 2. Satz formulieren „Die Behandlungspflicht endet bei eingetretenem Tod des Neugeborenen"? Dann haben wir das, was Sie wollen. Das „beginnt nicht" kann entfallen.

JÄHNKE: Besser wäre die Formulierung „besteht nicht bei".

HIRSCH: Dann würde Punkt II lauten:

> Tod ist nach der übereinstimmenden medizinischen und rechtlichen Auffassung als irreversibler Hirntod zu definieren. Eine ärztliche Behandlungspflicht besteht nicht bei eingetretenem Tod des Neugeborenen.

JÄHNKE: Wenn wir schon definitorisch arbeiten, dann müssen wir es genau machen. Einen irreversiblen Hirntod gibt es m. E. nicht. Entweder liegt ein Hirntod vor, oder es liegt kein Hirntod vor.

HIRSCH: Dann streichen wir das Wort „irreversibler".

SPANN: Das ist aber ungeheuer wichtig. Der klinisch Tote ist reversibel.

HIERSCHE: Der Hirntod ist nicht reversibel.

WEISSAUER: Es ist richtig, was Herr Jähnke sagte. Entweder sagt man „irreversibler Funktionsausfall" oder „Hirntod". Man sollte sagen „irreversibler Funktionsausfall des Hirns (Hirntod)".

KERN: Ich möchte noch etwas zur Reihenfolge der beiden Sätze sagen. Da wir davon ausgehen, die Grenzen der ärztlichen Behandlungspflicht zu bestimmen, müßte meiner Meinung nach der 1. Satz heißen „Die ärztliche Behandlungspflicht endet ...", denn der 2. Satz ist nur ein Hilfssatz für den 1. Wir können meiner Meinung nach rein logisch nicht mit dem Hilfssatz beginnen. Da habe ich sehr große Bedenken.

HIRSCH: Mir hat eingeleuchtet, was Herr Zander sagte, daß man zuerst damit beginnen sollte, auch wenn es logisch nicht so stringent sein mag, was als Tod angesehen wird, um dann zu sagen: „Von diesem Zeitpunkt an besteht keine Behandlungspflicht mehr."
Ich darf noch einmal Punkt II verlesen, wie er jetzt lautet:

> Tod ist nach der übereinstimmenden medizinischen und rechtlichen Auffassung als irreversibler Funktionsausfall des Hirns (Hirntod) zu definieren.

SPANN: Ich würde sagen „des Gehirns".

HIRSCH: Also: irreversibler Funktionsausfall des Gehirns. Der 2. Satz lautet dann:

> „Die ärztliche Behandlungspflicht besteht nicht bei eingetretenem Tod des Neugeborenen."

SCHLAUDRAFF: Ich habe an dieser Stelle eine Verständnisfrage. Ist damit automatisch klar, daß die Kriterien für die Hirntodfeststellung dieselben sind wie beim Erwachsenen? Ich denke an die manchmal vorhandene Eilbedürftigkeit. Ich erlebe oft auf der Neurochirurgie, daß außerordentlich lange gezögert wird, daß ärztliche Meinungen darüber, ob der Hirntod eingetreten ist, oft tagelang umstritten sind.

HIERSCHE: Wir sollten das ruhig diskutieren. Dann kommen wir nämlich zum Anenzephalus. Der Anenzephalus ist per definitionem ein Hirnloser. Das lassen wir einmal so im Raum stehen. Nun kommt der Kliniker. Da gibt es 2 Möglichkeiten. Entweder sagt man: Ich hänge alle paar Minuten ab und sehe nach, ob der eine Schnappatmung hat; oder aber man macht das, was der Kliniker wirklich macht: Er macht ein Angiogramm, er macht ein EEG, und er macht ein digitales Subtraktionsangiogramm, vielleicht auch noch die Feststellung des O_2-Verbrauchs. Wenn er diese Untersuchungen durchführt, wird er feststellen, daß per definitionem klinisch der Hirntod besteht. Daß in einzelnen Fällen, Herr von Loewenich, die Medulla oblongata noch durchblutet sein mag, ist unstreitig. Dennoch ist nach diesen Kriterien, die auch von der Schweizer Akademie der Wissenschaften aufgestellt worden sind, der Anenzephalus ein Hirntoter, wenn er ein negatives Angiogramm hat, eine Nullinie über mehr als 12 h hat, wenn das digitale Subtraktionsangiogramm keine Durchblutung mehr ergibt und wenn Sie darüber hinaus auch noch die O_2-Sättigung prüfen wollen.

v. LOEWENICH: In die Definition des Hirntods geht u.a. ein, daß Hirnnervenreflexe nicht mehr vorhanden sind. Diese hat er aber. Wenn Sie ein EEG ableiten, werden Sie auch beim Anenzephalus, obwohl das technisch schwierig ist, weil man Hemmungen hat, Elektroden auf dieses matschige Substrat zu legen, eine EEG-Aktivität feststellen.
Ich sehe aber überhaupt keine Schwierigkeit darin. Ich finde, die Diskussion erübrigt sich, denn wir haben hinterher die schwersten Störungen des Gehirns. Ich darf gleich vorausschicken: Ich würde den Ausdruck „perinatale Hirnschäden" streichen und nur von „schwersten Hirnschädigungen" sprechen. Dann sind wir überall bei dem, was wir brauchen. Aber ein Anenzephalus, der schreit und trinkt, kann schlecht als Hirntoter bezeichnet werden. Wir kommen dann nur in die Mühle ewiger medizinischer Diskussionen. Wir können dem aus dem Weg gehen, indem wir es hinten im Text schreiben. Es passiert uns nichts. Wir kommen schon dahin, wohin wir den Anenzephalus haben wollen. Aber wir müssen nicht auf Biegen und Brechen einen Hirntoten daraus machen.

WEISSAUER: Man kann es bei Punkt V.2b einfügen.

SPANN: Ich bin ganz der Meinung von Herrn von Loewenich. Wir können das nicht als Hirntod bezeichnen. Die 1. Voraussetzung per definitionem ist die fehlende Spontanatmung. Vorher braucht man gar nicht darüber zu reden, ob der Hirntod eingetreten ist oder nicht. Das ist auf der ganzen Welt so.

HIERSCHE: Entweder diskutieren wir dieses Problem weiter, oder wir haken es hier ab.

WEISSAUER: Wir sollten es hier abhaken. Wenn wir es bei Punkt V.2b erwähnen, ist allen Anforderungen Genüge getan. Wir wollen ja ein Papier für die Praxis fertigen.

HIRSCH: Wir kommen zu Punkt III, dem Verbot der aktiven Sterbehilfe.

HIERSCHE: Mir wäre es sehr bedeutsam, wenn wir hier das Berufsrecht mit einfließen ließen. Wir sollten es hier als wesentlichen Teil mit einbeziehen.

WEISSAUER: Ich glaube, wir sprechen davon in Punkt IV.

HIERSCHE: Ich hätte es aber gern bei Punkt III, weil dieser Punkt etwas Übergeordnetes gegenüber Punkt IV darstellt.

HIRSCH: Die Worte „und ist strafbar" könnte man streichen.

LOCH: Man könnte sagen „Rechts- und Standesordnung".

HIRSCH: Man könnte die Worte „und ist strafbar" streichen und sagen „verstößt gegen die Rechts- und Berufsordnung".

WEISSAUER: Man müßte von der „ärztlichen Berufsordnung" sprechen.

DEUTSCH: Müssen wir nicht doch vielleicht ein eher medizinisches statt ein juristisches „grundsätzlich" aufnehmen? Sie haben in Punkt IV selbst darauf verwiesen.

Kommen da nicht doch Maßnahmen, die in die Nähe der gezielten Verkürzung geraten? Es ist immer schön, wenn in einem Papier ein möglicher Widerspruch vorhanden ist, denn das ruft wissenschaftliche Auseinandersetzungen hervor.

WEISSAUER: Herr Deutsch, das Wort „grundsätzlich" wird von Medizinern und Juristen unterschiedlich verstanden. Die Mediziner verstehen es affirmativ. Da führen wir also schon einen Irrtum ein. Ich hätte als Jurist Bedenken; denn „grundsätzlich" heißt „mit Ausnahmen". Bisher gehen wir aber doch immer davon aus, daß eine aktive Tötung in jedem Fall strafbar ist. Das ist einer der Grundsätze, die heute noch unverrückbar sind; im Moment jedenfalls. Tun wir uns doch diese Gefahr nicht an, daß wir hier auch nur den winzigsten Spalt aufmachen.

ZANDER: Das Wort „grundsätzlich" schafft bei Medizinern Probleme. Ich würde dringend darum bitten, das Wort „grundsätzlich" entfallen zu lassen. Wenn hier steht „Der Arzt ist verpflichtet", was kann man eigentlich mehr sagen? Muß man dann noch „grundsätzlich" hinzufügen?
Inzwischen denkt der Mediziner so: Wenn die Juristen „grundsätzlich" sagen, dann heißt das für uns, wir können alles tun, was wir wollen. Dann kommt nachher der Katalog, wo das doch nicht gilt. Dieses Wort schafft viele Mißverständnisse und Komplikationen. Ich würde ganz dringend darum bitten, es entfallen zu lassen.

HIRSCH: Punkt III können wir also abhaken. In Punkt IV.1 wird das Wort „grundsätzlich" gestrichen.

SEIDLER: Was ist das „Beste"?

HIRSCH: Das ist eine eingeschliffene Formulierung „das Beste, das Wirksamste zu tun".

WEISSAUER: Das ist aus der Rechtsprechnung zu § 223 StGB. Der Arzt muß das tun, was für das Kind das Beste und Wirksamste ist. Er muß das medizinisch Indizierte tun.

SEIDLER: Ist das so zu verstehen wie „nach bestem Wissen und Gewissen"?

WEISSAUER: Es bedeutet die Methode der Wahl.

HIRSCH: Wir kommen zu Punkt IV.2. Das betrifft die Grenzziehung der ärztlichen Behandlungspflicht, daß die ärztliche Behandlungspflicht nicht allein durch die technischen Möglichkeiten bestimmt wird.
Ich muß noch einmal auf Punkt III zurückkommen. Sollen wir die Klammerbemerkung „in seine Körperintegrität" aufnehmen oder streichen? Sollen wir nur von Eingriffen sprechen? – Dann lassen wir den Klammerzusatz fallen.
Zu Punkt IV.2 stellt sich die Frage, ob die Klammerbemerkung „auch" stehenbleiben oder entfallen soll. Ich meine, dieses Wort ist sinnvoll.

SEIDLER: Man könnte sagen „ebenso". Das wäre eine Gleichwertigkeit.

HIRSCH: Mir schien es wichtig, daß ausgesagt wird, daß nicht nur die technischen Möglichkeiten der Medizin die Behandlungspflicht bestimmen, sondern daß es andere Parameter gibt, die Grenzen setzen können, nämlich die Humanethik und der Heilauftrag des Arztes.

WEISSAUER: Ich würde das Wort „vielmehr" streichen. Ich würde sagen „Sie ist auch ...".

ZANDER: Ich würde die beiden Sätze zu einem Satz verbinden. Es müssen doch nicht 2 Sätze sein.

HIRSCH: Der 1. Satz besagt, daß die ärztliche Behandlungspflicht nicht allein durch die Möglichkeiten der Medizin bestimmt wird, sondern daß sie auch andere Grenzen hat, nämlich humanethische Beurteilungskriterien und den Heilauftrag des Arztes. Das geht über das Rechtliche hinaus.

LOCH: Man könnte formulieren „nicht nur ... bestimmt, sondern auch ...". Dann haben wir es in einem Satz zusammengefaßt.

HIRSCH: Wir können es gern zu einem Satz zusammenfassen. Wenn man etwas Thesenartiges machen will, neige ich immer dazu, kurze, steinerne Sätze zu bringen und nicht einen neuen Gedanken in einen anderen Satz hineinzubringen.

KERN: Ist zwischen den Möglichkeiten der Medizin und dem Heilauftrag ein Unterschied zu machen? Sollte man nicht von den „technischen" Möglichkeiten der Medizin sprechen?

HIRSCH: Ich wollte nicht allein die technischen Möglichkeiten der Intensivmedizin erwähnt haben, sondern beispielsweise ist ja auch ein operativer Eingriff eine Möglichkeit der Medizin.

HIERSCHE: „Technisch" halte ich für eine gefährliche Eingrenzung. Wir wollen gerade nicht in die Technik abgedrängt werden.

WEISSAUER: Gemeint ist das Machbare.

HIERSCHE: Dazu gehören auch Medikamente und andere Dinge.

HIRSCH: Satz 1 würde stehenbleiben. Satz 2 würde beginnen „Sie ist ebenso an human-ethischen ...".

ZANDER: Muß das Wort „jedoch" im 1. Satz unbedingt enthalten sein? Worauf bezieht es sich?

WEISSAUER: Das ist schon gestrichen. Es sollte an sich den Bezug zu Ziffer 1 – zum Besten, zum Wirksamsten – herstellen.

HIRSCH: Man könnte es entfallen lassen. Man muß damit rechnen, daß die einzelnen Ziffern für sich allein zitiert werden. Dann ist der Zusammenhang aufgelöst. Wir lassen also das Wort „jedoch" entfallen. Der 2. Satz von 2 beginnt also „Sie ist ebenso an human-ethischen ...".
Wir kommen damit zu Punkt V.

JÄHNKE: Herr Hirsch, hier habe ich Bedenken wegen der Weite dieses Satzes, der ja programmatisch ins Unendliche geht, wie ich ihn verstehe. Die einzelnen Konkretisierungen sind erst in den Ziffern 2a, b und c aufgeführt. Wenn man hier den

Zusammenhang zerreißt, was möglich ist, wie Sie eben angedeutet haben, könnte das zu großen Mißverständnissen führen. Die Formulierung „Der Arzt muß die medizinischen Behandlungsmöglichkeiten ... nicht ausschöpfen, wenn die Lebenserhaltung für das Neugeborene keine Hilfe, sondern eine bloße Verlängerung des Leidens bedeutet" ist unendlich, das ist mir zu weit. Ich schlage vor, diesen Satz wie folgt zu fassen:

> Es gibt daher Fälle, in denen der Arzt die medizinischen Behandlungsmöglichkeiten insbesondere ... nicht ausschöpfen muß.

Dann kommen unter Ziffer 2 die einzelnen Fälle.

WEISSAUER: Das halte ich für gut. Das schließt an den Satz von Punkt IV.2 an. Das ist die Konkretisierung, während zuvor der Grundsatz steht.

ZANDER: Das wäre praktisch Punkt IV.3.

HIRSCH: Dann würde der Punkt IV.3 lauten:

> Es gibt daher Fälle, in denen der Arzt die medizinischen Behandlungsmöglichkeiten insbesondere ... nicht ausschöpfen muß.

Dann folgt Punkt V, beginnend mit dem jetzigen Text von Ziffer 2. Würde dieser Anfang „Diese Voraussetzung ist zu bejahen ..." noch passen? Ich glaube, das paßt nicht mehr.

ZANDER: Muß bezüglich der Lebenserhaltung für das Neugeborene nicht ein neuer Satz gebildet werden?

HIRSCH: Herr Jähnke hat - wie ich meine: zu Recht - Einwendungen, daß dies zu pauschal ist und viel zu weit geht.

WEISSAUER: Wir müssen es anbinden, indem wir formulieren „Eine Behandlungspflicht besteht nicht, wenn nach dem aktuellen Stand ...".

HIRSCH: Herr Jähnke, Ihre Bedenken sind eigentlich nicht inhaltlicher Natur, sondern bestehen deshalb, weil dadurch Mißverständnisse ermöglicht würden. Vielleicht könnte man nur dies ausschließen. Die Formulierung, die jetzt gewählt ist, ist an sich sehr treffend, wenn sie im Zusammenhang mit der Konkretisierung, die dann erfolgt, gesehen wird.

JÄHNKE: Dann schon!

HIRSCH: Vielleicht könnte man es beibehalten. Ihre Befürchtungen, daß Fehlinterpretationen auftauchen, wenn man den Satz aus dem Zusammenhang reißt, könnten auf andere Art und Weise ausgeräumt werden.

ZANDER: Nach Überdenken bin ich auch der Meinung, daß das hier zu weit gefaßt ist. Das kann sehr in ganz persönliche Auffassungen hineingehen, wo das Leiden verlängert wird usw. Ich glaube, es ist in der Tat besser, wenn man klare Beispiele nennt und es dabei beläßt. Mit dem 1. Satz, wie er jetzt formuliert ist, ist alles gesagt, nämlich daß es solche Fälle gibt. Wenn man plötzlich wieder die Leidensproblematik hineinbringt, was ich bei § 218 so schlecht finde, dann wird der Ermessensspielraum ungeheuer weit. Ich würde es weglassen.

SPANN: Dann müßte der Satz nach dem Wort „ausschöpfen" enden.

ZANDER: Ja.

DEUTSCH: Herr Zander, sind Ihre Beispiele denn ausschließlich oder nicht?

ZANDER: Nein. Ein Beispiel ist exemplarisch.

DEUTSCH: Durch die Ziffer 3 in Punkt IV bekommen wir eine noch viel größere Freiheit.

ZANDER: Was ist „Leiden"? Wer leidet?

DEUTSCH: Ich habe nichts dagegen; ich mache nur darauf aufmerksam, daß der Text jetzt vielleicht noch weiter gefaßt ist.

HIRSCH: Ich glauben, wenn wir dies als Ziffer 3 ohne den letzten Satz formulieren, könnte es keine Mißverständnisse geben. Das würde an Ziffer 2 anbinden, daß die ärztliche Behandlungspflicht nicht allein durch die Möglichkeiten in der Medizin bestimmt wird. Ziffer 3 würde besagen, daß es Fälle gibt, in denen Maßnahmen zur Herstellung der Vitalfunktionen nicht ausgeschöpft werden müssen. Punkt V würde beginnen „Der Arzt darf auf Maßnahmen zur Erhaltung des Lebens verzichten, wenn nach dem aktuellen Stand der medizinischen Erfahrungen ...". Dann kommen die noch zu diskutierenden Unterpunkte a, b und c.

WEISSAUER: Die Punkte a, b und c sind enumerativ und abschließend. Die Beispiele sollen das nur erläutern.

STEINBERGER: Wenn der Nachsatz von der Lebenserhaltung und der Verlängerung des Leidens entfällt, postulieren Sie natürlich einen enormen Ermessensbereich, in dem der Arzt die medizinischen Behandlungsmöglichkeiten nicht ausschöpfen muß. Ich muß sagen: Das ist mir zu grenzenlos.

HIRSCH: Herr Steinberger, wir sagen ja nur: Es gibt Fälle, in denen er die Behandlungsmöglichkeiten nicht ausschöpfen muß. Mehr sagen wir nicht.

WEISSAUER: Die werden enumeriert.

STEINBERGER: Dann müßten Sie sagen, daß es eine erschöpfende Enumeration ist. Daß es für alle Ermessensbereiche Beispiele gibt, versteht sich von selbst. Aber das ändert nichts daran, daß der Ermessensbereich unbegrenzt ist, selbst wenn Sie Fälle aufzählen.

WEISSAUER: Herr Steinberger, wir bringen doch 3 Kategorien. Der Vordersatz weist darauf hin, daß es Fälle gibt, in denen man die Behandlungsmöglichkeiten nicht ausschöpfen muß. Es sind 3 Fallgruppen aufgeführt. In Punkt VI kommt das Beurteilungsermessen. Auch dort werden Beispiele genannt. In Punkt VII wird ausgeführt, daß es allein nicht ausreicht, daß das Neugeborene Schäden hat, um lebenserhaltende Maßnahmen zu unterlassen oder abzubrechen. Da sind wir wieder bei einer Gruppe, bei der es ganz eindeutig ist. Im 1. Fall braucht man nicht zu behandeln, im letzten Fall muß man behandeln. Dazwischen liegen die Beurteilungsspielräume. Ich glaube, hier bleibt nichts offen. Das Papier ist in sich abgeschlossen.

STEINBERGER: Herr Weißauer, das sehe ich nicht ganz ein. Wenn in Ziffer 2 auf human-ethische Beurteilungskriterien verwiesen wird und man plötzlich Gewissensbisse hat, das Leiden zu benennen, dann klafft da für mich ein Widerspruch. Gehen denn unsere Auffassungen über das, was eine Verlängerung von Leiden bei einem Neugeborenen ist, wirklich so weit auseinander, daß wir das hier nicht als eine Grenze der Fälle ansprechen könnten, bei denen die Behandlungsmöglichkeiten nicht ausgeschöpft werden?
Zunächst verweisen wir auf human-ethische Beurteilungskriterien. Darüber kann man jahrelang trefflich streiten. Aber daß wir das Leiden des Neugeborenen nicht als Grenze sollten nennen dürfen, das vermag ich eigentlich nicht einzusehen.

HIERSCHE: Ich darf als Arzt sagen, daß es uns schwerfallen wird, zu sagen, was Leid ist.

JÄHNKE: Ich würde sagen, Herr Steinberger, daß wir auch über die Frage der Verlängerung des Leidens juristisch streiten müßten. Bei jedem Kranken kann es sein, daß Sie Leiden verlängern. Deshalb dürfen Sie die Behandlung noch lange nicht einstellen. Genau das ist das Problem hier. Deswegen ginge es mir zu weit, wenn man sagte: Es ist zulässig, wenn es um eine bloße Verlängerung des Leidens geht, die Behandlung einzustellen. Das kann einmal so sein, aber es ist meiner Ansicht nach nicht stets so.
Um Ihre Bedenken auszuräumen, Herr Steinberger, darf ich Herrn Hirsch vorschlagen, daß man an den Satz „Es gibt daher Fälle, in denen der Arzt die medizinischen Behandlungsmöglichkeiten ... nicht ausschöpfen muß" folgendermaßen anschließt „Diese Voraussetzung ist zu bejahen, wenn ...". Dann wird es auf die Fälle bezogen und wäre ganz konkret angeschlossen. Ich meine, die Schwierigkeiten der Auslegung, ob das Leiden oder das Human-ethische zu weit oder zu eng gefaßt sind, würden sich damit nicht mehr stellen.

STEINBERGER: Würde das heißen, diese Voraussetzung ist *nur* zu bejahen?

JÄHNKE: Ja, in diesem Sinne.

DEUTSCH: Dagegen wehre ich mich ja gerade. Ich habe vorhin gefragt, ob diese Beispiele abschließend sind oder nicht. Ich habe noch die Worte von Herrn Weißauer im Ohr, es seien Beispiele, sie seien immer exemplarisch.

WEISSAUER: Die Unterpunkte a, b und c sind m. E. eine Enumeration, die abschließend ist. Die Fälle, die aufgeführt sind, beispielsweise die Mikrozephalie, sind Beispiele, die die konkrete Aufzählung in a erläutern sollen. Wir haben ein geschlossenes System: Wir zählen zunächst die Fälle auf, in denen nicht behandelt werden muß, dann kommt der Beurteilungsspielraum, dann folgen die Fälle, in denen behandelt werden muß.

JÄHNKE: Ich meine, es gibt Fälle, zu denen wir noch nicht Stellung nehmen können. Wir können das nach meiner Ansicht juristisch noch nicht abschließend beurteilen. Ich würde nicht sagen, daß diese Voraussetzung „nur" gegeben ist, sondern „jedenfalls".

DEUTSCH: Das war die ganze Zeit mein Bedenken.

WEISSAUER: So habe ich es auch verstanden, daß wir heute eine Aussage zu den Fällen treffen, die wir überblicken. Ich möchte auch das Wort „jedenfalls" nicht aufnehmen, weil es zu gefährlich ist. Wir zählen das auf, was wir heute für gesichert halten.

HIRSCH: Genau dies ist meine Auffassung, daß wir weder „nur" noch „jedenfalls" schreiben, sondern daß wir sagen: „Diese Voraussetzung ist zu bejahen, wenn nach dem aktuellen Stand der medizinischen Erfahrungen ...".

ULSENHEIMER: Kann man nicht formulieren „Diese Voraussetzung ist nach dem aktuellen Stand der medizinischen Erfahrungen zu bejahen ..."? Dann ist es auf den jetzigen Erkenntnisstand, den wir haben, bezogen.

DEUTSCH: Ich würde sagen „nach dem Stand", nicht „nach dem aktuellen Stand".

WEISSAUER: Ich glaube nicht, Herr Ulsenheimer, daß es richtig ist. Der aktuelle Stand soll ja darauf abzielen, daß ich diese Aufzählung verändern kann, daß die Beispiele verändert werden können. Die Grundsätze hingegen sind festzuhalten. Lassen wir es doch so stehen; ich glaube, es ist gut so.

LOCH: Man könnte sagen „nach dem jeweiligen aktuellen Stand".

HIERSCHE: Ich würde das Wort „aktuell" weglassen. Das Papier trägt ja das Datum vom 29. Juni 1986.

WEISSAUER: Ich würde das Wort „aktuell" stehenlassen, weil sich die Beispiele verändern können.

DEUTSCH: Das kommt von dem Begriff „Stand der Technik" im Patentrecht. Das ist immer das, was zur Zeit gilt. Da braucht nichts weiter hinzugefügt zu werden.

HIRSCH: Ich darf wiederholen: Auf Seite 2 oben wird an Punkt IV eine Ziffer 3 mit folgendem Wortlaut angefügt:

> Es gibt daher Fälle, in denen der Arzt die medizinischen Behandlungsmöglichkeiten insbesondere ... nicht ausschöpfen muß.

Der Punkt V.1 beginnt mit den Worten „Diese Voraussetzungen sind zu bejahen, wenn ..." Dann geht es wie im Text vorgesehen weiter.

DEUTSCH: Gemeint sind doch Fallgruppen. Ich versuche jetzt einmal, juristisch-methodisch zu werden: Die Fälle werden später, wie Herr Weißauer es gesagt hat, in Fallgruppen zusammengefaßt und nachher exemplifiziert. Sie kommen von Fällen zu Fallgruppen und dann wieder zu Exemplifikationen.

WEISSAUER: Ich glaube, das wird für die Mediziner etwas schwierig.

SCHLAUDRAFF: Ich habe eine Frage zum Begriff der massiven operativen Intervention. Bringt es etwas, wenn dieses zusätzliche Adjektiv dort steht? Ich schlage vor, es zu streichen. Das ist der Text in der neuen Ziffer 3.

HIERSCHE: Das Problem der Unverhältnismäßigkeit soll hier deutlich gemacht werden. Insofern glaube ich, daß das auch für den Arzt eine Hilfe ist.

WEISSAUER: Es steht hinter dem Wort „insbesondere". Es kann also auch nur beispielhaft sein. Es kann sich auch um eine medikamentöse Behandlung handeln. Ich meine, wir sollten es ein bißchen plastisch machen.

HIRSCH: Dann kommt der 1. Fall unter Punkt a, den ich als unstreitig bezeichnet habe, nämlich daß der Tod durch Behandlungsmaßnahmen nur für kurze Zeit hinausgezögert werden kann.

v. LOEWENICH: Da würde ich den Anenzephalus mit aufnehmen.

HIERSCHE: Ich möchte höflichst darum bitten, daß der Anenzephalus namentlich dort nicht aufgeführt wird. Da würden absolute Unterschiede bestehen. Herr Ewerbeck hat mir eben zugenickt. Entweder einigen wir uns auf eine ganz harte Definition, die wir hier nicht zustande bringen werden, oder Sie lassen das unter dem Begriff der schwersten perinatalen Hirnschädigung ohne weitere Subsumierung laufen.

ZANDER: Was heißt unter Punkt a „auf Dauer"?

HIRSCH: Man könnte diese Worte „auf Dauer" entfallen lassen. Dann schiene es mir aber ein bißchen farblos und unpräzise. Jedem ist der Tod sicher. Deshalb taucht auch bei der Sterbehilfe immer wieder diese zusätzliche Eingrenzung „auf Dauer" auf, die natürlich nicht quantifizierbar ist, die immerhin zeigt, in welche Richtung konkret die Überlegungen gehen.

JÄHNKE: Keine Behandlung kann den Tod auf Dauer aufhalten, Herr Hirsch; Sie sagten es bereits. Ich glaube auch, Sie haben unstreitige Fälle im Auge gehabt. Ich meine, wir könnten sie genauer beschreiben. Sind da nicht die Fälle gemeint, in denen es sich um einen eingetretenen Sterbevorgang handelt oder um die Fälle, in denen ein Leiden unaufhaltsam zum Tode fortschreitet? Wenn sie gemeint sind, was ich vermute, dann könnten wir das ja auch so ausdrücken.

HIERSCHE: Es geht um den aktuellen irreversiblen Sterbeprozeß.

JÄHNKE: Man könnte formulieren:

> Diese Voraussetzungen sind zu bejahen, wenn nach dem aktuellen Stand der medizinischen Erfahrungen ein eingetretener Sterbevorgang nicht aufgehalten oder wenn ein fortschreitendes, zum baldigen Tod führendes Leiden nicht aufgehalten werden kann.

„Zum baldigen Tod führendes" weist schon der Prozeß hin, der eingesetzt hat. Das ist für mich das Entscheidende dabei.

HIRSCH: In den Richtlinien der Bundesärztekammer zur Sterbehilfe ist davon die Rede, daß das „Grundleiden mit infauster Prognose einen irreversiblen Verlauf genommen hat".

JÄHNKE: Das ist dieselbe Sache.

HIRSCH: Das möchte ich hier ungern übernehmen, auch nicht in Anlehnung an diese Formulierung. Die Formulierung, Herr Jähnke, von dem „eingetretenen Sterbevorgang" reicht allein nicht. Dieser Vorgang kann reversibel sein.

WEISSAUER: Das Sterben ist ein irreversibler Vorgang.

HIERSCHE: Nein. Wenn ich den Patienten auf die Intensivstation bringe, kann ich ihn zurückbringen.

SEIDLER: Man könnte davon reden, daß der Sterbevorgang irreversibel eingesetzt hat.

WEISSAUER: Ganz überzeugend finde ich es nicht, Herr Jähnke. Verzögern kann man es. Man könnte sagen, daß das Leiden verzögert werden kann. Dann wäre es m.E. klarer.

v. LOEWENICH: Das ist eine Contradictio in adjecto. Der Arzt könnte es aufhalten, aber er soll es nicht tun.

WEISSAUER: Wenn er es nicht aufhalten kann, dann ist medizinisch ja nichts möglich. Es wäre richtig ausgedrückt, wenn man sagte, daß es nur verzögert werden kann.

JÄHNKE: Das verstehe ich jetzt nicht. Wir sagen doch: Er braucht nicht mehr einzugreifen.

WEISSAUER: Wenn Sie sagen, es könne nicht aufgehalten werden, dann ist medizinisch überhaupt nichts möglich. Das Aufhalten bedeutet doch auch eine zeitliche Verzögerung. Wenn man von der Verzögerung spricht, sind die medizinischen Möglichkeiten richtig dargestellt. Wenn man nichts tun kann, braucht man auch nichts zu tun.

JÄHNKE: Ich meine, dann braucht man überhaupt nichts zu tun. Dann braucht man auch das Verzögern nicht zu versuchen.

WEISSAUER: Ich störe mich an dem Ausdruck „nicht aufgehalten werden kann". Man kann es durch solche Maßnahmen aufhalten im Sinne einer Verzögerung.

JÄHNKE: Das braucht man aber nicht zu tun.

WEISSAUER: Das kommt aber in der Formulierung nicht zum Ausdruck.

JÄHNKE: Wir sagen doch „Diese Voraussetzungen sind zu bejahen ...". Das heißt, es gibt Fälle, in denen man überhaupt nicht mehr einzugreifen braucht. Das ist der Fall, wenn im Ergebnis nichts mehr zu machen ist. Dann braucht man auch keine Hinauszögerung zu versuchen.

DEUTSCH: Da kommen wir aber leicht in Schwierigkeiten. Ist nicht entschieden worden, daß es sich schon um ein Tötungsdelikt handelt, wenn man den Tod auch nur einen einzigen Tag nicht hinausschiebt? Ich meine, solche Urteile gelesen zu haben.

HIERSCHE: Das trifft sogar für Stunden zu.

DEUTSCH: Ich verstehe die Beweissituation, die dahinterstand. Da müssen wir vorsichtig sein.

WEISSAUER: Gerade darum wollen wir die Aussage treffen. Das eigentlich Substantielle, das wir sagen wollen, betrifft die Hinauszögerung.

HIRSCH: Ich glaube, wir träfen das Richtige, wenn wir sagten, daß der Sterbevorgang, der irreversibel eingesetzt hat, nicht noch hinausgezögert zu werden braucht. Dasselbe gilt, wenn ein fortschreitendes, zum baldigen Tod führendes Leiden nur verzögert werden kann.

HIERSCHE: Wird das von Ihnen mitgetragen, Herr Jähnke?

JÄHNKE: Ja. Man sollte formulieren „hinausgezögert werden könnte“.

EWERBECK: Ich würde schreiben „hinausgezögert würde“, nicht „hinausgezögert werden könnte“.

HOLSCHNEIDER: Braucht man dann überhaupt noch Beispiele? Die Bezeichnung „Dysraphiesyndrom“ ist genauso vage wie die Bezeichnung „schweres Dysraphiesyndrom“. Was will man darunter verstehen?

WEISSAUER: Davon verstehen wir Juristen nichts.

HIERSCHE: Ich glaube, das müssen wir dem Fachmann überlassen.

EWERBECK: Ich würde es stehenlassen.

HIERSCHE: Dieses Papier wird ja nicht nur von uns und unseresgleichen gelesen. Wenn ich Schwierigkeit mit dem Ausdruck „schweres Dysraphiesyndrom“ hätte, würde ich mich erkundigen.

ZANDER: Ist der Begriff „inoperabler Herzfehler“ immer unstrittig?

EWERBECK: Das bezieht sich immer auf den derzeitigen Stand.

HIERSCHE: Herr Zander, wenn der Herzfehler nach dem Stand der Dinge, beispielsweise aufgrund des Ultraschalls oder aufgrund der gesamten Hämodynamik, inoperabel ist, dann ist das ein solcher Fall. Dann ist es durchaus möglich, daß mich der internistische Untersucher falsch berät. Aber dann habe ich nach Treu und Glauben nichts zu tun.

WEISSAUER: Im Vordersatz ist vom Sterbevorgang die Rede. Es muß also ein so schwerer Herzfehler sein, daß er zum Sterben führt oder daß der Tod nur hinausgezögert wird.

HIRSCH: Ich bitte dringend darum, Beispiele aufzuführen. Wir wollten ja nicht allein abstrakte Rechtssätze festlegen, sondern sie durch medizinische Fälle ergänzen. Wir werden öfter das Problem haben, daß wir einen Fall wie den inoperablen Herzfehler formulieren, weil dies zweifellos darunterfällt, daß aber die Mediziner darüber streiten, ob im konkreten Fall die Inoperabilität gegeben ist oder nicht. Dies ist aber nicht ein Problem des Papiers, das in sich richtig und schlüssig ist, wenn es auf diese abstrakte Schädigung abstellt. Ich würde auf jeden Fall Maßnahmen aufführen und es auch ergänzungsfähig halten. Wenn von Ihnen weitere Fälle kämen, die darunterfallen, wären wir sehr dankbar.

JÄHNKE: Nach den Eindrücken, die ich bei der gestrigen Diskussion gewonnen habe, möchte ich sehr, sehr vor Beispielen warnen. Ich habe jedenfalls als Nichtmediziner den Eindruck gewonnen, daß es immer Einzelfälle gibt, die keine Indikation für den Behandlungsverzicht darstellen, auch wenn sie unter der bestimmten Terminologie laufen. Inoperable Herzfehler können doch – das stelle ich mir jedenfalls als Laie so vor – durchaus mit dem Leben zu vereinbaren sein.

WEISSAUER: Sie übersehen den Vordersatz. Der Sterbevorgang muß eingesetzt haben, oder eine Behandlung könnte den Tod nur hinauszögern. Selbstverständlich reicht nicht jeder inoperable Herzfehler aus, sondern es geht um den inoperablen Herzfehler, der so schwer ist, daß er zum Tod führt, und zwar zum baldigen Tod. Insofern ist das aufgefangen. Um Mißverständnisse noch mehr zu eliminieren, könnte man sagen „z. B. bei". Dann ist deutlich, daß nicht gemeint ist, daß es in jedem Fall so ist.

HIERSCHE: Ich möchte dringend darum bitten, daß Beispiele aufgeführt werden, damit es griffig ist. Das Papier wird vorwiegend von Ärzten gelesen. Sie müssen etwas haben, woran sie sich orientieren können. Wenn wir schreiben „z. B. bei", dann müssen wir das überall so formulieren.

WEISSAUER: Nein, die nächste Gruppe ist eine ganz andere.

ZANDER: Bei Punkt b warne ich dringend davor, das Beispiel der schwersten perinatalen Hirnschädigungen aufzunehmen. Auch in Verbindung mit dem vorhergehenden Satz, daß das Neugeborene jemals die Fähigkeit zur Kommunikation mit der Umwelt erlangt, würde ich unter keinen Umständen die perinatale Hirnschädigung aufführen.

v. LOEWENICH: Das Wort „perinatale" würde ich streichen.

ZANDER: Nur „schwerste Hirnschädigungen", nicht „schwerste perinatale Hirnschädigungen". Das ergäbe große Komplikationen.

HOLSCHNEIDER: Herr Ewerbeck, würden Sie das Edwards-Syndrom oder das Patau-Syndrom, die in den ersten Lebensmonaten zum Tode führen, dort irgendwo einordnen? Sollte man sie dort aufführen?

EWERBECK: Ich würde das nicht einfügen, weil dies Dinge sind, die sich von selbst erledigen. Was sich von selbst erledigt, soll man nicht legalisieren. Wenn ein Kind eine Lebenserwartung von nur 4 Wochen hat, dann braucht man, so meine ich, keine Anweisungen, wie man sich zu verhalten hat.

HIERSCHE: Wenn wir auf weitere Syndrome eingehen, dann heißt es plötzlich: Dieses habt ihr genannt, aber jenes nicht.

JÄHNKE: Darf ich fragen, ob der Begriff der Kommunikation – die Klammerbemerkung bezüglich der Interaktion wird ja wohl gestrichen werden – hinreichend bestimmt ist? Diese Frage richtet sich insbesondere an Herrn Steinberger vom Bundesverfassungsgericht. Ich weiß nicht, ob Kommunikation, was „Austausch" bedeutet, was eigentlich auch „Sprache" bedeutet, nicht zu weit geht. Ich würde sagen: Bewußtlosigkeit ist das entscheidende Kriterium.

v. LOEWENICH: Das geht wiederum in die andere Richtung zu weit.

JÄHNKE: Das ist eben die Frage. Deswegen müssen wir darüber reden.

v. LOEWENICH: Die Kommunikationsfähigkeit muß von der Bewußtlosigkeit abgesetzt werden; denn Bewußtlosigkeit ist viel enger definiert. Jemand, der ein vegetatives Wesen ist, muß nicht alle Kriterien der Bewußtlosigkeit erfüllen. Uns geht es aber gerade darum, diese vegetativen Wesen nicht erhalten zu müssen.
Ich habe noch einen redaktionellen Vorschlag. Ich würde die Worte „fehlende

Lungenfunktion" ersetzen durch „Ventilationsstörungen ohne Heilungsaussicht". Eine fehlende Lungenfunktion kommt nämlich bei uns täglich vor.

HIRSCH: Zu Punkt b möchte ich anfügen, daß diese Formulierung aus Publikationen von Herrn v. Loewenich, von Kaufmann und von Hanack stammen, die die Kommunikationsfähigkeit als eines der begrenzenden Kriterien genommen haben. Wenn ich die Diskussion richtig verstanden habe, soll der Begriff der Interaktion gestrichen werden, der Begriff der Kommunikation aber erhalten bleiben.

JÄHNKE: Das ist richtig. Ich meine trotzdem, Herr v. Loewenich, wir haben die fehlende Kommunikation aus der Parallele bei der Sterbehilfe entwickelt. Dort heißt es, daß der Arzt bei irreversiblem Bewußtseinsverlust zur Weiterbehandlung nicht verpflichtet ist. Übertragen auf unseren Fall bedeutet dies die Aussichtslosigkeit, daß das Kind jemals sein Bewußtsein erlangen wird. Ich sehe mich im Augenblick nicht imstande weiterzugehen. Ich weiß nicht, welche Fälle im einzelnen in Betracht kommen können. Da bin ich nicht sachkundig genug. Ich bin natürlich bereit, die Parallele zum Lebensende zu ziehen.

STEINBERGER: Die Fähigkeit zur Bewußtseinserlangung wäre mir sympathischer als die der Kommunikation.

WEISSAUER: Ich weiß nicht, was weitergehend ist. Ich meine, daß die Kommunikation sogar noch unterhalb des Begriffs der Bewußtseinserlangung liegt. Kommunikation ist jegliche Art von Kontakt, auch wenn es ein sehr bewußter Kontakt ist. Bewußtseinserlangung ist sehr viel mehr. Ich bin gerade der gegenteiligen Meinung. Ich meine, daß Kommunikation eine sehr hohe Schwelle ist.

STEINBERGER: Das hängt natürlich von Ihrer Definition der Kommunikation ab.

WEISSAUER: Das kann auch Blickkontakt usw. sein.

STEINBERGER: Ich glaube, wir meinen das gleiche. Wir suchen nur nach dem richtigen Begriff.

WEISSAUER: Man kann es nicht so genau definieren.

HIRSCH: Wird nicht eigentlich durch die Beispiele klar, was wir meinen? Man muß ja immer beides zusammen sehen.

HIERSCHE: Ich habe an Herrn Steinberger und an Herrn Jähnke die Frage: Können wir den Satz so stehenlassen, oder könnten Sie ihn nicht mittragen? Das wäre ganz essentiell für uns.

STEINBERGER: Ich glaube, ich könnte ihn mittragen.

JÄHNKE: Ich bin im Zweifel. Ich habe extra die Parallele zum Sterben herangezogen. Ich meine, wir können nicht weitergehen, weil wir hier noch keine Grundlagen haben. Wenn Herr Weißauer meint, daß ich von der Definition her auf dem Holzweg sei, dann wäre es gut, diese Definition hineinzuschreiben. Aber ich habe meine Zweifel, ob wir das in der Kürze der Zeit schaffen. Beim Neugeborenen weitere Schritte zu machen als beim Lebensende, das ginge mir zu weit.

HIRSCH: In den Richtlinien der Bundesärztekammer zur Sterbehilfe, die ja allgemein anerkannt sind, und auch schon Eingang in die Rechtsprechung gefunden haben, heißt es, daß keine Maßnahmen bei einem Sterbenden ergriffen werden müssen, der kein bewußtes und umweltbezogenes Leben mit eigener Persönlichkeitsgestaltung führen können wird. Dort wird also nicht nur auf die irreversible Bewußtlosigkeit abgestellt, sondern eben auf die Kommunikation. Es ist die Rede von einem bewußten und umweltbezogenen Leben mit eigener Persönlichkeitsgestaltung. Das geht eigentlich viel weiter.

JÄHNKE: Dann lassen wir es bei der Kommunikation.

WEISSAUER: Wir sind damit auf dem untersten Level.

HIERSCHE: Sie tragen es also mit; wir können es abhaken!

HIRSCH: Herr von Loewenich, was wurde zu Punkt c von Ihnen vorgeschlagen?

v. LOEWENICH: Ich schlage vor, die fehlende Lungenfunktion nicht aufzuführen. Diese ersetzen wir nämlich täglich, wenigstens auf Zeit. Ich schlage vor, von „Ventilationsstörungen ohne Heilungsaussicht" zu sprechen. Das betrifft beispielsweise die hypoplastische Lunge, die wir nicht ändern können. In Punkt VI werden auch die schwersten Ventilationsstörungen angesprochen.

ULSENHEIMER: Unter den Beispielen ist das Potter-Syndrom angeführt. Das findet sich auch in Punkt VI.

HIRSCH: Ich habe es in der Literatur unter beiden Kategorien gefunden.

HOLSCHNEIDER: Da muß man sagen: Es gibt verschiedene Arten des Potter-Syndroms. Man sollte besser formulieren „fehlende Nierenfunktion". Die Nierenfunktion ist entscheidend.

LOCH: Wenn man von der „fehlenden Lungenfunktion" spricht, kann man auch von der „fehlenden Nierenfunktion" sprechen.

HIERSCHE: Inzwischen gibt es schon 5 Arten des Potter-Syndroms.

v. LOEWENICH: Ich glaube, der Ausdruck „fehlende Nierenfunktion" ist nicht gut. Dann sollte man es lieber ganz weglassen. Demnächst transplantieren wir sie vielleicht. Das beginnt derzeit. Vielleicht kann man ganz darauf verzichten.

WEISSAUER: Ein paar Beispiele sollten wir schon aufführen.

v. LOEWENICH: Es sind ja noch ein paar gute vorhanden.

HOLSCHNEIDER: Die Eviszeration ist gar kein gutes Beispiel.

LOCH: Das haben Sie gestern gebracht!

HIERSCHE: Die komplette Eviszeration hatten Sie gestern gebracht, Herr Holschneider.

HOLSCHNEIDER: Aber nicht als Beispiel für etwas, das man nicht operieren kann.

HIERSCHE: Doch, ich glaube schon.

HOLSCHNEIDER: Nein. Dann habe ich mich vielleicht mißverständlich ausgedrückt.

HIERSCHE: Sie waren sehr großzügig beim gesamten Operieren, haben aber in diesem Fall selbst gesagt: hier nicht.

HOLSCHNEIDER: Wenn man es ganz genau sagen will, ist höchstens die Syndromomphalozele gemeint.

HIERSCHE: Gut, dann schreiben wir es so.

EWERBECK: Ich warne sehr davor. Dann sagt der Arzt: „Da brauche ich nichts zu machen".

HOLSCHNEIDER: Dann streichen wir es ganz.

ZANDER: Ich würde die Nierenfunktion erwähnen. Die Sachlage ändert sich zwar ständig, aber dieses Papier ist ja auf den Tag bezogen. Dieses Beispiel ist für das, was gemeint ist, sehr charakteristisch, das Charakteristischste überhaupt, wie ich finde. Deswegen würde ich es stehenlassen. Man versteht dadurch, was gemeint ist.

HIRSCH: Herr v. Loewenich, darf ich das bestärken: Es ist ja davon die Rede, daß die Vitalfunktionen auf Dauer nur durch intensivmedizinische Maßnahmen aufrechterhalten werden können, „z. B. bei" fehlender Nierenfunktion. Man muß es zusammen betrachten.

v. LOEWENICH: Wir sollten formulieren „nicht beeinflußbarer Ausfall der Nierenfunktion". Es gibt passagere Nierenfunktionsstörungen. Sonst wird es zu leicht mißverständlich.

LOCH: Wir können doch formulieren „Ventilationsstörung ohne Heilungsaussicht" und „Nierenfunktionsstörung ohne Heilungsaussicht". Dann haben wir denselben Wortlaut.

HIERSCHE: Dann kann man trotzdem transplantieren.

HIRSCH: Wir hätten also 2 Beispiele, nämlich die Ventilationsstörung ohne Heilungsaussicht und die Nierenfunktionsstörung ohne Heilungsaussicht.
Wir kommen zu Punkt VI. Dabei geht es um das Beurteilungsermessen. Die Einschränkung, die in dem Klammerzusatz steht, kommt von Hanack. Er fordert 2 Dinge, nämlich 1), daß das Leben nur für eine bestimmte Zeit erhalten werden kann - dies können 3-4 Jahre sein, aber eben nicht 20 Jahre -, und 2), daß während dieser Zeit schwerste nicht behebbare Schäden vorliegen.

STEINBERGER: Herr Hirsch, da habe ich gewisse Schwierigkeiten. Wir haben gestern den Begriff des Beurteilungsermessens gewählt, haben ihn aber dem Begriff des Handlungsermessens gegenübergestellt, wenn ich mich recht erinnere. Das fehlt mir jetzt hier. Ich kenne die Stoßrichtung der juristischen Bedeutung des Begriffs „Beurteilungsermessen" nicht. Soll dieser Begriff implizieren, daß daraus auch eine Handlungsermächtigung folgt, sich über den Willen der Eltern hinwegzusetzen? Was soll dieser Begriff bedeuten? Es zweifelt ja kein Mensch daran, daß es allein der Mediziner, der Arzt, ist, der die Beurteilung vornehmen kann, ob eine lebenserhaltende Behandlung möglich ist, was von der Frage zu unterscheiden ist, ob sie durchgeführt werden soll, ob sie medizinisch angezeigt ist oder nicht. Niemand käme auf die Idee, dafür einen eigenen Beurteilungsspielraum, wie man wohl technisch noch genauer sagen könnte, zu bemühen. Ich befürchte, daß aus dem Begriff des Beurteilungsermessens eine Ermächtigung herausgelesen wird. Wenn das der Fall ist, dann müßte hier irgendwo eingebracht werden, daß hierdurch das Erfordernis der Einwilligung von Sorgeberechtigten unberührt bleibt. Ich weiß nicht, ob der Arzt in der Praxis mit dem Wort „unberührt" etwas in dem Sinne anfangen kann, wie wir Juristen es verwenden.

JÄHNKE: Ich möchte zunächst in diese Kerbe von Herrn Steinberger hauen. Dem Arzt steht kein Beurteilungsspielraum zu, ob er etwas tun soll. Das wäre Handlungsermessen. Das Beurteilungsermessen haben wir eigentlich so verstanden, daß er die Voraussetzungen nach seinem besten Wissen und Gewissen feststellen soll. Wenn er sie nach bestem Wissen und Gewissen festgestellt hat, dann greift die Regel ein, und dann besteht kein Ermessen mehr. Das Wort „ob" ist also verräterisch und, wie ich meine, in diesem Zusammenhang nicht richtig.
Ich bin aber auch insgesamt der Meinung, daß Punkt VI verändert werden müßte, weil er zu unbestimmt ist. Wonach soll sich das Beurteilungsschema richten? Ich habe in meinem gestrigen Referat vorgeschlagen, daß man sich am Gleichwertigkeitsprinzip orientiert, also daran, was man beim Erwachsenen mit vergleichbaren Ausfallserscheinungen täte. Das wäre eine zwar formale, aber immerhin konkrete Richtlinie, an der sich der Arzt orientieren sollte.
Ich bin auch der Meinung, daß es nicht, wie Herr Hanack schreibt, auf die mehr oder minder große Zeit ankommen kann, die dem Kind zur Verfügung bleibt. Wenn es lebensfähig ist, wenn auch nur für ein Jahr, dann ist es eben normal zu pflegen. Das alles ist mir so unbestimmt zum Ausdruck gekommen, daß ich Zweifel habe, ob wir uns auf dieser Basis schnell verständigen können.

WEISSAUER: Haben Sie eine Formulierung?

JÄHNKE: Nein. Ich habe ja erst jetzt Ihre Formulierung bekommen. Ich möchte zunächst einmal die allgemeine Meinung zu diesem Punkt erfahren. Dann würde ich gern schnell eine Formulierung vorschlagen wollen.

KERN: Ich habe Bedenken gegen den Ausdruck „Beurteilungsermessen"; denn dieser Begriff beinhaltet 2 Dinge. Sie meinen wohl einen Beurteilungsspielraum. Das bedeutet, daß wir hier kein Ermessen haben. Ermessen heißt letztlich, daß 2 Entscheidungen richtig sein können. Das ist aber hier wohl nicht gemeint. Im Einzelfall muß beurteilt werden, was richtig ist. Deshalb wäre hier der richtige Ausdruck „Beurteilungsspielraum". Den Begriff „Ermessen" sollte man streichen.

GRAF-BAUMANN: Dem konnten wir uns bei der Erstellung des Entwurfs nicht anschließen. Wir konnten uns schlichtweg nicht entscheiden, ob wir „Ermessensspielraum" oder „Beurteilungsspielraum" sagen sollten. Deswegen haben wir das Wort „Beurteilungsermessen" gewählt.

HIRSCH: Ich darf es kurz erläutern, weil es ja von uns stammt. Wir waren zuerst unterschiedlicher Auffassung, ob es sich um einen Ermessensspielraum oder um einen Beurteilungsspielraum handelt. Ich glaube, für die Nichtjuristen muß ich den Unterschied kurz erläutern. Ein Beurteilungsspielraum liegt vor, wenn ein unbestimmter Begriff vorhanden ist, der so oder so ausgelegt werden kann. Es gibt also keine exakt nachprüfbare Auslegung des Begriffs.
Ein Ermessen dagegen liegt vor, wenn durchaus exakt festgestellt werden kann, welcher Fall vorliegt, daß man es dem Arzt dann aber freistellt, so oder so zu handeln. Er soll also berechtigt sein, diese Konsequenz oder die gegenteilige zu ziehen. Das wäre ein Ermessensspielraum, kein Beurteilungsspielraum.
Ich neigte eher dazu, dem Arzt einen Ermessensspielraum einzuräumen, was natürlich weiterginge. Ich würde dem Arzt bei schwersten Schädigungen dieser Art gestatten, in seiner Verantwortung, nach Rückkopplung mit den Eltern - da stimme ich Ihnen, Herr Steinberger, völlig zu -, eine Behandlung durchzuführen oder sie zu unterlassen. Dies wäre ein Ermessensspielraum des Arztes. Ein Beurteilungsspielraum liegt nur dann vor, wenn ich frage „Hat das Potter-Syndrom einen entsprechenden Schweregrad, ja oder nein?" und dann eindeutig determiniere, daß der Arzt handeln muß oder nicht. Das ist ein enorm wichtiger sachlicher Unterschied.

JÄHNKE: Das wäre in der Tat ein gravierender Unterschied, Herr Hirsch. Das würde bedeuten, dem Arzt alles freizustellen. Er müßte bloß feststellen: Es sind Schäden zu erwarten. Dann könnte er zur Behandlung ja oder nein sagen.
Was sind beispielsweise schwerste Schäden? Wieviel Schäden müssen es sein? Das geht m.E. zu weit; das können wir nicht machen. Das wäre der rechtsfreie Raum, der dem Arzt gegeben wäre, den die Rechtsordnung m.E. nicht hinnehmen kann und den die Ärzte im Grunde auch nicht wollen.

DEUTSCH: Ich würde mich dafür aussprechen, es so stehenzulassen, wie es hier formuliert ist. Ich habe gestern nicht widersprochen, als Sie sagten, es sollte an der Grenze zwischen Leben und Tod nicht alles verrechtlicht sein. Im Rahmen der Anhörung vor dem Rechtsausschuß des Deutschen Bundestages im letzten Jahr haben wir auch anderes gehört. Gewißt ist das eine Definitionsfrage. Aber die tatsächlichen Gegebenheiten und auch die Auffassungen in den maßgebenden Kreisen variieren. Es ist nicht ganz einfach, darüber ein festes rechtliches Netz zu werfen. Deswegen habe ich eine gewisse Sympathie dafür, in einer Zeit des Übergangs doch einen gewissen Spielraum zu lassen, den ich freilich durch Befugnisse der Eltern eingegrenzt haben möchte. Da sind auch noch andere beteiligt. Es zeigt deutlich, wie wenig gestern von juristischer Seite den Ärzten ein Freiraum gegeben wurde. Jetzt sehen wir es plötzlich.

WEISSAUER: Wir waren uns bei der Erstellung des Vorpapiers nicht ganz einig. Ich hatte für den Begriff des Beurteilungsspielraums plädiert, nicht für das Ermessen. Mir scheint der Begriff des Beurteilungsermessens zu riskant zu sein. Der Beurteilungsspielraum läßt der Beurteilung, was es ist, Spielraum. Einen Beurteilungsspielraum werden wir dem Arzt einräumen müssen.

STEINBERGER: Von dieser terminologischen Frage einmal ganz abgesehen: Der Begriff „Beurteilungsermessen" ist sicher ein Zwitter. Mit diesem Zwitter geraten Sie ins rechtliche Abseits.

Das Problem liegt dort, wo Herr Deutsch es angesiedelt hat. Ich sehe es genauso wie Sie, Herr Deutsch, aber bezogen auf die materielle rechtliche Regelung. Wenn Sie einen Freiraum geben, haben Sie eine rechtliche Regelung der Kompetenz. Darum allein geht es mir an dieser Stelle. Ist es allein der Arzt? Ist es der Arzt nur mit Einwilligung der Eltern? Das ist das Problem, das für mich hierin steckt. Ob Sie es „Beurteilungsermessen“ oder „Beurteilungsspielraum“ nennen, das ist eine Frage der juristischen Technik. Da gibt es eine bessere und eine schlechtere Lösung; Sie haben die schlechtere gewählt. Damit kann man leben.
Aber das Kernproblem lautet: Ist Entscheidungsträger nur der Arzt oder der Arzt mit den Eltern? Ich muß Ihnen sagen: Ich bin nicht bereit, dem Papier zu folgen, wenn nicht die aus den sonstigen Gründen der Rechtsordnung gegebene Kompetenz der Sorgeberechtigten - etwa die Einwilligungskompetenz - bejaht wird: Hier bleiben - juristisch gesprochen - die Erfordernisse der Einwilligung der Sorgeberechtigten unberührt.

SCHLAUDRAFF: Ich denke, daß das Schwergewicht des 1. Satzes dadurch zustande kommt, daß er mit den Worten beginnt, daß dem Arzt etwas zusteht. Wenn wir das streichen und vielleicht formulieren „Es gibt Fälle, in denen ...“, wäre das besser. Wir müssen aber so formulieren, daß ein Beurteilungsspielraum erhalten bleibt. Nach meiner Erfahrung im Umgang mit Ärzten, die davon betroffen sind, wäre das ganze Papier sinnlos, wenn wir dieses Stück nicht öffneten. Ich würde das nicht als „rechtsfreien Raum“ bezeichnen, wenn man beschreibt, in welchen Fällen beispielsweise Experten gleicher Kompetenz unterschiedlich urteilen. Dies muß möglich sein.

ZANDER: Ich möchte genau dasselbe sagen. Diese Formulierung, daß dem Arzt etwas zusteht, schafft die Schwierigkeit. Ich schlage vor, die Formulierung zu wählen „Für den Arzt besteht ein Beurteilungsspielraum, ob ...“. Das ist eine ganz sachliche Feststellung der gegebenen Wirklichkeit. Dann können nachher die Eltern entsprechend ins Spiel gebracht werden.

EWERBECK: Ich schlage von der Praxis her die Formulierung vor, daß dem Arzt die fachliche Beurteilung darüber zusteht, ob er eine lebenserhaltende Behandlung durchführen soll oder nicht, und zwar nach Rücksprache mit den Eltern, und daß er, wenn er dies nicht tun will, auf andere Kollegen aufmerksam machen muß.

HIERSCHE: Von der Tendenz her ist das klar.

EWERBECK: Die fachliche Beurteilung steht dem Arzt zu. Er kann sich durch niemanden zwingen lassen, eine Behandlung durchzuführen. Er muß mit den Eltern sprechen. Wenn sie eine andere Meinung vertreten, muß er auf einen anderen Arzt aufmerksam machen.

JÄHNKE: Ich sehe das Problem nicht als Kompetenzproblem. Insbesondere scheint mir auch die Betonung der Mitwirkungspflicht der Eltern nicht so im Vordergrund zu stehen. Das ist eine praktische und sehr wichtige, auch menschliche Frage. Aber rechtlich, wenn es darum geht, ob die Behandlung eingestellt werden darf, kommt es nicht darauf an, ob die Eltern dem zustimmen oder nicht, wie Herr Ulsenheimer gesagt hat, denn sie können über das Leben des Kindes nicht verfügen.

Es geht m. E. um die Frage, an welchen Kriterien sich der Arzt orientieren darf oder soll, wenn ihm diese Frage eines geschädigten Kindes vorgelegt wird: Muß er, darf er, soll er weiterbehandeln? Nach welchen Kriterien richtet er sich aus? Ich meine, wir haben versucht, nach materiellen Kriterien zu forschen. Mir erschien das Gleichwertigkeitsprinzip als geeignet. Wenn der Arzt vor der konkreten Entscheidung steht, hat er natürlich einen Beurteilungsspielraum: Wie schwer ist die Schädigung? Welche Aussichten bestehen? Wird das Kind das überstehen? Das ist bei jeder medizinischen Behandlung so. Das ist für mich selbstverständlich. Für mich ist aber entscheidend, welches der Grundsatz ist, an dem er sich bei seiner Entscheidung orientiert. Das müssen wir m. E. festlegen, sonst geben wir freie Hand, und dies ist für mich nicht akzeptabel.

HIERSCHE: Man muß von folgendem ausgehen: Eine totale Verrechtlichung des Sterberaums ist nicht möglich. Das wird von Ihnen auch sicher nicht angestrebt, wenn ich Sie gestern richtig verstanden habe. Ein Konsens zwischen Zivilrecht und Strafrecht wird im Augenblick für uns Ärzte erforderlich sein. Es hat also keinen Sinn, wenn wir etwas griffig machen, das strafrechtlich abgesegnet ist, aber dann von der zivilrechtlichen Seite her auf uns zukommt. Für uns Ärzte ist es völlig gleichgültig, ob wir bezahlen müssen oder bestraft werden. Wir stehen jedenfalls in der Presse. Deswegen muß dieser Punkt irgendwie abgesegnet werden.

WEISSAUER: Vielleicht könnten wir den Kompromiß unter Verwendung der Formulierung von Herrn Zander finden, indem wir sagen:

> Für den Arzt besteht ein Beurteilungsspielraum, wenn eine lebenserhaltende Behandlung dem Neugeborenen nur ein Leben mit schwersten, nicht behebbaren Schäden ermöglichen würde, z. B. bei ...

JÄHNKE: Ich schlage vor, folgendermaßen fortzufahren:

> Bei der Ausfüllung dieses Beurteilungsspielraums und bei seiner Entscheidung soll sich der Arzt an der Behandlungspflicht bei vergleichbaren Ausfallerscheinungen von Erwachsenen ausrichten.

Diese Linie hätte ich gern.

WEISSAUER: Wir wollen zunächst einmal den 1. Satz abhandeln. Dazu habe ich den Text gerade vorgeschlagen. Das Wort „lebenserhaltende" könnte man noch streichen.

HIERSCHE: Ist das auch von den Zivilisten abgesegnet?

DEUTSCH: Mir fehlen in dem Text nach wie vor die Eltern. Mir sind die Eltern sehr wesentlich, und zwar wesentlicher als der Vergleich mit dem Ende des Lebens. Da haben wir auch sonst unsere Probleme. Es geht darum, ob der Hirntod plötzlich beim Embryo mit der Gehirnbildung gleichgesetzt wird. Das ist die große Frage, die Edwards neulich vor dem Europarat angesprochen hat. Das ist eine sehr schwierige Gleichsetzung. Wir wissen ja, daß Kinder keine kleinen Erwachsenen sind. Ich möchte die Eltern gern enthalten haben.

HIERSCHE: Die Eltern werden mit aufgenommen. Es wird auch so sein, daß wir das von Herrn Steinberger ein bißchen definiert bekommen, weil er ja, wie ich glaube, die Einwilligung der Eltern aufgenommen haben möchte.

LOCH: Herr Weißauer, ich störe mich etwas an dem Wort „Spiel"raum.

WEISSAUER: Dann sagen wir „Beurteilungsraum".

DEUTSCH: Dann sind wir endlich aus der juristischen Terminologie heraus.

HIERSCHE: Herr Steinberger, kann der Begriff „Beurteilungsraum" bleiben?

STEINBERGER: Herr Loch, ich würde Ihnen in Ihrem Interesse zu dem Wort „Beurteilungsspielraum" raten. Er ist weiter. Er hat einen gerichtlich weniger weit überprüfbaren Kern als der Ermessensraum.
„Beurteilungsrahmen" wäre völlig in Ordnung. Wir sind beim Atomrecht im Zusammenhang mit den Sicherheitsrisiken inzwischen dazu übergegangenn, von „Bandbreiten der Beurteilung" zu reden, welchen die Verwaltungsgerichte nicht überprüfen.

WEISSAUER: Mir ist es gleichgültig, ob wir „Beurteilungsraum" oder „Beurteilungsrahmen" sagen.

HIERSCHE: Würde der Begriff „Beurteilungsrahmen" von allen 3 Richtungen getragen werden?

JÄHNKE: Wobei aus dem 1. Satz der Klammerzusatz entfällt.

WEISSAUER: Ja; ich habe ihn nicht mitgelesen.

HOLSCHNEIDER: Für das Steißbeinteratom ist das falsch.

HIRSCH: Wir sollten den 2. Satz, den Herr Jähnke vorgeschlagen hat, behandeln, bevor wir zu den Beispielen kommen. Der 1. Satz würde also lauten:

> Für den Arzt besteht ein Beurteilungsrahmen, wenn eine lebenserhaltende Behandlung dem Neugeborenen nur ein Leben mit schwersten, nicht behebbaren Schäden ermöglichen würde.

WEISSAUER: Das Wort „lebenserhaltende" sollte entfallen.

HIRSCH: Es heißt also nur „Behandlung".

JÄHNKE: Als 2. Satz könnte angefügt werden:

> Seine Entscheidung über die Aufnahme oder Einstellung der Behandlung soll er an der Behandlungspflicht bei Erwachsenen mit vergleichbaren Ausfallerscheinungen ausrichten.

DEUTSCH: Besser wäre „orientieren". Aber die Eltern sind immer noch nicht enthalten.

LOCH: Wir können die Einbeziehung der Eltern noch einfügen.

HIERSCHE: Geht das Wort „orientieren"?

WEISSAUER: Das ist der übliche Terminus.

HIERSCHE: Kommen wir zurecht, wenn wir in einem weiteren Satz die Eltern einbeziehen? Das wäre dann die Ziffer 3. Herr Deutsch und Herr Steinberger haben dem ein so großes Gewicht zugemessen, daß man es zu einer eigenen Ziffer machen sollte.

STEINBERGER: Wäre der Satz „Das Erfordernis der Einwilligung der Sorgeberechtigten bleibt unberührt" verständlich? Versteht man das?

LOCH: Das finde ich gut.

DEUTSCH: Das ist eine schöne Verweisung.

STEINBERGER: Es gibt Fälle, in denen die Einwilligung nicht geholt werden kann, weil die Zeit nicht ausreicht.

HIERSCHE: Das ist eine gute Formulierung, denn sie setzt voraus, daß wir es sonst auch tun.

EWERBECK: Keine Bedenken.

ULSENHEIMER: Man kann es so formulieren, aber das Problem ist, ob die Einwilligung in allen Fällen erforderlich ist.

STEINBERGER: Das bleibt unberührt.

EWERBECK: Ich bitte, den Begriff der Zystinose zu streichen.

HIERSCHE: Dazu kommen wir noch. Herr Steinberger, würden Sie es freundlicherweise noch einmal formulieren?

STEINBERGER: Der Satz würde lauten:

> Das Erfordernis der Einwilligung der Sorgeberechtigten bleibt unberührt.

HIERSCHE: Wir gehen weiter und kommen zu den Beispielen. Das inoperable Steißbeinteratom, Herr Holschneider, streichen wir ohne weitere Diskussion. Die Zystinose können wir auch streichen. Wir haben noch Beispiele genug.

LOCH: Das Potter-Syndrom sollten wir, wie gehabt, ersetzen.

v. LOEWENICH: Wir sollten sagen „Ventilationsstörungen ohne Heilungsaussicht".

LOCH: Noch eine Bemerkung zur Reihenfolge: Ich würde zunächst die Gehirnschädigung erwähnen, dann die Ventilationsstörungen.

WEISSAUER: Wir sollten auch wieder formulieren „z. B. bei ...".

HIERSCHE: Dann kommen wir zu Ziffer 2 von Punkt VI.

HIRSCH: Er betrifft die Ausdehnung auf die multiplen Schäden, die in ihrer Summierung diesen Schweregrad erreichen.

EWERBECK: Das ist verständlich und vernünftig.

JÄHNKE: Ich habe noch einen Vorschlag zur Einfügung:

> Eine abschließende Aufzählung aller denkbaren Fallgestaltungen und ihre Bewertung ist nicht möglich.

Ich möchte das für alle rechtlich offenhalten.

WEISSAUER: Das können wir an die Ziffer 2 anfügen.

ZANDER: Warum muß das aufgenommen werden?

JÄHNKE: Wir sind aus rechtlicher Sicht – bei Ihnen ist das etwas anders – noch nicht so weit, daß wir der Entwicklung vorgreifen und alles abschließend entscheiden können.

HIRSCH: Ich darf wiederholen:

> Eine abschließende Aufzählung aller denkbaren Fallgestaltungen und ihrer rechtlichen Bewertung ist nicht möglich.

HIERSCHE: Dann kommen wir zu Punkt VII.

HIRSCH: Ich glaube, Punkt VII ist vom Text her unproblematisch. Von den Beispielen weiß ich es nicht. Das Stichwort lautet: Rollstuhlkinder müssen behandelt werden.

ZANDER: Das ist ganz wichtig und muß bleiben.

HIERSCHE: Auf jeden Fall.

HIRSCH: Punkt VIII.1 betrifft die Basisversorgung, die überall gefordert wird. Ziffer 2 betrifft den Fall, daß zur Minderung von Schäden Maßnahmen ergriffen werden müssen, auch wenn zur Lebenserhaltung keine Maßnahmen ergriffen werden müssen.

ZANDER: Was ist unter „Basisversorgung" zu verstehen? Wie weit geht das?

HIERSCHE: Die Basisversorgung ist definiert: O_2, Flüssigkeit und Wärmezufuhr. Strittig ist die kalorische Lösung.

ZANDER: Eine Beatmung gehört unter keinen Umständen dazu?

HIERSCHE: Nein. Eine Basisversorgung umfaßt keine Beatmung.

v. LOEWENICH: Können wir das nicht umformulieren in „leidensmindernde Behandlung"? Vielleicht kann man es noch ein bißchen eleganter formulieren.

HIERSCHE: Dann müssen Sie notfalls auch einer Bluttransfusion zustimmen.

WEISSAUER: Die Basisversorgung und eine leidensmindernde Behandlung sind 2 ganz verschiedene Dinge.

HIERSCHE: Der Terminus „Basisversorgung" ist bei den Juristen eindeutig und bei den Medizinern nicht umstritten.

HIRSCH: Er ist auch im Alternativentwurf jetzt definiert.

HIERSCHE: Die Leidensminderung ist ein therapeutischer Vorgang, den Sie zusätzlich durchführen. Aber das entlastet Sie nicht davon, eine Basisversorgung vorzunehmen. Ich würde es so stehenlassen.

HIRSCH: Ist Punkt VIII.2 damit abgehakt?

DEUTSCH: Nicht so ganz.

v. LOEWENICH: Vielleicht ist es zu sehr auf die operative Intervention abgestellt. Man könnte den Zusatz „operative" entfallen lassen und nur von „Interventionen" sprechen.

HIERSCHE: Gut, einverstanden.

DEUTSCH: Mir war nicht klar, welche Interventionen gemeint sind. Wird das so schnell in der Praxis verstanden?

HIERSCHE: Bei den Ärzten sicher. Ich würde sagen: Das sind Eingriffe. Unter „Eingriffen" würde ich die Maßnahmen von Herrn von Loewenich und die Maßnahmen von Herrn Holschneider verstehen. Darunter verstehe ich aber auch eine einfache medikamentöse Behandlung.

DEUTSCH: Es heißt „zur Minderung der Schäden". Welche Schäden sind gemeint?

JÄHNKE: Dann schreiben Sie „zur Leidensverminderung".

ZANDER: Mich stört ein bißchen, daß jeder Satz mit dem Arzt beginnt, was er darf, was er soll, wozu er berechtigt ist. Das kann man m.E. durch eine Umformulierung ohne weiteres entschärfen, indem man beispielsweise bei Punkt VIII.1 nicht mit der Berechtigung des Arztes beginnt, sondern mit der Pflicht des Arztes:

> „Es enthebt den Arzt nicht der Pflicht zur Basisversorgung, wenn die Berechtigung zum Verzicht auf lebenserhaltende Maßnahmen besteht".

Man sollte das umformulieren und mit der Pflicht beginnen, nicht mit der Berechtigung für alles das, was er darf. Ich finde, dann klingt es etwas anders, als wenn es immer wieder heißt „Der Arzt ist berechtigt ...". Dann entsteht nachher ein falscher Gesamteindruck. Ich finde, man sollte die Pflicht mehr in den Vordergrund stellen.

WEISSAUER: Ich würde sagen:

> Auch wenn eine Verpflichtung zu lebenserhaltenden Maßnahmen nicht besteht, muß die Basisversorgung des Neugeborenen aufrechterhalten werden.

HIERSCHE: Gut, einverstanden.

WEISSAUER: Ähnlich könnte man es beim nächsten Satz formulieren. Ich würde im 2. Fall den Vordersatz weglassen, weil er nur eine Wiederholung darstellen würde. Man kann gleich anschließen „Interventionen zur Minderung der Leiden sind ...".

SEIDLER: Ich schlage vor: „müssen in angemessenem Verhältnis zu der zu erwartenden Leidensminderung stehen". Das Wort „Besserung" ist mißverständlich.

WEISSAUER: Dann ersetzen wir das Wort „Besserung" durch „Leidensminderung". Ich würde einen 2. Satz anfügen, weil wir dann den Vordersatz stehenlassen können. Wir müßten sagen: „Interventionen zur Minderung der Schäden sind durchzuführen, wenn Art und Schwere des Eingriffs in angemessenem Verhältnis zu der zu erwartenden Leidensminderung stehen."

LOCH: Ich meine, man müßte sagen, daß das in einem angemessenen Verhältnis „zueinander" steht. Aber man kann es auch so lassen.

HIERSCHE: Ich finde die jetzt gefundene Formulierung gut.

HIRSCH: Ich darf den Punkt VIII noch einmal vorlesen, wie ich ihn mir notiert habe:

1. Auch wenn eine Verpflichtung zu lebenserhaltenden Maßnahmen nicht besteht, muß der Arzt eine Basisversorgung des Neugeborenen durchführen.
2. Interventionen zur Minderung der Schäden müssen durchgeführt werden, wenn sie in angemessenem Verhältnis zu der zu erwartenden Leidensminderung stehen.

LOCH: Das ist stilistisch nicht schön. Es kommt zweimal das Wort „durchführen" vor. Ich würde im 1. Satz formulieren „muß der Arzt eine Basisversorgung des Neugeborenen aufrechterhalten".

HIERSCHE: Wir kommen zu Punkt IX.

HIRSCH: Ziffer 1 betrifft die Verpflichtung, die Eltern bzw. Sorgeberechtigten mit einzubeziehen und entsprechend aufzuklären. Ich glaube, diese Ziffer ist unstrittig.

KERN: Inhaltlich schon. Aber sollte man nicht nur von den Sorgeberechtigten reden und allenfalls in Klammern die Eltern erwähnen?

HIERSCHE: Davor muß ich warnen. Es muß so formuliert werden, daß wir Ärzte es verstehen. Wir müssen wissen, an wen wir uns wenden.

ZANDER: Ich habe ein bißchen Schwierigkeiten mit der Formulierung. Zunächst ist davon die Rede, daß die Eltern/Sorgeberechtigten einzubeziehen sind. Dann heißt es: „Sie sind über Inhalt und Tragweite der Entscheidung voll aufzuklären." Die Eltern/Sorgeberechtigten müssen zunächst einmal über die Möglichkeiten aufgeklärt werden. Erst dann erfüllen sie die Voraussetzungen, um in den Entscheidungsprozeß einbezogen zu werden. Dann wissen sie nämlich vorher, worüber sie sich entscheiden müssen. Ich finde die vorgeschlagene Formulierung von der Logik her einfach nicht richtig.

HIERSCHE: Das ist richtig. Die Aufklärung muß also vor der Einbeziehung erwähnt werden.

LOCH: Soviel ich weiß, haben wir im Text zuvor auf Empfehlung von Herrn Deutsch nur die Sorgeberechtigten erwähnt und nicht die Eltern.

HIRSCH: Man sollte durchgängig sagen „Eltern/Sorgeberechtigte".

HIERSCHE: Gut.

DEUTSCH: Ich habe mit dem 2. Satz meine Schwierigkeiten, auch wenn er zum 1. Satz werden sollte. Es heißt „Sie sind über Inhalt und Tragweite der Entscheidung voll aufzuklären." Sonst sind die Aussichten, die mangelnden Aussichten einer möglichen Behandlung Gegenstand einer Aufklärung. Das klingt etwa so, als verkünde man ihnen das Urteil, dann haben sie sich damit abzufinden.

HIRSCH: Ich bin gern bereit, das mit einzubeziehen. Es steckt natürlich dahinter, daß bei einer Aufklärung über die Tragweite der Entscheidung dazugehört, daß die Indikation bekannt ist, daß alle Möglichkeiten bekannt sind. Das hat die Rechtsprechung häufig in den Gesamtkonnex der Aufklärung mit einbezogen. Aber es ist sicher sinnvoll, dies zu verdeutlichen.

HIERSCHE: Vielleicht sollte man sagen „Sie sind über Inhalt und Tragweite der ärztlichen Entscheidung voll aufzuklären."

DEUTSCH: Man muß etwas über das Leiden sagen.

WEISSAUER: Man könnte sagen, daß sie über Diagnose, Prognose und Behandlungsmöglichkeiten aufzuklären sind.

ZANDER: Man könnte sagen „Sie sind über das Leiden und die Behandlungsmöglichkeiten aufzuklären und in den Entscheidungsprozeß mit einzubeziehen." Voraussetzung ist die Aufklärung über alle Möglichkeiten. Es muß klar zum Ausdruck kommen, wie der Entscheidungsprozeß abläuft. Natürlich ist die vorgeschlagene Formulierung im Prinzip richtig. Aber sie ist nicht klar genug. Durch diese Formulierung wird die Aufgabe der Eltern nicht genügend deutlich. Sie wird sehr viel deutlicher, wenn von vornherein klar ist, daß sie einbezogen werden müssen.

ULSENHEIMER: Es sind nicht nur die Behandlungsmöglichkeiten - diese muß man den Eltern natürlich auch sagen -, aber noch wichtiger für die Eltern ist das Wissen, was für sie daraus folgt.

WEISSAUER: Die Behandlungsmöglichkeiten beinhalten ja auch die Prognose der Risiken.

KERN: Man muß unbedingt darüber aufklären, wenn es nach Ansicht der Ärzte nicht behandelt werden kann. Reicht da diese Formulierung aus?

WEISSAUER: Dann müssen wir sagen, daß sie über die vom Arzt beabsichtigte Behandlung aufzuklären sind.

KERN: Unser Thema heißt „Grenzen der ärztlichen Behandlungspflicht". Da stellt sich die Frage, ob der Arzt nicht sagen muß: Ich halte es für unärztlich, hier zu behandeln. Es ist die Frage, ob das nicht bei der Aufklärung im Vordergrund stehen muß. Es muß deutlich gemacht werden, daß selbstverständlich auch darüber aufgeklärt werden muß.

HIRSCH: Ich meine, das ist an sich mit einbegriffen, wenn wir sagen „Die Eltern/Sorgeberechtigten sind über das Leiden und die Behandlungsmöglichkeiten voll aufzuklären und in den Entscheidungsprozeß mit einzubeziehen." Dann haben wir alles in einem Satz zusammengefaßt.

DEUTSCH: Das Wort „voll" kann entfallen.

JÄHNKE: Ich habe Zweifel, ob es sinnvoll ist, hier Inhalt und Umfang der Aufklärungspflicht in bezug auf die hier anstehenden Entscheidungen zu definieren Dann müßten wir alle Möglichkeiten einbeziehen, auch den Verzicht auf Aufklärung, auch die Entbehrlichkeit wegen schon vorhandener Unterrichtung durch andere Erkenntnisquellen usw. Sollte man nicht einfach sagen: „Die auch sonst bestehende Aufklärungspflicht gilt uneingeschränkt"?

HIRSCH: Von den Ärzten wurde gerade bei dieser Entscheidung Wert auf die Aufklärungspflicht gelegt, um die Eltern auch führen zu können.

DEUTSCH: Es ist keine technische Aufklärung in dem Sinne, daß man vor einer Operation das Für und Wider abwägen soll, sondern dies ist nichts anderes als eine Mitteilung der Diagnose und der Aussichten, so daß ein möglicher Verzicht wahrscheinlich eine andere Dimension hat. Wenn man das alles schon von der Schwester gehört hat, sollte der Arzt vielleicht immer noch verpflichtet sein, dieses Gespräch zu führen. Ganz so sicher bin ich nicht. Ich glaube, es ist nicht die typische Aufklärungssituation.

HIERSCHE: Herr Hirsch, darf ich von Ihnen eine Formulierung hören?

HIRSCH: Ich könnte im Augenblick keine andere Formulierung als die anbieten, daß sie über das Leiden und die Behandlungsmöglichkeiten aufzuklären sind. Dies ist ja zweifellos richtig. Das ist sicher nicht falsch. Daß darüber hinaus vor Eingriffen möglicherweise eine Eingriffsaufklärung mit anderem Inhalt notwendig ist, wird dadurch ja nicht ersetzt. Es ist nur die spezifische Aufklärung in dieser Situation.

HIERSCHE: Herr Jähnke, würden Sie das so mittragen?

JÄHNKE: Ja.

STEINBERGER: Es ist die Frage, worauf die Empfehlungen abzielen. Zielen sie darauf ab, dem Arzt die rechtliche Situation zu verdeutlichen, oder wollen sie ihn darüber hinaus u. U. zu mehr veranlassen? Daß die Eltern in den Entscheidungsprozeß einzubeziehen sind, das ist juristisch gesehen vieldeutig. Juristisch gesehen ist erforderlich, daß sie aufgeklärt werden a) über den Befund, b) über die Behandlungsmöglichkeiten und die Folgen der Nichtbehandlung, c) über die Risiken der jeweiligen Behandlungsmöglichkeit und der Nichtbehandlung. Dann können sie wirksam einwilligen. Das sind die juristischen Voraussetzungen. Wenn Sie sagen „Sie sollen einbezogen werden", dann verstehe ich darunter, daß Sie etwas mehr wollen, daß es sich unter ärztlichen Gesichtspunkten empfiehlt, zu einer engeren Kommunikation und Kooperation zu kommen. Es müßte klar werden, was wir da wollen, was die Empfehlungen wollen.

WEISSAUER: Ich glaube, die Einwilligung haben wir vorher schon einmal erwähnt.

STEINBERGER: Aber nur an einem bestimmten Punkt.

HIERSCHE: Herr Steinberger, wie würden Sie es formulieren, um es zu verdeutlichen?

STEINBERGER: Ich glaube, ich würde den 1. Satz stehenlassen: „Sie sind in den Entscheidungsprozeß mit einzubeziehen". Das geht über das Juristische hinaus, bleibt andererseits wieder zurück; denn es setzt voraus, daß sie aufzuklären sind und daß ihre Einwilligung grundsätzlich erforderlich ist.

WEISSAUER: Wir können das doch im 2. Satz abhandeln, indem wir sagen, daß in dem Fall, daß die Eltern/Sorgeberechtigten diese Behandlung nicht wünschen, der Arzt die Entscheidung des Vormundschaftsgerichts einzuholen hat.

JÄHNKE: Es war doch wohl schon beschlossen, daß die beiden Sätze umgestellt werden. Der Satz „Sie sind über Inhalt und Tragweite der Entscheidung voll aufzuklären" bleibt also erhalten. Der nächste Satz könnte lauten „Die Eltern/Sorgeberechtigten sind darüber hinaus in den Entscheidungsprozeß durch Beratung und Information einzubeziehen." Dann hätten wir das, was Herr Steinberger eben ansprach, daß die weitere menschliche Beratung und Betreuung über das rein rechtlich Gebotene hinaus vom ärztlichen Standpunkt aus erwünscht oder erforderlich ist.

v. LOEWENICH: Mir ist die Formulierung „sind in den Entscheidungsprozeß mit einzubeziehen" etwas zu strikt. Wenn es darum geht, eine Behandlung beispielsweise abzubrechen, und die Eltern müssen die Entscheidung voll mittragen, dann kann das dazu führen - wir haben das erlebt -, daß sie hinterher ein Leben lang an dieser Entscheidung zu tragen haben und damit eventuell nicht fertig werden. Es ist oft so, daß uns die Eltern darum bitten, das zu tun, was uns richtig erscheint. Ich würde formulieren „sollen in den Entscheidungsprozeß mit einbezogen werden". Das ist etwas weicher und trifft das, was wir wollen. Wenn es heißt „sind in den Entscheidungsprozeß mit einzubeziehen", dann bedeutet das: Es muß ein Konsens oder eine Mehrheitsabstimmung entstehen. Genau das ist es, was wir auch aus ärztlicher Sicht den Eltern gar nicht auferlegen dürfen. Das können sie gar nicht verkraften.

SCHLAUDRAFF: Wegen dieses Gesichtspunkts hatte ich mich auch gemeldet. Ich erlebe beispielsweise im Zusammenhang mit der Frage der Reanimation infolge der Richtlinien der Schweizerischen Akademie der medizinischen Wissenschaften, in denen genau dieses Wort „einbeziehen" steht, daß junge Ärzte die Angehörigen, z.B. die Ehefrau, fragen: Sollen wir reanimieren oder nicht, wenn ein Atemstillstand eintritt? Die Unfähigkeit, mit dieser Form der Einbeziehung umzugehen, ist groß. Deswegen möchte ich keine so strikte Formulierung, die in Richtung der Mitbeteiligung geht, und zwar zum Schutz der betroffenen Eltern. Man sollte eine Formulierung suchen, die den Arzt verpflichtet, abzuschätzen, mit welchen Personen er es da zu tun hat.

HIERSCHE: Das schaffen wir hier aber nicht.

SCHLAUDRAFF: Eine Milderung im Sinne einer Sollbestimmung fände ich angemessen. Wenn wir das, was Herr Jähnke gesagt hat, aufnehmen, nämlich „Beratung und Information", dann mindern wir diese Entscheidungspflicht, die in Rede stehen könnte, schon etwas ab, weil dann die Mittel genannt werden, mit denen diese Einbeziehung erfolgt.

STEINBERGER: So sehr ich völliges Verständnis für Ihre Position habe, Herr Schlaudraff. Ich fürchte, wir würden hier versuchen, das abzuändern, was die Rechtsprechung des Bundesgerichtshofs an Aufklärungspflicht festgelegt hat. Ich glaube, das wäre ein untauglicher Versuch, den wir hier unternähmen, es sei denn, wir meinen es außerrechtlich, gewissermaßen überrechtlich. Wenn wir hier versuchen würden, durch Formulierungen den Umfang der Aufklärungspflicht einzuschränken oder zu erweitern, wären wir auf der schiefen Ebene. Das gelingt uns nicht.

HIERSCHE: Es geht nicht um die Aufklärung, sondern es geht um das Mittragen einer Entscheidung.

STEINBERGER: Gut, wenn Sie es in diesem außerrechtlichen Sinne meinen, habe ich nichts dagegen. Nur fürchte ich, daß eine solche Formulierung den Arzt draußen an der Front dazu verleiten könnte, auch seine Pflichten aus der Aufklärung zu übersehen.

JÄHNKE: Herr Steinberger, ich fürchte, Sie haben mich mißverstanden. Es sollen ja 2 Sätze bleiben. Der 1. Satz betrifft die ärztliche Aufklärungspflicht. In der Formulierung, die wir hier gefunden haben, heißt es, daß der Arzt aufzuklären hat. Der 2. Satz sollte lauten: „Die Eltern/Sorgeberechtigten sollten darüber hinaus in den Entscheidungsprozeß durch Beratung und Information einbezogen werden." Das ist etwas mehr, läßt aber die rechtliche Aufklärungspflicht völlig unberührt.

STEINBERGER: Dann habe ich überhaupt keine Bedenken.

HIERSCHE: Diese Formulierungen zwingen die Eltern nicht in die endgültige Entscheidung. Auf der anderen Seite gilt: Wenn sie ein Kind in die Welt gesetzt haben, müssen sie auch die Kraft haben, dieses Kind von dieser Welt zu verabschieden.

v. LOEWENICH: Das ist sehr hart!

HIERSCHE: Entschuldigen Sie! - Wenn ich ein Kind in die Welt setze, trage ich die Verantwortung für dieses Kind, selbst wenn ich 90 Jahre alt bin und das Kind 45 Jahre alt ist.

ZANDER: Es gibt aber auch religiöse Gesichtspunkte und vieles andere mehr, das da hineinspielt.

HIERSCHE: Ich bin aber Arzt und kann mich nicht nach allen Religionen richten.

HIRSCH: Ich darf die Ziffer 1 in der neuen Fassung vorlesen.

> Die Eltern/Sorgeberechtigten sind über das Leiden und die Behandlungsmöglichkeiten aufzuklären. Sie sollen darüber hinaus durch Beratung und Information in den Entscheidungsprozeß mit einbezogen werden.

DEUTSCH: Mir geht es jetzt um den Übergang von Ziffer 1 zu den beiden folgenden Ziffern. Herr Ulsenheimer, ich will nicht an den Sachen herumbeckmessern; da kann man sich noch mehr vorstellen, und manches ist auch etwas schwierig, insbesondere im Hinblick auf den Ermessensrahmen des Arztes. Das müßte hier eigentlich hineinkommen. Herr Steinberger, kann man jetzt nicht schreiben: „Die Rechte und Pflichten" - man kann auch nur die Pflichten erwähnen - „der Eltern/Sorgeberechtigten bestimmen sich nach den gesetzlichen Regelungen. Dies bedeutet ..."? Mir geht es darum, daß die Rechte der Eltern gewahrt bleiben. Ich will sie hier nicht besonders betonen. Wenn die Eltern sich streiten, wenn der eine Elternteil so, der andere Elternteil anders sagt, dann richtet sich das auch nach den gesetzlichen Regelungen. Das haben wir hier überhaupt nicht aufgegriffen.

WEISSAUER: Ich glaube, diese Überleitung können wir machen. Sie ist unproblematisch. Vielleicht könnten wir die nächste Ziffer schon vereinfachen und beginnen:

> Verweigern die Eltern die Einwilligung oder können sie sich nicht einvernehmlich entscheiden, so hat der Arzt die Entscheidung des Vormundschaftsgerichts herbeizuführen.

Dann liegt auch nicht mehr das Schwergewicht auf der Aussage, daß der Arzt verpflichtet ist. Können wir das so machen?

HIRSCH: Wie lautete der Satz, Herr Deutsch?

STEINBERGER: Ich schlage vor: „Die Rechte und Pflichten der Eltern/Sorgeberechtigten richten sich nach den gesetzlichen Bestimmungen."

DEUTSCH: Es heißt dann weiter: „Dies bedeutet ..." Dann führen wir einige Dinge auf.

WEISSAUER: Das ist gebilligt. Dann würde ich sagen:

> Verweigern die Eltern die Einwilligung oder können sie sich nicht einigen, so ist die Entscheidung des Vormundschaftsgerichts einzuholen.

LOCH: „Die" oder „eine" Entscheidung?

WEISSAUER: „Die" Entscheidung.

DEUTSCH: Ich finde, das ist viel besser und auch nicht so aufwendig.

WEISSAUER: Ich wiederhole den Text noch einmal:

> Verweigern die Eltern die Einwilligung oder können sie sich nicht einigen, so ist die Entscheidung des Vormundschaftsgerichts einzuholen?

ZANDER: Die Einwilligung wozu?

WEISSAUER: Entschuldigung, das habe ich vergessen. Wir müssen von der „Einwilligung in lebenserhaltende Maßnahmen" sprechen. Sie kommen nur in Betracht, wenn der Arzt sagt: Ich tue etwas. Sie können nicht einwilligen, wenn der Arzt sagt: Ich tue nichts. Die Einwilligung setzt zunächst einmal die Entscheidung des Arztes voraus. Ich meine, das würde genügen.

V. LOEWENICH: Sprechen Sie bitte nicht von „lebenserhaltenden" Maßnahmen. Ich erwähne das Beispiel der Austauschtransfusion. Der Patient stirbt nicht unbedingt, aber er trägt einen Hirnschaden davon. Besser ist „notwendig" oder „dringend geboten".

WEISSAUER: Sie haben recht. Ich habe es auf etwas anderes bezogen.

ZANDER: Ich würde von „ärzlich gebotenen Maßnahmen" sprechen. Hier würde ich den Arzt wieder hineinbringen.

DEUTSCH: Solange die Eltern berechtigterweise etwas verweigern, hat es keinen Sinn, das Vormundschaftsgericht einzuschalten.

WEISSAUER: Wir könnten gleich anfügen „Ist es aus Zeitgründen nicht möglich, so hat er die medizinisch indizierte Behandlung durchzuführen."

DEUTSCH: Brauchen wir diesen Satz überhaupt? Das ist eine hochinteressante These. Unser BGB hat die Sache beim Vormundschaftsgericht monopolisiert. Wenn das Vormundschaftsgericht aber nicht erreichbar ist, läuft diese Monopolisierung leer. Dann gilt der alte Grundsatz, daß der Rechtsmißbrauch unbeachtlich ist, wieder. Müssen wir das hier eigentlich noch besonders erwähnen?

ZANDER: Ich bin der Meinung, daß an irgendeiner Stelle zumindest ein Hinweis in dieser Richtung gegeben werden muß. Ich kann aus eigener Erfahrung sagen, daß hier völlige Unerfahrenheit besteht und daß wir u. U. etwas rechtlich ganz Falsches tun, wenn wir diesen Hinweis nicht aufnehmen. Dann entsteht nämlich sofort die Situation, daß der Betreffende, der letztlich die Entscheidung fällen muß, sagt: „Dann muß ich das auf eigene Verantwortung tun". Dann kann es sein, daß er in eine rechtlich schwierig zu haltende Position gerät. Wir wissen das nicht. Deswegen muß im Protokoll darauf aufmerksam gemacht werden. Die Möglichkeit muß, in welcher Form und an welcher Stelle auch immer, aufgezeigt werden, weil das der Rechtsweg ist. Ihn müssen wir kennen.

SCHLAUDRAFF: Ich bitte darum, das unbedingt stehenzulassen. Ich habe sehr viel Erfahrung mit jungen Ärzten, die sich plötzlich in Situationen befinden, in denen sie das, was Herr Deutsch gesagt hat, überhaupt nicht wissen. Wenn dort steht, das Vormundschaftsgericht sei anzurufen, dann könnten das Anfänger so lesen, daß sie sagen: „Ich konnte nichts unternehmen, weil ..." Es muß dringend festgelegt werden, daß sie, wenn das Vormundschaftsgericht nicht erreichbar ist, tätig werden müssen. Das muß dort für junge Ärzte stehen.

DEUTSCH: Die Vormundschaftsgerichte mauern oft. Sie wollen oft gar nicht.

STEINBERGER: Ich habe volles Verständnis für diese Auffassungen. Ich könnte es auch mittragen, daß ein solcher Hinweis enthalten ist. Aber fassen Sie das bitte nicht als Blankettermächtigung für den Fall auf, daß Sie am Sonntagmorgen keinen Vormundschaftsrichter erreichen. Sie dürfen dann nur sozusagen das Mindestmaß an Behandlung durchführen, bis der Vormundschaftsrichter entscheiden kann; selbstverständlich jenes Mindestmaß, das Ihnen den medizinischen Zustand aufrechterhält. Sie dürfen nicht sagen: „Bis zum Montagmorgen mache ich alles." Hoffentlich sehen Sie diese Differenzierung.

WEISSAUER: Würde es Ihnen genügen, wenn wir sagen: „hat er die medizinisch dringend indizierte Behandlung durchzuführen"? Wäre das gut?

DEUTSCH: Es sind Notmaßnahmen bis zur Entscheidung des Vormundschaftsgerichts durchzuführen.

STEINBERGER: „Notmaßnahme" ist das Stichwort.

WEISSAUER: Ich hätte ein bißchen Sorge, weil der Arzt u. U. den Eingriff, den er durchführen wollte, nicht durchführen kann, sondern sich auf irgendwelche Zeitverzögerungen einläßt. Ich meine, es genügt, wenn wir von einer „medizinisch dringend indizierten Behandlung" sprechen. Genügt eine dilatorische Maßnahme, dann ist es die dilatorische Maßnahme; wenn nicht, kann er operieren. Sonst bringen wir den Arzt vielleicht wieder in Zugzwang.

DEUTSCH: Man sollte das Wort „vorläufig" aufnehmen. Es könnte sein, daß der Arzt, wenn er einmal beim Vormundschaftsgericht angerufen und dort keiner abgehoben hat, sagt: „Jetzt bin ich raus aus der Sache, ich brauche das nicht mehr." Nicht nur die Vormundschaftsrichter mauern, auch die Ärzte ergreifen hier vielleicht den leichteren Ausweg.

ZANDER: Bei einer Omphalozele kann das durchaus zutreffen. Aber dazu kann Herr Holschneider mehr sagen.

HOLSCHNEIDER: Muß man sich jedesmal, wenn das passiert ist - der Bauch ist verschlossen -, auch im nachhinein die Erlaubnis holen?

WEISSAUER: Nein, nicht im nachhinein. Was getan ist, ist getan.

DEUTSCH: Im nachhinein nicht.

SCHLAUDRAFF: Vielleicht ist es besser, den Begriff der „dringlichen Eilbedürftigkeit" anstelle des Begriffs „Zeitgründe" zu wählen, damit deutlich wird, daß es nicht darum geht, daß der Richter nicht erreichbar war, sondern daß die medizinisch begründete dringliche Eilbedürftigkeit gemeint ist.

HIERSCHE: Wir werden das in eine entsprechend Formulierung bringen.

STEINBERGER: Ich fürchte, daß ich auf die „Notmaßnahme" nicht verzichten möchte; das muß ich ganz offen sagen. Ich glaube zwar, daß die Formulierung von Herrn Weißauer in die Nähe kommt, aber mir ist nicht wohl dabei. Es kann sich nur um eine Überbrückungsmaßnahme handeln, die dann, wenn sie medizinisch so indiziert ist, daß sie schon die Totalmaßnahme sein muß, getroffen werden darf. Ich würde die Formulierung von Herrn Deutsch vorziehen.

HIERSCHE: Bestehen dagegen Bedenken? Kann man vielleicht das, was Herr Weißauer meint, mit der Klammerbemerkung „Notmaßnahmen" fester fassen?

v. LOEWENICH: Ich sehe die Gefahr, daß das von medizinischer Seite in dem Sinne mißverstanden wird, daß wirklich nur halbe Sachen gemacht werden und dem Patienten dadurch beispielsweise ein 2. Eingriff zugemutet wird, den er sonst nicht durchzustehen hätte.

HIERSCHE: Das würde es bedeuten.

v. LOEWENICH: Das wollen wir nicht, weil es nicht im Interesse des Patienten liegen kann, daß beispielsweise in 2 Sitzungen operiert wird, was man in einer hätte machen können.

WEISSAUER: Das wäre „dringend verkehrt".

STEINBERGER: Wenn Sie die Operation auf den Mittwoch verschieben können, falls Sie am Dienstag das Vormundschaftsgericht nicht erreichen, dann müssen Sie die Operation auf den Mittwoch verschieben.

v. LOEWENICH: Dann wäre es nicht dringlich.

DEUTSCH: Ich bestehe nicht auf dem Ausdruck „Notmaßnahme".

HIERSCHE: Herr Steinberger, bestehen Sie auf dem Ausdruck „Notmaßnahmen"?

STEINBERGER: In Klammern.

HIRSCH: Ich habe mir im Verlauf der Diskussion folgendes notiert. Nach der Erwähnung des Vormundschaftsgerichts käme folgender Text, wobei ich die Zeitgründe nicht aufführen würde:

> Ist dies nicht möglich, darf er die medizinisch dringend indizierte Behandlung (Notmaßnahmen) durchführen.

Damit kann die Ziffer 2 als abgehakt angesehen werden. Die Ziffer 3 betrifft den seltenen Fall, daß die Eltern eine Behandlung wünschen, die medizinisch nicht indiziert ist, und den Arzt natürlich nicht zwingen können, zu behandeln. Gleichwohl sollte der Arzt dem Wunsch der Eltern weitgehend Rechnung tragen.

DEUTSCH: Wir müssen wieder umformulieren. Die Berechtigung soll ja wohl entfallen.

ZANDER: Auch hier sollten wieder die Eltern in den Vordergrund gestellt werden. Es könnte heißen: „Wünschen die Eltern lebenserhaltende Maßnahmen ..."

KERN: Ich würde den letzten Satz streichen, weil ich nicht sehe, wie das erfolgen soll. Wie soll das Vormundschaftsgericht in einen solchen Fall hineinkommen, wenn der Arzt „Nein" sagt? Der Arzt kann sich ja dann nicht an das Vormundschaftsgericht wenden. Das muß er auch nicht, weil er nichts tun will. Wie soll das Vormundschaftsgericht in den Fall eingeschaltet werden? Das sehe ich nicht, rein verfahrensmäßig nicht.

DEUTSCH: Die müssen den Arzt entmündigen!

KERN: Das geht ja wohl nicht.

STEINBERGER: Der Satz mit dem Vormundschaftsgericht sollte entfallen. Er ist entbehrlich.

ULSENHEIMER: Ich meine schon, daß es eine Beruhigung gerade für diesen angesprochenen Fall darstellt, wenn das Vormundschaftsgericht eingeschaltet werden soll. Das Vormundschaftsgericht muß ja abwägen.

WEISSAUER: Es wird sagen: „Damit haben wir nichts zu tun."

STEINBERGER: Es kann doch den Arzt nicht zur Operation verpflichten.

WEISSAUER: Sie können nur auf den Willen der Eltern Einfluß nehmen.

HOLSCHNEIDER: Ich kann mir diesen Fall in der Praxis überhaupt nicht vorstellen, daß ein Arzt sagt „Das tue ich nicht", wenn die Eltern sagen, daß sie das Kind behandelt und operiert haben möchten. Das scheint mir irgendwie unrealistisch zu sein.

ZANDER: Dem würde ich hundertprozentig zustimmen. Diese Situation gibt es nicht. Ich kann mir nicht vorstellen, daß es irgendeine Situation gibt, daß ich nicht weitermache, wenn die Eltern sagen: „Bitte, machen Sie doch weiter!" Dann würde ich noch eine Weile weitermachen, auch wenn es aussichtslos wäre. Ich kann doch nicht sagen: „Nein, ich bin anderer Ansicht, ich mache Schluß!"

WEISSAUER: Vielleicht sollten wir die ganze Ziffer 3 streichen. Sie führt in heillose Schwierigkeiten. Das kann man in einem Kommentar erläutern, aber nicht in eine Empfehlung schreiben.

DEUTSCH: Man könnte höchstens sagen, wie Sie, Herr Weißauer, es angedeutet haben, daß dann der Arzt verpflichtet ist, die Eltern auf eine andere Behandlungsmöglichkeit hinzuweisen. Vergessen wir nicht, bei Kassenpatienten eine entsprechende Überweisung auszustellen. Man kann ja nicht innerhalb desselben Vierteljahres ins nächste Krankenhaus marschieren. Das sind 95% der Fälle.

WEISSAUER: Haben wir es nicht durch die Aufklärungspflicht über die Behandlungsmöglichkeiten aufgefangen? Lassen wir die Ziffer 3 weg; es ist zu schwierig.

HIRSCH: Es ist ein Fall, der in der Praxis auch wohl nie vorkommen wird.

HIERSCHE: Einverstanden! Kein Widerspruch? Gut.

HIRSCH: Wir kommen zu Punkt X. Die Dokumentationspflicht halte ich für rechtlich geboten.

HIERSCHE: Dazu gibt es keine Wortmeldungen mehr. Ich darf mich jetzt als Tagungsleiter verabschieden. Ich möchte mich bei allen Diskutanten und insbesondere den Referenten herzlich dafür bedanken, daß sie ihre Position sehr deutlich dargestellt haben und daß wir dennoch einen von allen getragenen Konsens gefunden haben.
Ich möchte ganz herzlich Ihnen, lieber Herr Professor Doenicke, als dem Repräsentanten der Sertürner-Gesellschaft dafür danken, daß Sie uns unterstützt haben, und ich möchte Ihnen, lieber Herr Kollege Friese, als dem Vertreter der Stadt, die sehr viel für uns getan hat, danken; insbesondere aber auch ganz herzlichen Dank für Ihr persönliches Engagement.
Bisher wurde die große Arbeit von Herrn Doz. Graf-Baumann nicht genügend gewürdigt. Ihm haben wir es zu verdanken, daß wir hierhergekommen sind. Er hat mit uns zusammen die Referenten ausgewählt und die technisch-organisatorischen Voraussetzungen geklärt.
Dafür möchte ich ihm als Tagungsleiter und als Kollege ganz herzlich danken.
Ich bin ganz sicher, daß alles, was wir gestern und heute erarbeitet haben, durch sein Engagement Tradition bekommen wird.
Wir haben es geschafft, ein Arbeitspapier zu erstellen. Aber ich glaube, es ist sozusagen am Rande noch etwas erarbeitet worden, nämlich daß wir das Gedankengut, daß wir die Diktion der Nachbardisziplinen besser kennengelernt haben, daß wir das Mißtrauen, das die eine Disziplin gegenüber der anderen Disziplin hatte und z. T. auch noch hat, abgebaut haben und daß der Respekt, die Wertschätzung zwischen den Disziplinen aufgebaut wurde.
Ich möchte sagen: Das ist ein Respekt, der Tradition hat, der aber von uns weiter auf- und ausgebaut werden soll, und zwar insbesondere deshalb, weil wir, wie ich glaube, alle als personae einen guten Kontakt zueinander gefunden haben.
Ich danke Ihnen, daß Sie so intensiv mitgemacht haben. Ich wünsche Ihnen eine gute Heimreise.

GRAF-BAUMANN: Ich möchte nur sagen, daß mein Engagement zurückgeht auf die Anregung von Herrn Weißauer, der diese Gesellschaft gegründet und die Zielsetzung formuliert hat, ebenso auf die meines Freundes Günter Hirsch und letztlich auch auf die der Sertürner-Gesellschaft.

HIERSCHE: Dann darf ich ganz herzlich bitten, daß der Vizepräsident der Deutschen Gesellschaft für Medizinrecht, Herr Weißauer, das Schlußwort spricht.

WEISSAUER: Ich danke Ihnen, daß Sie gekommen sind, daß Sie referiert haben, daß Sie diskutiert haben, daß Sie formuliert haben und daß Sie organisiert haben. Ich glaube, wir haben das Ziel unserer Tagung erreicht. Ich bin eigentlich sehr glücklich darüber, von seiten der Gesellschaft sagen zu können, daß es gelungen ist, nicht nur die Berührungsängste zwischen den Disziplinen abzubauen und zu zeigen, daß wir wechselseitig alle Sorgen und Nöte sehr wohl verstehen, sondern auch in einer so schwierigen Materie eine konsensfähige Empfehlung an den Schluß unserer Tagung zu setzen. Das ist fast mehr, als ich zu hoffen wagte.
Ich darf die Bitte äußern, daß wir wieder einmal eine solche Tagung veranstalten dürfen und mit Ihrer Mitwirkung, mit Ihrer aktiven Teilnahme rechnen dürfen.
Es wäre eine äußerst fruchtbare Zusammenarbeit. Herzlichen Dank von seiten der Gesellschaft.

Empfehlung der Deutschen Gesellschaft für Medizinrecht (DGMR) – „Einbecker Empfehlung"

I.

1. Das menschliche Leben ist ein Wert höchsten Ranges innerhalb unserer Rechts- und Sittenordnung.
   Sein Schutz ist staatliche Pflicht (Art. 2 Abs. 2 Grundgesetz), seine Erhaltung vorrangige ärztliche Aufgabe.
2. Eine Abstufung des Schutzes des Lebens nach der sozialen Wertigkeit, der Nützlichkeit, dem körperlichen Zustand oder der geistigen Verfassung verstößt gegen Sittengesetz und Verfassung.

II.

Tod ist nach der übereinstimmenden medizinischen und rechtlichen Auffassung als irreversibler Funktionsausfall des Gehirns (Hirntod) zu definieren.
Eine Pflicht zur Behandlung endet mit der Feststellung des Todes des Neugeborenen.

III.

Die gezielte Verkürzung des Lebens eines Neugeborenen durch aktive Eingriffe verstößt gegen die Rechts- und die ärztliche Berufsordnung.

IV.

1. Der Arzt ist verpflichtet, das Beste, das Wirksamste zu tun, um das Leben zu erhalten und bestehende Schädigungen zu mildern oder zu beheben.
2. Die ärztliche Behandlungspflicht wird nicht allein durch die Möglichkeiten der Medizin bestimmt.
   Sie ist ebenso an human-ethischen Beurteilungskriterien und am Heilauftrag des Arztes auszurichten.
3. Es gibt daher Fälle, in denen der Arzt die medizinischen Behandlungsmöglichkeiten insbesondere
   - zur Herstellung und Aufrechterhaltung der Vitalfunktionen und/oder
   - der massiven operativen Intervention

   nicht ausschöpfen muß.

V.

Diese Voraussetzungen sind zu bejahen, wenn nach dem aktuellen Stand der medizinischen Erfahrungen

1. das Leben dadurch nicht auf Dauer erhalten werden kann, sondern nur der sichere Tod hinausgezögert wird,
   z. B. bei schwerem Dysraphie-Syndrom, inoperablem Herzfehler;
2. es trotz der Behandlung ausgeschlossen ist, daß das Neugeborene jemals die Fähigkeit zur Kommunikation mit der Umwelt erlangt,
   z. B. schwere Mikrozephalie, schwerste Hirnschädigungen;
3. die Vitalfunktionen des Neugeborenen auf Dauer nur durch intensivmedizinische Maßnahmen aufrechterhalten werden können,
   z. B. bei Ventilationsstörungen ohne Heilungsaussicht, Nierenfunktionsstörungen ohne Heilungsaussicht.

VI.

1. Für den Arzt besteht ein Beurteilungsrahmen, wenn eine Behandlung dem Neugeborenen nur ein Leben mit schwersten, nicht behebbaren Schäden ermöglichen würde,
   z. B. bei schwersten Hirnschädigungen, bei denen die Behandlungspflicht nicht schon nach V. entfällt, Potter-Syndrom, bei dem die Behandlungspflicht nicht schon nach V. entfällt.
   Bei seiner Entscheidung über die Aufnahme oder Einstellung der Behandlung sollte sich der Arzt an der Behandlungspflicht bei Erwachsenen mit vergleichbaren Ausfallerscheinungen orientieren.
2. Das gleiche gilt bei multiplen Schäden, die in ihrer Summierung ebenso schwer wiegen, wie die unter 1. fallenden Einzelschäden.
   Eine abschließende Aufzählung aller denkbaren Fallgestaltungen und ihrer rechtlichen Bewertung ist nicht möglich.
3. Das Erfordernis der Einwilligung der Eltern/Sorgeberechtigten bleibt unberührt.

VII.

Der Umstand, daß dem Neugeborenen ein Leben mit Behinderungen bevorsteht, die diesen Schweregraden nicht entsprechen,
z. B. caudale Dysplasie, Mongolismus,
rechtfertigt nicht, lebenserhaltende Maßnahmen zu unterlassen oder abzubrechen.

VIII.

1. Auch wenn eine Verpflichtung zu lebenserhaltenden Maßnahmen nicht besteht, muß der Arzt die Basisversorgung des Neugeborenen aufrechterhalten.
2. Interventionen zur Minderung der Schäden müssen durchgeführt werden, wenn sie in angemessenem Verhältnis zu der zu erwartenden Leidensminderung stehen.

IX.

1. Die Eltern/Sorgeberechtigten sind über das Leiden und die Behandlungsmöglichkeiten aufzuklären.
   Sie sollen darüberhinaus durch Beratung und Information in den Entscheidungsprozeß mit einbezogen werden.
2. Die Rechte und Pflichten der Eltern/Sorgeberechtigten, in ärztliche Maßnahmen einzuwilligen, richten sich nach den gesetzlichen Bestimmungen.
   Dies bedeutet: Verweigern die Eltern/Sorgeberechtigten die Einwilligung in ärztlich gebotene Maßnahmen oder können sie sich nicht einigen, so ist die Entscheidung des Vormundschaftsgerichtes einzuholen. Ist dies nicht möglich, darf der Arzt eine medizinisch dringend indizierte Behandlung (Notmaßnahmen) durchführen.

X.

Die erhobenen Befunde, die ergriffenen Maßnahmen sowie die Gründe für den Verzicht auf eine lebenserhaltende Behandlung sind in beweiskräftiger Form zu dokumentieren.

Einbeck, den 29. Juni 1986

E. Deutsch
A. Doenicke
H. Ewerbeck
A. Graf-Baumann
J. Gründel
H.-D. Hiersche
G. Hirsch
A. Holschneider
B. Jähnke

E. G. Loch
V. von Loewenich
U. Schlaudraff
E. Seidler
W. Spann
H. Steinberger
K. Ulsenheimer
W. Weissauer
J. Zander

GPSR Compliance

The European Union's (EU) General Product Safety Regulation (GPSR) is a set of rules that requires consumer products to be safe and our obligations to ensure this.

If you have any concerns about our products, you can contact us on ProductSafety@springernature.com

In case Publisher is established outside the EU, the EU authorized representative is:

Springer Nature Customer Service Center GmbH
Europaplatz 3
69115 Heidelberg, Germany

Batch number: 10844827

Printed by Printforce, the Netherlands